选自《新刊徐文长先生评唐传演义》。明，熊大木撰，徐渭评。明万历四十八年武林藏珠馆刊本。

Medieval Chinese Warfare
300—900
卷二
南朝
David A. Graff
中国中古时期的战争
300—900
[美]大卫·格拉夫 著
刘啸虎 译
重庆出版集团
重庆出版社

审图号：GS（2023）2939号

版贸核渝字（2022）第018号

图书在版编目（CIP）数据

中国中古时期的战争：300—900 / (美) 大卫·格拉夫著；刘啸虎译. — 重庆：重庆出版社, 2023.11

书名原文: Medieval Chinese Warfare, 300–900

ISBN 978-7-229-17655-6

Ⅰ. ①中… Ⅱ. ①大… ②刘… Ⅲ. ①战争史－中国－古代－300-900 Ⅳ. ①E291

中国国家版本馆CIP数据核字（2023）第091005号

中国中古时期的战争：300—900

ZHONGGUO ZHONGGU SHIQI DE ZHANZHENG : 300—900

[美]大卫·格拉夫　著　刘啸虎　译

策　　划： 华章同人
出版监制： 徐宪江　秦　琥
责任编辑： 陈　丽
营销编辑： 史青苗　刘晓艳
责任校对： 李　翔
责任印制： 梁善池
书籍设计： 潘振宇

重庆出版集团
重庆出版社　出版
（重庆市南岸区南滨路162号1幢　邮编：400061　http://www.cqph.com）
北京天恒嘉业印刷有限公司　印刷
重庆出版集团图书发行公司　发行
邮购电话：010-85869375
全国新华书店经销

开本：889mm×1194mm　1/32　印张：12.125　字数：270千
2023年11月第1版　2023年11月第1次印刷
定价：78.00元

如有印装问题，请致电023-61520678

薛仁貴斬將立功

Preface and acknowledgments 前言和致谢

本书的写作历时数年，依托于数个先期课题，其中包括笔者的博士学位论文。因此，应予致谢的人员和机构名单相当长。笔者在此仅就其中几位略作提及。首先感谢笔者的普林斯顿大学博士学位论文答辩委员会成员杜希德（Denis Twitchett）教授、马丁·科尔卡特（Martin Collcutt）教授，以及“中研院”史语所的黄清连教授。笔者曾赴中国台湾从事研究一年（1992—1993），其间黄清连教授提供了宝贵的帮助和建议。在包弼德（Peter K.Bol）教授的帮助下，笔者赴哈佛大学东亚语言与文明系做了一年的访问学者，为撰写本书做了进一步的研究。杰里米·布莱克（Jeremy Black）和龙沛（Peter Lorge）阅读了本书的手稿，并提出了许多修改建议。而肯·切斯（Ken Chase）的及时出手，使笔者避免了尴尬的错误。当然，书中遗留的任何错误皆属笔者的责任。

笔者已尽力将本书的汉学色彩降到最低，尽管这一点对于非专业读者来说或许不太明显。所有官职皆译为英文，其他中文术语大多也是这样处理的。具体日期一律转换为对应的公历日期（如用“637年4月30日”，而不用“唐太宗贞观十一年四月初一”）。由于中国农历的月份很少与儒略历或格里高利历（公历）的月份重合，所以月份的用法更为复杂。为了避免重复使用诸如“758年4月中旬至5月中旬”之类的尴尬表达，笔者通常选用中国农历的月份（如“758年三月”①）。中国农历的日期通常比对应的公历日期晚18—45天。因此，“武德六年正月初一”对应的公历日期是“623年2月5日”。就本书而言，公历和中国农历之间的差异并不是一个严重的问题，因为本书基本没有关于军事征战的逐日叙述。

大卫·格拉夫 /于堪萨斯州曼哈顿 /2001年5月

---

① 作者有时用公历年份和农历月份相结合的方式表示日期，故我们将书中的农历月份统一用汉字表示。特此说明。——编者注

目录

CONTENTS

Introduction

序言

用西方语言撰写的中国军事史著作并不多。很少有研究中国历史和文化的学者对军事兴趣浓厚，而军事历史学家又极少关注中国。军事史的总体研究大多遵循半个世纪前富勒（J.F.C.Fuller）写的《西方世界军事史》（*A Military History of the Western World*）的思路，这些研究明确局限于“西方世界”（通常定义为欧洲、近东和欧洲殖民地）。[1]即使是那些试图撰写一部更具全球性的军事史的学者，如《战争史》（*History of Warfare*，1993年）的作者约翰·基根（John Keegan），也往往对古代中国不屑一顾，反正长期以来他们对亚洲的战争方式抱有成见。[2]公允而言，学者从事概括性的总体研究，不可避免地要受到缺乏大量英文和其他西方语言专业文献的限制。这种忽视在某种程度上归因于这样一个事实：即从19世纪中叶开始，现代西方汉学就习惯于审视一个军事力量弱小、军事技术落后的传统中国，这个中国是西方和日本帝国主义的不幸受害者。用最直白的话来说，在西方汉学家看来（当然是偏见），传统中国似乎是一个长期的失败者，在军事艺术方面几乎没有可供胜利者学习的地方。

西方学者对中国军事的关注主要集中在两个领域。其一是当代军事分析和对近期冲突的研究。其二是研究战国时期（公元前453—公元前221年）的军事经典，尤其是《孙子兵法》。自1772年钱德明神父（Père Amiot）翻译的第一个法文译本出版以来，《孙子兵法》十三篇已被翻译成多种西方语言。[3]20世纪初，卡尔斯罗普上尉（Captain Calthrop）和翟林奈（Lionel Giles）开始致力于《孙子兵法》英文版本的翻译。目前至少有六个竞争版本出版。市场对此似乎永不满足。这种流行，某种程度上是因为文本本身的深刻性，某种程度上是由于孙子的军事思想在其他时代、地点和活动领域的适应性，或者某种程度上是由于西方对“东方智慧书”的广泛兴趣。在研究中国军事史的严肃学者看来，重视上古军事经典的研究并非不合时宜：“古典时期”是许多思想和制度的形成期，《孙子兵法》对后世军事思想和军事实践的影响不容否认。

然而，重视早期经典和近期冲突的研究，使得中国军事史的大部分仍有待探索。在近一代人的时间里，由费正清（John K. Fairbank）和小弗兰克·A. 基尔曼（Frank A. Kierman, Jr.）主编、哈佛大学出版社于1974年出版的会议论文集《古代中国的战争之道》（*Chinese Ways in Warfare*）仍然是关于“帝制中国”（即公元前221年秦朝统一到1912年清朝灭亡）用兵作战和军事实践最重要的英文著作。那些希望对中国军事史进行深入研究的学者，只得去查找晦涩难懂的专著[4]、未发表的博士学位论文[5]、零散的文章[6]、非军事史书籍中的单独章节[7]以及各种外文著作。[8]在帝制中国的广义时间框架内，有关从220年汉朝灭亡到960年宋朝建立这一时期的军事史著作尤其少。也许是因为这一时期中华世界充满动荡和分裂，与那些国力强盛、开疆拓土的朝代相比，很难引起军事历史学家的关注。

现代的中文二手文献当然要广泛得多，但质量参差不齐。学术成果最多的领域当数军事制度研究。军事制度研究是范围更广的中国制度史——至少可以追溯到唐朝中期由学者官员杜佑编纂的《通典》——的一个子领域。关于中国历史上特定时期的军事编制、军人征募流程和服役期限，已经有大量详细的研究。依据现存的档案文书、史书记载和文学文本而进行的细致研究，所形成的著述可能会让非专业人士望而生畏。此类研究的范例，即谷霁光的《府兵制度考释》，该书最早出版于1962年。另一个更近的例子，则是1995年文津出版社出版的孙继民的著作《唐代行军制度研究》。[9]军事制度同样引起了日本汉学家的极大关注。在对本书所涵盖的历史时期的军事制度进行研究这一方面，滨口重国、菊池英夫和谷川道雄等著名学者都做出了极其重要的贡献。

与军事制度史相比，战争史相对较少受到学术界的关注。诚然，关于前现代时期的军事史，我们有大量多卷本的史书，比如由中国台湾“三军联合参谋大学”主编、1967年于台北出版的十卷本《中国历代战争史》，以及1998年由军事科学出版社于北京出版的二十卷本《中国军事通史》。不过，这些著作和其他类似的著作还有许多不足之处。这些著作一般由编委会而非个人撰写，通常只是对传统的断代史叙述进行转述，很少进行考据校勘、严格论证和打破窠臼的质疑。像汉斯·德尔布吕克（Hans Delbrück）和约翰·基根等富有创新精神的西方实践者那样，为历时两千余年的帝制中国撰写军事史，几乎没有人用任何一种语言尝试过。

本书的目标远没有那么宏大。它并非意在彻底改变中国军事史的书写，而是试着弥合中西语言文献在描述从西晋崩毁到唐朝灭亡的六个世纪里战争、国家和社会相互关系方面的巨大鸿沟。虽然本系列丛书的其他各卷都是按照主题编排成书的，但大多数西方读者对这一时期最基本的政治史尚不熟悉，因此本书有必要采用不同的写作方式。这项研究以对军政大事相当直接的叙述为基础，按照年代顺序编排章节。在这一基本框架内，笔者会在适当的地方穿插介绍军事制度、社会和政治结构以及战争手段的发展变化。本书的目的即在于阐明中国中古时期的战争、军事制度和社会变革之间的某些最重要的联系。

将“中古”(medieval)一词用于中国历史时，我们需要做一些解释。正如我们探讨300—900年这段时期的中国历史时，“中国”一词也需要说明一样。有中国历史学者广泛使用(但远非普遍使用)在前，笔者选择4世纪初和西晋灭亡作为中国中古时期的开端。彼时，秦始皇在五个多世纪前建立的大一统帝国最终崩溃，并迅速陷入动荡和分裂，而这一状态持续了近两百年。显而易见，当时中国与大致同时期的欧洲和地中海世界平行发展。笔者将在下一章中就这一点进行更详细的探讨。中国中古时期的终结则不甚明显。为进行这一特定的研究——并将本书控制在合理的篇幅之内——笔者选择沿用日本汉学先驱内藤湖南的观点，将中古时期的结束时间定在唐朝（618—907年）末期。读者应该意识到，其他学者〔如傅海波（Herbert Franke）〕有时也会将“中古”的称谓加诸宋朝（960—1279年）和元朝（1206—1368年）。

我们需要注意的是，本书所论及的“中国”并非一个单一的帝制国家，而是东亚一片广阔的次大陆地区。这一地区的人口极具多样性。其内部区域——“汉地中原”——人口规模最大且最为密集。该区域包括华北平原、渭水流域、长江流域大部分地区、四川盆地以及长江以南的各江河流域。这里的人口大多是定居的农民，从语言、文化传统和自我认同上来说，他们皆为汉人。但是，许多山区居住着不同的民族，他们都有自己的语言、习俗和族群认同。还有一些民族居住在外围边疆，包括蒙古地区和准噶尔地区的干旱草原、塔里木盆地的绿洲、东北地区的森林和青藏高原的高山沙漠。这些民族大多并不从事农耕，而是从事渔猎和畜牧，有些（尤其是草原居民）完全是游牧民族。外围区域一般不适合汉人农民定居和开发，与之相反的方向却出现了大规模的迁徙，尤其是在本书所述时期的前半段。来自外围区域的“胡人”大量定居中国北方。直到581年，北方各政权的所有统治者基本皆为胡人。随着时间的推移，这些民族与占人口大多数的汉人通婚，采用汉人的服饰和习俗，从而渐渐失去了他们独立的民族和语言特征。但是，这一过程绝不是单向的。也有汉人军户迁往北方边塞，接受“胡人”同袍的语言和生活方式的例子。中古时期中国民族认同的可塑性，将是本书反复谈及的一个主题。

本书所呈现的中国中古时期的战争图景，不可避免地要受到可用史料性质的影响。有关这一课题，真正的“原始史料”极少，而“原始史料”包括中国干旱的西北地区敦煌和吐鲁番出土的抄本中少量的一手官府文书（如差科簿）、专述典章制度的政书、几部重要的唐代兵书以及收入类书和文集（大多为宋朝编纂）的一些诏敕和奏疏。但在通常情况下，本书必须主要依赖于涵盖300—900年的“正统”断代史，包括《晋书》《魏书》《隋书》《旧唐书》和《新唐书》。尽管依据前朝的档案文献，但这些史书大多修撰于唐朝初年。《旧唐书》直到10世纪中叶才编修完成，《新唐书》更是到11世纪下半叶才编成。与这一时期相关的另一部重要史学著作，即司马光的《资治通鉴》，成书于11世纪晚期。《资治通鉴》本是私修，后来得到朝廷支持。除《资治通鉴》之外，上述所有史书都是在国家主持下，由士大夫修撰而成的。出仕而以此为职志者，供职于史馆或其他几个曾负责编纂官方正史的机构之一。所有这些史书都经历了漫长的编修删改，没有一部史书可以真正被称为原始史料。

鉴于我们对中国中古时期战争的理解在很大程度上依赖于史官，因此有必要弄清楚史官的史料来源于何处，史官如何处理史料，以及史官可能在叙述中加入了哪些偏见、歪曲了哪些史实。唐代的史官在描述用兵作战时，理论上应该能够利用非常广泛的原始材料，这些原始材料不仅包括一手的文书档案，如檄文布告、信札尺牍、奏疏表章、各种军情记录和往来通信，以及授官、封赏和大赦的诏敕，还包括在一些旧战场立碑记功的碑刻文字、见证者和参与者的直接证词、纪念开国皇帝赫赫武功的宫廷乐舞，甚至还有名将统兵布阵的战阵图。[10]史官使用了这些史料中的一部分，尤其看重史料的纪实性。大量的诏敕、奏疏、檄文和信札都以节略形式被收入史书。涉及特定战事的细节时，最重要的史料或为前方将领向朝廷发出的“露布”，或为“行状”，即已故高官（包括将领）的亲属和门生故吏上呈朝廷的逝者传记。

“露布”通常会记录交战的时间、日期和地点，以及估计的敌军规模、敌军将帅的姓名（至少是部分官军将领的姓名）、作为总体作战计划的一部分而由众将各自领受的任务，有时还会列出众将麾下的兵力。这些文书基本不记载交战的细节，但详细记录了斩获敌军的人数。从存世的少数样本来看，“露布”是一种相当片面的文书。它虽然将敌人的损失记录得非常详细，但基本不提己方官军的伤亡，除非伤亡奇迹般极少。[11]肯定也有向朝廷告败的制度，但此类文书似乎没有存世。这显示奏报制度存在根本的偏见。告捷的将领有望厚加封赏，告败的将领则将面临严厉责罚，如此一来将领自然会强烈倾向于上报积极的一面。有的将领，如隋朝的杨素和8世纪中叶的高仙芝，要求自己的幕僚在奏报时必须对事实巧言粉饰。有的将领则习惯于冒功报捷，将小胜谎报为大胜，败仗谎报为胜仗——即使谎报者一经发现即遭惩处。[12]此等行径在唐玄宗（712—756年在位）时期尤为盛行，因为唐玄宗尤喜边功。[13]

将领的“行状”也可以为其贴金。因为行状通常是由逝者的亲属或门生故吏撰写，而非吏部考功司的官员撰写。且行状往往与慎终追远的随葬墓志非常相似。两者都会以最有利的方式呈现主题，突出逝者的功绩，隐去逝者的败绩。有时两者会未经核实或审校，被不堪修史重负的史官直接采用为列传之底本。[14]

将领及其亲友把大量纯属杜撰、真伪参半以及歪曲失实之事掺入史料，使之长存。除此之外，史官还将自己特有的成见和偏见带入对战争的描述中。撰写过中国军事史的西方汉学家抱怨，传统的中国战史记载很少提供有关战事情况或细节的信息。例如傅海波指出，即使是征战大事，史官也往往用最简洁的措辞来描述：“‘X军败于Y’，‘Z城克（或不克）’——这是通常的记载。”[15]当然，并非所有的中国战史记载都如此惜字如金，但不可否认，与希腊、罗马或拜占庭的战史记载相比，中国中古时期的史料提供的兵器、战术和作战细节方面的信息较少。在某种程度上，这是因为中国社会没有出现像恺撒或修昔底德那样的人物——这样的人不仅是战争的记录者，而且是战争的积极参与者。在中古时期的中国，统兵作战者、司职撰文奏报者与编修战史者基本上是脱节的。[16]虽然未必不通文墨，但中国中古时期统兵作战者的文学才能和兴趣有限。官修史书的编写固然为“文官系统中的士人精英”所独占，但这些人在朝廷史官和谏官之间来回迁转，很少到藩镇任要职，遑论统兵作战了。[17]

由于对战争的具体细节知之甚少或不感兴趣，加之史料来源中细节极少，这些士人出身的史官可能更乐意借用前代史书的模式套路来描述当时的出兵作战。他们反复使用传统的文学表达方式和与战斗有关的典故来描述作战，而非试图对事件进行精准的再现。在提供细节时，他们通常更关注奇谋妙计或战役中独特而鲜明的特征。

史官出身的士人精英不仅对军事的具体细节不熟悉，而且往往对战争和军事充满敌意。士人重文轻武，认为动武是“一种不可取的选择，基本是承认失败”[18]。他们极力限制和削弱武官在朝廷中的权力与影响力，有时还反对大举出兵征伐域外。[19]文化上的重文轻武，可以追溯到中华文明早期。还有一种悠久的文学传统在很早之前便已形成，王靖献（杨牧）教授称之为“对战争的省略”。在中国诗歌中，“战斗，真正的兵戈相向，从来不被提及……这是中国文学传统中的一个重要特征，从而使有关英雄事迹的诗歌无法发展成为对战斗的详细叙述”[20]。由此看来，这一传统同样适用于军情奏报和史官编写的战史。“露布”重点突出谋划部署和战果斩获，而非战事本身。正史中的战史记载一般也侧重于战前的运筹帷幄和战后的复盘详解。

文人偏见左右正史，不仅仅是删改史实的问题，而且可能严重歪曲中古时期中国战争的史料来源。史书中常有将领引用《孙子兵法》和其他古代兵书来证明和解释自己的决策。但这样的史料是否确凿可信？与武人相比，饱读圣贤书的士大夫可能更熟悉这种书本知识。在士大夫起草的奏疏和其他文书中，撰写者经常会引用兵书。[21]他们已经习惯于引用儒家经典来支持自己的政策立场并攻击对手。[22]史官选择运用想象力把军事决策的图景描述得更为详细，而不是用自己所掌握的史料进行严格论证。我们有充分的理由相信，史官有意刻画一种基于文本权威的论证模式。也许同样值得注意的是，强调熟读兵书是克敌制胜之关键，非常适合制衡武人。这意味着没有武艺、毫无军旅经验的士人可以成功执掌天下兵权。

关于中国中古时期的战争，正史可能会在另一领域即占卜术数方面刻画出某种误导性印象。现存的唐代最为重要、流传最广的兵书，是8世纪中叶李筌的《太白阴经》。书中有数章内容专讲占卜预测之法，但这一要素在新旧《唐书》和《资治通鉴》所载的战史中基本未见。[23]有一些隐约的迹象表明，在既定的宇宙哲学和宇宙论体系框架内，占卜术数对于用兵决策的形成可能起到至关重要的作用。举例来说，546年东魏权臣高欢进攻坚城玉壁，便是用孤虚之术来选择攻城的时间和地点。784年，河北两大节度使卜定吉日，合兵以破敌。[24]不过，此种记载极为罕见。可能是这些做法不同寻常，亦有可能是史官（他们往往敬鬼神而远之）对占卜术数不屑以正眼视之，更不愿言及。隋唐正史中记载的占卜术数，通常分为三大类：（1）将领为提振部下士气，虽不信但仍行占卜之术；（2）虔诚地行占卜之术，但导致彻底的、有时是荒唐可笑的失败；（3）嘲笑迷信者终得成功。就第三类举例来说，即817年唐朝将领李愬大破叛镇淮西，此事可见于欧阳修的《新唐书》。尽管部下反对，李愬却有意选择忌讳日出兵进攻，从而出其不意地完败敌人。[25]这一事例突出地表明，宇宙哲学和宇宙论思想对中国中古时期的军事决策产生了广泛但迄今为止尚未得到承认的影响。

中国传统史家对待军事史的另一个方面，即对数字的处理，也引起了一定程度的质疑。熟悉中世纪欧洲和拜占庭军事史的读者可能会发现，本书中给出的许多军队规模都令人难以置信。现代历史学者一直认为中世纪编年史的作者所描述的军队兵力存在水分。为证明这一点，他们有时是通过挖掘更可靠的文献史料，有时则是通过指出不能忽视的时间和空间限制。[26]现在人们普遍认为，即使在6世纪上半叶查士丁尼王朝的扩张时期，拜占庭的野战军也不过两万五千人，且实际规模通常要小得多。[27]

中国现代历史学者也对中国传统史书中记载的军队规模（以及大多数其他数字）提出了类似的质疑。杨联陞在《中国经济史上的数词与量词》一文中指出，“军官们多报兵员的数目，并且夸张他们的军功，都是公开的秘密”。日本汉学家宫崎市定则发现了文本证据：三国时期（220—280年）的将领报捷时，把敌人的伤亡人数乘以十报上去是惯常做法。[28]现代中国史学者李则芬（李曾是一名军官）断言，古代史家撰写史书时持纯粹的文学态度，缺乏常识，根本不曾试着记录准确的数字。[29]

这种批评并非完全公允。诚然，中国断代史的编修者及其所依据的原始史料的编纂者很少有实际的军旅经验，但这些人也是正常运转的官僚体制中的成员。这个官僚体制保存了大量的记录，付出了艰苦的努力（即使甚少收到全功），以编制和维持人口、税收、国家支出、官粮供给、兵员以及皇家牧场中的马匹等领域（在此仅列举数个令人关注的领域）的准确数字。中国中古时期最伟大的史家司马光对数字从不轻信。遇到史料中有关军队规模的记载自相矛盾时，司马光几乎总是选择较小的数字。[30]当然，我们也不应该将中国古代史书中给出的所有数字统统视为虚妄。夸大官军的规模，与夸大杀伤敌军的数字，动机恐怕并不相同。考虑到中国人口和行政资源众多，司马光的《资治通鉴》和其他传统史书中记载的绝大多数中国军队规模似乎并非不可信。史书记载的军队规模大多不到五万人。[31]极为庞大和模糊的数字（如"数万""百万"）一般与叛军或异族（通常是游牧民族）有关。中国史家没有可靠的文献来源可供使用，因此让想象力信马由缰。

当然，即使有官方记录和文书可供使用，史官仍然会习惯性地夸大军队规模。这是因为随着时间的推移，人们很难持续跟踪大量的人员。即使中国中古时期那些配有幕僚、掾吏和主簿的军队也是如此。士兵常因负伤、染病和逃亡而失踪。还有将士被分派到各路人马之中，或留守城镇，或守卫粮道。军队的规模每天都在变动。若无增援，变动的趋势必然是向下的。我们无法假设所有这些变动都被准确地记录下来，并一一向上呈报，也不能假定这些确实存在的记录会辗转进入史官的视野。由于存在这些困难，大多数史料所载的军队兵力很可能只是军队出征时的大致规模，而非数日、数周乃至数月后抵达战场时历经减员的兵力。

中国中古时期的军队规模到底有多大？从我们所掌握的非常有限的史料来看，最佳答案是：通常比传统史家记载的数字要小，但一般不会小太多。如史载官军的野战军团兵力不足五万，这样的记载完全可以采信。这样的军队规模在那一时期是最为常见的。唐初将领李靖在其兵法论著中以两万人的兵力作为行军的典型范例，这或许并非偶然。[32]出于各种原因，一些更大的数字固然可疑，但鉴于中国极为庞大的人力、物力和行政资源，十万人或更多人的军队也并非绝不可能（据史书记载，西汉末年，帝国人口超过五千七百万；隋朝为四千六百万；742年唐朝鼎盛时期，帝国人口略低于四千九百万[33]）。然而，我们应该知道，这种规模是要付出代价的。如此庞大的军队，转移、补给和指挥时会显得极其笨拙，除非兵分数路，但分兵之后又难以由一个单独的指挥中心进行有效的协调。只有作战部队的兵力数字大到不合情理，后世史家才应断然不予采信。如果史载这样的兵力基本准确无误，那么这个数字肯定不是指在同一个战场上一道行军、扎营和作战的某支军队的兵力，而是在广阔区域内作战的数路独立军队的总和。

本书共十一章。第一章叙述了公元300年之前的中国历史，以挖掘和呈现战国时期和秦汉帝国（公元前221—220年）的军事遗产。这些遗产不仅包括兵器、战术和一系列关于用兵之道的规范性文献，还包括几个关键的标准构想，有助于塑造中国中古时期战争的形象。其中一个构想，即建立一支由征兵组成的庞大军队。农业人口中所有的成年男丁都要接受军事训练，从而能够在必要时为国家服兵役。另一个构想便是大一统，由中央严格控制域内所有军队。还有一个构想是文官治国，以文驭武（文官体系由统治者掌控，其职责不包括统兵作战）。与文官治国密切相关的一个概念，便是所谓“儒将”，即将领靠熟读兵书，而不是通过实际的军旅经验或作战技能来行军打仗。这些构想和偏好，是中国域内列国争雄时代的产物，构成了西汉时期（公元前202—公元8年）军事制度的基础。公元前2世纪初，强大的游牧民族匈奴崛起于中国北方草原，构成了一种新的军事挑战，并逐渐破坏了战国时期形成的制度安排。

第二章考察了西晋（265—317年）的灭亡。西晋灭亡导致了近三个世纪的分裂。到4世纪初，由于需要长期服役的常备军，两汉时期的兵农合一制被世袭兵户制所取代。宗室诸王掌握重兵，而守边的重任则主要交给入居帝国边塞的胡人部落。对这些胡人军队的倚重，反映出西晋急需有能力抵抗游牧民族的善战勇士。同时，这也表明，随着马镫与重甲的发明，人和马皆受益，骑兵在东亚战争中的作用日益重要。这些军事上的谋篇布局导致了西晋帝国的覆灭。西晋帝国遭八王之乱蹂躏，随后又经历胡人辅助部队的叛乱。311年，首都洛阳遭叛军洗劫，中国北方沦入一系列混战不休的部族政权统治之下。

第三章考察了从西晋灭亡到5世纪中叶拓跋魏统一北方这段时期中国北方的战争与社会。战乱连年不断，没有一个能够在广袤领土上实施暴力垄断的稳定的统治政权，这导致中国社会分裂为自给自足的地方单位。这些地方单位通常由地方豪强统治。豪强修筑坞堡，将宾客部曲编为私兵以自卫。尽管这种军事化的组织无处不在，最终的政治控制权仍然掌握在胡人统治者手中。胡人统治者的权力则来自对部族骑兵中核心部属的掌控。即使在拓跋鲜卑建立的北魏统一北方之后，北亚骑兵依然是该政权军事力量的核心，社会上汉人和所谓“胡人”之间依然存在鸿沟。

4世纪初天下裂变，晋朝政权侥幸流转南方，一直持续到420年。然后，一系列短命的南朝政权，即刘宋、齐、梁和陈，取东晋而代之。除了最后一个陈朝，上述政权皆为从北方避乱迁居长江流域的家族所建。第四章探讨了南朝诸政权共同存在的安全问题，包括抵御北朝南征的需要、收复失地的愿望，以及控制势力庞大的精英豪门和朝廷将领所面临的重重困难。需要维持强大的军队，却又无法对这些军队进行有效的控制，这种情况导致了政治的极端不稳定，也解释了为何南朝政权更替迅速，且政权大多通过军事政变建立。

第五章讲述了从5世纪中叶到581年隋朝建立期间，北方局势的变化发展。北魏统治者发现，必须在北方边塞屯驻大军，以防范新崛起的游牧民族。523—525年，北魏帝国因边塞军镇起义而陷入混乱。边镇之所以起兵造反，一定程度上是反抗北魏朝廷的日益汉化，以及对边地武人的刻薄寡恩。北魏崩溃后，北方被两个与北魏一脉相承却相互敌对的政权所瓜分，即西魏（后来的北周）和东魏（后来的北齐）。力量不如对手而图自保，西魏—北周的统治者遂认为有必要将汉人地方豪强的乡兵组织纳入自己的军队，以补充北亚骑兵的兵力不足。著名的府兵制就此产生。府兵最终发展成一支性价比极高的兵农合一的军队。577年北周统一了中国北方，府兵便是北周军队的中坚力量。隋朝取代北周之后，于589年平定南方，府兵又立下汗马功劳。府兵制这一新的军事制度不但在统一中国的过程中发挥了作用，而且将地方豪强的利益与朝廷的利益捆绑在一起，促成了隋朝和唐朝早期混血贵族统治集团的形成。

第六章追溯了从317年东晋立国于长江流域到589年隋朝平陈，中国南北政权之间的战争。南北分裂持续了很长时间，原因有很多。北方政权往往依托数州而陷入分裂，即使统一了，政权的结构性弱点和深刻的民族矛盾常常会限制他们在军事上高歌猛进。北朝南征还会遭遇南方气候和地理的阻碍，尤其是南朝水军守卫着长江天险。就南朝政权而言，他们缺乏资源去收复人口较多的北方。于是，最终南朝再无收复北方之志向。589年，南北分裂终结。彼时隋朝统治了整个北方，势力范围扩展至长江流域，从而能够建立强大的水军，挑战陈朝倚仗的长江天险。

第七章重点讲述了612—614年隋炀帝征伐朝鲜半岛北

部高句丽王国惨败及其对隋朝的影响。如果说隋朝平定南方显示出战争和军事力量的积极作用或综合潜力，那么隋朝灭亡的相关情况则提供了一个战争的破坏性或瓦解力的例证。隋军进攻高句丽边境的坚城要塞，但久攻不克（加之中国东北地区南部的地理和气候条件恶劣）；为此次出兵而征发的大军规模异常庞大，粮草难以供给。结果，隋朝的大举进兵以失败告终。一面是征用人力、粮食和其他大举出兵征伐所需的资源，另一面是自然灾害和日常徭役，这给东北地区的农民带来了难以想象的沉重负担，从而引发了推翻隋朝的起义。

第八章讲述了隋朝灭亡后的内战和唐朝（618—907年）一统群雄的战争。一些地方军阀争权夺利，而更多的地方豪强——有些是出身下层的盗贼首领，有些是地方精英，还有一些是前朝官员——则在一旁紧张地观望，希望最后能投身于获胜的一方阵营。唐朝的辉煌武功，对于招揽支持、平定各地发挥了重要作用。唐军的主要统帅李世民是唐朝开国皇帝李渊的次子，他制定了一套极其成功的用兵方略，上阵对敌战无不胜，比如设坚垒固守，袭击敌军粮道而避免与敌人全面交战，只有当敌人颓势明显时才能发起进攻。622—623年，新朝消灭了汉地中原的最后一个强敌。

唐朝一旦在中国站稳脚跟，就将军事关注点转向了北方边塞。7世纪20年代到70年代这一时期的变化发展，正是本书第九章的主题。唐朝从7世纪20年代末开始连番用兵，开疆拓土数十载，使东突厥和其他游牧民族臣服。在这些征战之中，归顺的草原民族派出骑兵助战，发挥的作用比来自唐帝国内地、兵农合一的府兵更为重要。东北方向，登上帝位的李世民于7世纪40年代再度征伐高句丽。7世纪60年代一度大功告成，但唐廷因边塞其他地方频频告急而无暇他顾，结果唐军于7世纪70年代末被逐出朝鲜半岛。

第十章追溯了府兵制的衰落和边军的出现。边军常年戍边，全由长期服役的正规军组成。出师劳远，征伐域外，府兵并不是特别适合。而且在7世纪70年代末突厥不再臣服于唐朝后，事实证明府兵更不适合承担提供强大兵力、长期戍守边塞军镇的任务。到8世纪中叶，唐朝北部和西部边塞都建立了强大的军区。节度使受任掌管这些军区，统辖军队。军队则由全职从军、长期服役的士兵组成。到8世纪50年代中期，大部分节度使及其麾下大批将士皆为胡人出身。事实证明，这些军队成功地抵御了吐蕃和各种游牧民族的入侵，极为有效地捍卫了唐帝国的边塞。但唐帝国为这种安全付出了高昂的代价：不仅养兵费用巨大，而且朝廷放弃了对节度使的有效控制。节度使的军队全心效忠于直接上级，而非远在帝都的朝廷。这种情况使得边将安禄山能够掀起滔天大乱。安史之乱从755年持续到763年，使唐朝几近崩毁。

本书的最后一章探讨了唐朝后半期的叛乱对政治、社会和经济的影响。唐廷未能彻底消灭最后一批叛将，加之众多名义上忠于唐廷的节度使有割据自立的倾向，结果是唐廷失去了对帝国大片地区的控制。这些地盘被一些不稳定的军阀政权所瓜分。割据藩镇的存在，对社会和经济产生了重大影响。藩镇选任的官员，其背景比朝廷官员更为广泛，从而促进了更大的社会流动。管辖权的多样性则削弱了国家对经济的控制，有助于中国社会在唐朝统治的最后一个世纪里实现商业繁荣。这些发展为宋朝和“帝制晚期中国”截然不同的社会、经济和政治结构奠定了基础。

1 J. F. C. Fuller, *A Military History of the Western World* (New York: Funk and Wagnalls, 1954–6); 最近的一个例子是Archer Jones, *The Art of War in the Western World* (London and New York: Oxford University Press, 1989)。

2 John Keegan, *A History of Warfare* (New York: Alfred A. Knopf, 1993), pp. 214–21, 380–7等。有关约翰·基根等人更为持久和系统的研究，可见Hans van de Ven（方德万）编的*Warfare in Chinese History* (Leiden: E. J. Brill, 2000)一书中由Jeremy Black（杰里米·布莱克）撰写的章节，尤其是第428—431页。

3 Sun Tzu, *The Art of War*（《孙子兵法》）, trans. Samuel B. Griffith (New York: Oxford University Press, 1971).

4 例如Hans Bielenstein（毕汉思）, *The Restoration of the Han Dynasty*, vol. 2: *The Civil War*, in *Bulletin of the Museum of Far Eastern Antiquities* (Stockholm), 31 (1959), pp. 1–287。

5 例如Terrence Douglas O'Byrne, "Civil–Military Relations During the Middle T'ang: The Career of Kuo Tzu-i" (Ph.D. dissertation, University of Illinois at Urbana-Champaign, 1982)。

6 例如Benjamin E. Wallacker（本杰明·E. 沃拉克）, "Studies in Medieval Chinese Siegecraft: The Siege of Yü-pi, A.D. 546," *Journal of Asian Studies*, 28.4 (August 1969), pp. 789–802。

7 例如Ray Huang（黄仁宇）, *1587, A Year of No Significance: The Ming Dynasty in Decline*（《万

历十五年》)(New Haven: Yale University Press, 1981)，见该书第六章有关明代将领戚继光的论述。

8 例如Herbert Franke(傅海波), *Studien und Texte zur Kriegsgeschichte der südlichen Sungzeit* (Wiesbaden: Otto Harrassowitz, 1987)。

9 谷霁光:《府兵制度考释》(上海: 上海人民出版社, 1962年; 台北: 弘文书局, 1985年重印); 孙继民:《唐代行军制度研究》(台北: 文津出版社, 1995年)。

10 例如有关军事征伐的诏敕，可见宋敏求等编:《唐大诏令集》(北京: 商务印书馆, 1959年), 第59—60卷; 本书所言碑刻, 可见Stanley Weinstein, *Buddhism Under the T'ang* (Cambridge: Cambridge University Press, 1987), p. 13; 有关宫廷乐舞, 可见司马光:《资治通鉴》(北京: 古籍出版社, 1956年), 第200卷, 第6323页; 有关战阵图, 可见刘昫等:《旧唐书》(北京: 中华书局, 1975年), 第187卷上, 第4867页。

11 见李昉等编:《文苑英华》(台北: 华文书局, 1965年), 第647卷, 第17页上。有关露布的其他例子皆见同卷。

12 Denis Twitchett (杜希德) 编的 *Cambridge History of China*, vol. 3: *Sui and T'ang China, 589–906*, Pt. 1 (Cambridge: Cambridge University Press, 1979), pp. 68–9; 司马光:《资治通鉴》, 第216卷, 第6888页, 第6906—6907页; 第217卷, 第6926—6927页。

13 杜佑:《通典》(北京: 中华书局, 1988年), 第148卷, 第3780页。

14 有关"行状"的探讨, 可见Denis Twitchett(杜希德), *The Writing of Official History Under the T'ang* (Cambridge: Cambridge University Press, 1992), pp. 66–71。唐初将领李神通的墓志有意略过618—621年这段时间, 从而对墓主战败被俘的经历避而不谈。见毛汉光等:《唐代墓志铭汇编附考》, 第1卷 (台北: "中研院" 史语所, 1985年), 第143—144页。

15 Herbert Franke(傅海波), "Warfare in Medieval China: Some Research Problems,"《"中央研究院" 第二届国际汉学论文集》(台北: "中研院", 1989年), 第5卷, 第806页。

16 李则芬:《隋唐五代历史论文集》(台北: 台湾商务印书馆, 1989年), 第214页, 第218页。

17 有关士人精英, 见Twitchett(杜希德), *The Writing of Official History Under the T'ang*, pp. 11, 15。D. L. McMullen(麦大维) 指出, "士人多以不参与军务为傲", 见其论文, "The Cult of Ch'i T'aikung and T'ang Attitudes to the Military," T'ang Studies 7 (1989), p. 62。

18 McMullen(麦大维), "The Cult of Ch'i T'ai-kung," p. 66 等。

19 McMullen(麦大维), "The Cult of Ch'i T'ai-kung," pp. 70–1, 75; Michael C. Rogers, *The Chronicle of Fu Chien: A Case of Exemplar History* (Berkeley and Los Angeles: University of

California Press, 1968), p. 46.

20 C. H. Wang(王靖献), "Towards Defining a Chinese Heroism," *Journal of the American Oriental Society*, 95.1 (1975), p. 29.

21 可见如司马光:《资治通鉴》, 第205卷, 第 6481页; 第 232卷, 第7465页。

22 McMullen(麦大维), *State and Scholars in T'ang China* (Cambridge: Cambridge University Press, 1988), pp. 67, 71等。

23 李筌:《太白阴经》,《中国兵书集成》第2卷(北京:解放军出版社;沈阳:辽沈书社, 1988年), 第8—10卷。

24 Wallacker(沃拉克), "Studies in Medieval Chinese Siegecraft: The Siege of Yü-pi," pp. 794–6;《旧唐书》, 第142卷, 第3875页。

25 欧阳修:《新唐书》(北京: 中华书局, 1975年), 第145卷, 第4875页。

26 前者例如J. H. Ramsay, "The Strength of English Armies in the Middle Ages," *English Historical Review*, 29 (1914), pp. 222–3。Ramsay发现, 英格兰的理查二世率军征讨苏格兰, 现存花名册上共列有将士13374人(不计约克和达勒姆之军), 而编年史家给出的数字是10万到30万。后一种方法最重要的实践者自然是汉斯·德尔布吕克(Hans Delbrück)。见其*Numbers in History* (London: University of London Press, 1913)。

27 见 John Haldon, *Warfare, State and Society in the Byzantine World, 565–1204* (London: UCL Press, 1999), pp. 99–101, 又见 Warren Treadgold, *Byzantium and its Army, 284–1081* (Stanford, Ca.: Stanford University Press, 1995), pp. 59–64。

28 Lien-sheng Yang(杨联陞), "Numbers and Units in Chinese Economic History," in idem, *Studies in Chinese Institutional History* (Cambridge, Mass.: Harvard University Press, 1961), p. 80; Miyazaki Ichisada(宫崎市定), "Tokushi satsuki," *Shirin*, 21.1 (1936), p. 134.

29 李则芬:《隋唐五代历史论文集》, 第15页, 第28页, 第 33页。

30 例如见司马光:《资治通鉴》, 第206卷, 第6515页; 第217卷, 第6943—6944页; 第258卷, 第8404—8405页。

31 见David A. Graff, "Early T' ang Generalship and the Textual Tradition" (Ph.D. dissertation, Princeton University, 1995), Table 2.2, pp. 49–53。

32 杜佑:《通典》, 第148卷, 第3792页。

33 汉朝的人口数字, 见本书第一章, 注释4; 隋朝的人口数字, 见魏徵等:《隋书》(北京: 中华书局, 1973年), 第29卷, 第808页。742年的人口数字, 见《旧唐书》, 第9卷, 第216页。

Chapter 1
The legacy of antiquity
第一章
上古的遗产

长期以来，世人普遍接受西方世界军事史的粗略分期。尽管准确的年代界限仍存在争议，但技术、战术和军事体制的变化使历史学家能够将世界军事史划分为：古典时期，以步兵为基础的希腊和罗马军队居于主导地位；中世纪时期，以政治上的分裂、骑兵在战场上居于首屈一指的地位以及城堡和要塞的防御者占有巨大优势为特征。这种中世纪时期的战争范式接下来又让位于近代早期的战争模式，其标志是精锐步兵的复兴、火药兵器的使用和军事权力的集中。[1]与这一熟悉的历史变化图景相比，中国军事史的分期仍然非常模糊。诚然，从上古和近代的两极来看，某些变化相当明显。公元前7世纪的贵族车战，与四个世纪之后由训练有素、纪律严明的大规模步兵和骑兵发起的战斗截然不同。至于另一极，则是19世纪晚期吸收西方军事技术、编制和观念的结果，这标志着另一道明显的分水岭。然而，这两个节点之间相隔两千多年，要将其间意义重大的发展阶段界定出来并不容易。中国中古时期的战争——不管我们在中文语境里如何定义“中古”一词——与之前或之后的战争有很大的不同，世人对此知之甚少。本研究以公元300年为起点，这与马镫在中国出现的时间颇不一致；以900年为终点，恰为火药在中国被用于战争之前。不过，由于体制和技术上的种种原因，这两项发明在中国似乎都没有对战争产生如同在西方一样根本性的影响。[2]这一时期也无法根据军事体制或编制进行鲜明的划分，因为或早或晚的时期几乎没有类似的情况。选择公元300年和900年作为本书的时间界限，与其说跟战争艺术的发展有关，倒不如说跟中国社会与帝国政体更广阔的背景变化有关。

4世纪初的中国是一个大一统的帝国，由定鼎黄河南滨古都洛阳的晋朝（司马氏）统治。晋朝继承了中国第一个大一统帝国的行政和政治传统。秦始皇于公元前221年开创了这个帝国。秦朝短命，但在公元前202年至220年，帝国在汉朝的统治下基本以相同的体制延续。从汉朝统治的最终崩溃到晋朝立国，中国经历了长达半个世纪的战乱和分裂。彼时天下分崩，号称三国鼎立——北方的魏、东南的吴和西南四川盆地的蜀。这三个地方政权，每个都宣称自己是帝国正统，但国土面积更大、人口更多的魏国比之对手自然优势明显。263年，魏军成功灭蜀。两年之后，魏末帝被把持朝政的权臣司马炎废黜。司马炎登基践祚，成为晋朝的开国皇帝。280年晋军灭吴，完成对南方的征服。三国时期的战争，是自公元前221年秦帝国建立以来持续时间最长的战争，但其影响有限，因为这些战争是汉人为重建大汉帝国而进行的内战。这一时期的政府实际上有很强的连续性，尤其是在北方，3世纪末许多仕晋的官员都来自汉朝时便已显赫的家族。

在4世纪第一个十年降临帝国的危机，与从前的截然不同。晋朝皇族互为仇敌，展开了新一轮的自相残杀。这为定居在帝国边境以内的非汉人诸族起兵创造了机会，他们居住在边境以外山区、沙漠和草原间的游牧同族趁机进入华北。晋朝统治者退往长江以南，北方为一众暴虐而不稳定的“胡人”政权所瓜分。过了近三个世纪，隋唐两朝的缔造者重新实现大一统。两朝的开国皇帝都是从分裂时代扎根于华北的新胡汉混血精英中脱颖而出的。虽然唐朝能够在一个多世纪的时间里维持帝国的高度统一和秩序，但755年边将安禄山掀起的大规模叛乱严重削弱了朝廷的权力，从而开启了一个军阀割据和地方自立的新时期，这一时期一直持续到907年唐朝灭亡之后。

从300年到900年，中国前所未有地遭受了被汉人——或者更准确地说，汉人的文化精英——视为蛮夷的民族的入侵。中国的大部分为入侵者所征服和统治，这又是一个前所未有的发展阶段。这一时期，外来的影响不仅体现在政治领域，也同样深刻地体现在宗教和文化领域。

这个时代的战乱引发了流民潮，尤其是从北方南下的流民潮——而且在某些时期，部分地方还催生了自给自足的庄园式生产体系。这一时期也是贵族的时代，世袭地位的重要性远超汉代。有优秀的血统便可以广孚众望，出仕为官。高贵的出身是执掌朝政最重要的资格。中国的中古时期也是一个宗教信仰的时代，动荡不安为佛教的传播创造了肥沃的土壤。佛教向全国各地所有阶层、所有境遇的人都作出了超脱尘世的承诺。早在汉代，佛教即由印度传入中国，但在分裂时期和隋唐两朝，这种域外信仰才被中国人完全接受，并对他们的思想、行为、政治和艺术产生了巨大的影响。正如其他人所指出的那样，中国中古时期的诸多特征都可以在中世纪的欧洲找到相似之处。但是，这种相似性不应过分夸大。举例来说，佛教寺院在地方上可以很有势力，但佛教僧侣绝对无法宣称自己享有天主教会在中世纪欧洲那样的独尊地位。彼时中国的识字率、古籍文献的留存和行政传统的维持情况要远远好于西方的拉丁世界。

正如公元300年之后的时代在诸多方面都与之前不同，宋代（960—1279年）及其后的中国社会与之前的中古世界也大不相同。长期以来，汉学家们一直将唐宋之交视为中国历史上最重要的分水岭之一。要将这一变革（基于社会和文化的逐渐变化）时间确定在诸如900年、907年或960年之类的具体年份是荒谬的。中国在8世纪中叶到10世纪末之间发生的种种变化尤为深刻，要给出明确精准的时间甚为困难。这两个半世纪见证了新旧贵族的更替。旧贵族以世袭的身份获取官职，取而代之的是基础更为广泛的地主和官僚精英，这些人做官是根据功绩才干而不是出身。唐代科举制度的兴起，在这一发展过程中无疑起到至关重要的作用。晚唐藩镇节度使的猖獗，同样对此有推动作用：大量地方官职向出身寒微的士人开放。还有9世纪后期起义和战乱的动荡摧毁了许多高门世族，土地自由买卖的出现使新崛起的官僚精英能够作为地主乡绅获取家族财富。同一时期，市场经济的蓬勃发展、城市化程度的不断提高和雕版印刷的发明，让书籍读物的传布大为广泛，相应地提高了识字率，带来了佛教的衰败和儒家哲学的复兴。20世纪最具影响力的日本汉学家[3]甚至将宋代称为“近世”中国的开端，这主要是因为贵族特权的消失和皇权的强化，皇帝不再是平起平坐的众人中居于首位者，而是高居于所有臣民之上的至尊。

诚然，任何分期框架都不可避免地扭曲复杂的历史事实。不可以主观假设政治、军事的转折点与意义重大的社会、经济发展阶段相符，而且这些转折点也不一定与新的知识转移或技术创新有关。有些现象变化很快，而有些现象则符合布罗代尔（Braudel）的长时段理论，变化很慢或根本不变。中国人赖以为生的基本农业模式和以家族为导向的儒家价值体系，就必须被视为这一相对静态的基础的一部分。中古时期之初就已经相当成熟的一些思想和做法也是如此。其中之一便是帝国大一统的理想，即坚信中国——从前秦汉统治下的土地和人民——应该在单独一位合法统治者的领导之下，形成一个单一的政治实体。这个统治者居于天人宇宙之间，负责上传下达。甚至早在秦朝建立起行政管理上统一的帝国之前，早期周天子所实行的相对宽松的王霸之道中就已被深植这样的观念：单独一位至高无上的统治者，统治中国所有土地，既是可取的，也是必要的。秦汉时期，这种对大一统的热望依附于中央集权的官僚帝国架构和自诩。帝国大一统获得了合法性的光环，成为未来一统天下者宝贵的意识形态资源。汉朝灭亡后，三国都宣称自己继承正统，并梦想着由自己受命重新实现大一统，尽管只有魏晋具备实力完成这一雄心壮志。

另一个核心的规范性原则，是中国的中心地位和文明的优越性。生活在华夏文化共同体（由习俗、仪式、书面语言和自我认同定义）之外的民族，被汉人视为“蛮夷”。北方草原上的游牧民族被描述成人面兽心，以针对中原政权的武装劫掠为天然的生活方式。南方的土著则被视为简单原始的民族，经过仁慈的地方官员教化影响，他们可以改从汉人的生活方式。

在汉朝统治的几个世纪里，政府的意识形态与施政手段同样得到了极为牢固的确立。一方面政府极力宣传官方支持儒家，强调以礼仪和教化治国；另一方面秦朝法家也留下了一份持久的遗产，其形式为对违法者用严刑峻法来惩戒，并制定了详细条例以管理政务。从秦汉沿袭下来的行政体系一直延伸到地方县一级，各县人口数千至数万不等。这套行政体系严重依赖文书档案，力图保持对人口的高度控制。国家定期统计人口（公元2年的人口普查记录为

57671400人[4]），并保存详细的户籍，记录家口和土地拥有情况，以便以此为依据，征收赋税、征发劳役和兵役。许多个人和家庭肯定能钻空子，但官府是毫不妥协的。[5]

正如中古时期的治国方略的基本框架是在汉代及更早的时候建立的，中国中古时期基本的战争器具和作战技术也是如此。尤其是战国时期出现了一系列新的发展，其中包括大规模步兵军队的兴起、骑兵的使用、弩等新兵器的应用以及攻城技术的新发展，永远改变了中国的战争形态。在此期间，兵戈相见的规模大幅度扩大，反映出国家为战争调动资源的能力大大增强。

这幅图景，与春秋时期（公元前770—公元前453年）的战争风格大不相同。彼时中国北方邦国林立，各由军事贵族统治，相互攻伐不断。战场上固然有少量步兵，但大部分的交锋都是由贵族驾驭兵车进行。战争更多的是为了声望和荣誉，而不是为了地盘。交战受到礼俗仪式的约束，战前要进行占卜和祭祀，双方通常事先商定好交战的时间和地点。[6]《左传》是描述这一时期的叙事史，但成书于几个世纪之后，其中有很多兵士自我克制和堪称骑士之行的事例。将领往往拒绝用不公平的方式对待敌人。比如公元前638年的一个著名战例，宋襄公拒绝对敌军半渡而击之，非要等到敌军渡河至对岸完成部署后才开战。公元前554年，攻入齐国的军队得知齐灵公去世，主动撤出齐国。[7]沙场之上，兵士们珍视英雄壮举和豪迈气概。胜利绝非无关紧要，但《左传》的战争叙事往往给人这样的印象：最重要之事在于展现自己的勇敢无畏和个人风格。

然而，春秋后期各国之间的战争日益激烈，促使各国政权和发动战争的方式都发生了重大变化。在持续了几个世纪的过程中，强大的诸侯国逐渐吞并弱小的邻国，并转变为中央集权的地域性国家。到公元前3世纪中叶，只有七个国家依然存在。正如陆威仪（Mark Lewis）所指出的那样，这一过程的关键步骤是加强对农村人口的行政控制，使之能被政府征调从军服役。[8]有了这一点，加之人口的增长和使用铁制农具所带来的农业产量增长，使得各国能够组建起比早期规模更为庞大的军队，而兵车因步兵数量的激增而相形见绌。到了战国晚期，男子几乎都要服兵役。比如公元前260年，秦国倾全国之力与赵国相争，史载征调了秦国所有十五岁以上的男子。[9]战国时期新组建的大规模军队也装备了更为致命的新器具。铁制兵器和铁制甲胄在这一时期首次得到广泛使用。到公元前4世纪中叶，弩在战场上被大量使用。根据权威观点，大约两个世纪后，弩成为"汉军不折不扣的制式兵器"。[10]

战国时期的另一个重大发展，是开始使用骑兵部队。大约在公元前650年至公元前350年之间，生活在中国北方的游牧民族最早开始骑马。然而，在公元前4世纪之前，汉人似乎并不骑马。此种滞后或许可以用这样一个事实来解释：汉人在向北扩张、吸收长期充当缓冲力量的“异族农牧混合族群”之前，未曾接触过草原上的游牧民族。[11]而一旦汉地最北的王国与游牧民族正面交锋，骑兵作战的优势就显而易见了。公元前307年，赵武灵王命令自己的军队着胡服（以长裤窄袖代替宽袍大袖），习骑射。[12]公元前3世纪中叶，赵军对阵北方游牧民族，史载动用了一万三千名骑兵，连同一千三百辆兵车和十五万名步兵。[13]其他各国都组建了类似规模的骑兵部队，所有这些骑兵更多地用于侦察和小规模战斗，而非冲锋陷阵。[14]

随着以步兵和骑兵为主（而非以兵车为主）的大规模军队兴起，战国时期也出现了攻城技术的新发展。早在公元前二千年的前半期，中国北方的统治集团就围绕自己的城市修筑了巨大的夯土城墙。考古发掘表明，前帝国时期的各大城市，如齐国国都临淄，城墙厚度可能超过二十米。[15]在春秋时期，围攻这样一座防守严密的中心城市并不常见，更常见的情况是，攻方突袭敌国都城的城门，退兵前在城外纵火。但是到了战国时期，攻方对城池用兵的态度似乎发生了变化。可能是因为当时这样的中心城市容纳了更多的人口和更多的财富，因此成为对攻方来说更具吸引力的目标。这一时期的史书记载了各种复杂精密的攻城技术，包括使用弩炮和杠杆式抛石器（即投石机）之类的器械，借助攻城塔和有遮盖的攻城车接近城墙，挖洞掘塌城墙，从下方挖地道穿过城墙，甚至让附近的河流改道，以水灌城（比如公元前225年秦军即以此法攻破魏国都城大梁）。从战国时期到一千多年后火药问世之前，中国的攻城战法几乎毫无变化。[16]

所有这些战争艺术的发展，其结果是使战事比以往任何时候都更加激烈，规模也更为庞大。国土面积广阔、中央集权的地域性国家可以动员更多的人力，并保障己方在战场上坚持的时间更长。公元前6世纪之前，一支军队的标准规模是一万人或更少。战事很少持续数周以上，战斗通常在一天之内结束。但是，到公元前3世纪的下半叶，各大国已经习惯于部署数十万人的大军。战争能持续数年，两军的弓弩手沿着数十公里长的前线掘壕相峙可达数月。一场大败可能招致亡国。在这样的情况下，战争便失去了春秋时期特有的礼仪约束和光明磊落。当时兵戈杀伐显然是达到目的之手段，而非目的本身。阴谋诡计广受推崇，用兵之道变得残酷无情且高度理性，只求占得上风，从而取得胜利。[17]

这一时期，战争的规模不断扩大，战事日趋复杂，于是催生了一类新的兵书，这类兵书为用兵打仗、排兵布阵提供指导。现存此类兵书中最为著名，可能也是成书年代最早者，当数传说中兵家孙子所著的《孙子兵法》。一般认为，《孙子兵法》最早成书于公元前5世纪下半叶。其他诸多兵书则为战国乃至汉代的作品。[18]从治国方略的一般原则到具体的作战部署，这些兵书的内容无所不包，无法用一两段话来概括总结。可以说，这些兵书大多相当重视战争中的情报、诡计和心理因素。使用策略的目标，与其说是敌军，倒不如说是敌将的头脑。兵书建议将领操纵部下的士气——无论是有意把军中面临的艰难困苦公之于众，还是故意将部下投入绝境，置之死地而后生。最重要的是，这些兵书强调谨慎明智的谋划是决策用兵的基础。兵法力劝统治者在开战前权衡兵力，建议前方将领从敌营中寻找薄弱之处，等待合适的时机，只有局面胜券在握时才能出战。用兵忌行险，《孙子兵法》曰："故善战者，立于不败之地，而不失敌之败也。是故胜兵先胜而后求战，败兵先战而后求胜。"[19]

虽然这段文字似乎符合有意拖延和暂时避战的策略，但同一本书的其他部分显现出对战争经济代价的敏锐意识，并指出速战速决可取。这些观点不一定互相矛盾，但的确凸显出这样一个事实：战国时期的兵学经典经常提供相互矛盾的建议，迫使读者兼顾两段甚至多段文字，并为确定究竟哪一段更适用于当前的特定情况而冥思苦想。

这样一个主题贯穿兵书：用兵打仗是斗智而非斗力，勇敢无畏和武艺超群是无关紧要甚至有害无益的品质，卓越的洞察力和聪明才智方是为将者最重要的品质。关于这一点，最有力的陈述之一可见兵书《尉缭子》。《尉缭子》成书于公元前4世纪末至公元前3世纪初，书中用寓言的方式讲述了名将吴起的故事。有一次临战之时，左右部下献给吴起一柄剑，但吴起拒绝接受，只因指挥全军的旗鼓才是将领唯一需要的兵器。“挥兵指刃，此将事也。一剑之任，非将事也。”[20]将领若成为军队的头脑，士兵们就要像四肢一样做出反应。这里同样没有个人逞英雄的空间，唯求令行禁止和完美的协作配合。《尉缭子》中有关吴起的另一则故事强调了这一点：又是临战之时，吴起麾下的一名士兵无法抑制心中的昂然斗志，离开自己在阵列中的位置，冲向敌阵，斩获两颗人头作为战利品，然后小跑着回到自己的位置。吴起下令处死那位士兵。军吏辩称，此人是一员猛士。吴起回答道：“材士则是也，非吾令也。”[21]正如陆威仪所观察到的那样，这些做法与春秋时期的英雄气概背道而驰，是为战国时期专制集权君主的目标服务的。战国的专制君主试图用军纪和控制手段来约束冲动易怒的军事贵族。[22]但军纪的作用远不止于此。强调军纪不仅满足了统治者的需要，也满足了将领的需要。这些将领面临着艰巨的任务，要让规模庞大、新征调组建的步兵军队在战场上发挥作用。“夫金鼓旌旗者，所以一人之耳目也。人既专一，则勇者不得独进，怯者不得独退，此用众之法也。”[23]军队规模变得太大，无法让将领在阵前进行有效统率，也无法让战士单打独斗发挥更大的作用。

新式的战争与旧贵族的车战相比，最显著的一个区别在于，在新式战争中，带兵打仗需要大量的专业知识和训练。早期的兵书即是对这一需求的回应。另一个显著区别，是出现了新的兵家阶层。兵家被统治者任用为将，依据的是才干、技能和所受教育，而不是高贵的出身。到公元前3世纪，相互攻伐的大国用这样的人领兵打仗已是司空见惯。用兵之道作为专门的学问，大多是父传子的家学。[24]但是，值得注意的是，帝制中国始终未能完成军事专业化，武人从未真正制定出专业门槛，控制新成员加入武人行列或者独揽兵权。文官，特别是负责地方行政的官员，经常奉命与地方军队一起出征上阵，对付少数民族入侵、盗匪贼寇蜂起和起义叛乱。为官之人，一生仕途会在文职武职之间来回迁转。特别是在汉朝，尽管并无明显的资格要求，但外戚领兵出征却并不罕见。[25]各种各样的兵书助长了此类外行带兵，只因兵书提供了这样的可能——熟读兵法后就不需要实际的军旅经验了。

这一后果未必如著书者所愿。从大部分兵书的内容来看，著书者是为新兴的兵家阶层说话，试图主张最大化的兵权。数部兵书都提出，将领一旦奉命执掌兵权、率军出征，就不应受到统治者的干涉。《孙子兵法》言：“将在外，君命有所不受。”[26]将领决策是否与敌人交战，应拒绝君王的指示，而应遵循自己的判断。据部分兵书所言，授予兵权的仪式包括君王正式承认将领的决策自主权。在仪式上，将军被授予斧钺一双，象征将军有权对部下处以大辟之刑（这通常是君主的特权）。[27]将领的权力可能未曾如此书所言那般不受约束。但在战国时期和汉朝，有充分的史料表明，将领的权力仍然相当大。比如公元前158年，汉代将领周亚夫拒绝皇帝进入自己的营地，直至皇帝派使者持节发布诏令才打开壁门。[28]一方面，当时军情上报和指令下达全靠马匹和骑手，这给了前方统兵大将一定的回旋余地，当然很大程度上是因为君王在都城遥控战事存在困难和危险。战场上确实需要临机专断之权。另一方面，中国的君王也采取了各种手段制约兵权。尤其是在和平时期，君王更倾向于剥夺将领的自专自任之权。秦汉时期用虎符制度，青铜虎符分为两半，一半由将领或地方官员保管，另一半由都城的朝廷保管。只有两半虎符勘合相符，才能召集或调动军队。帝制中国建立之初就牢牢地确立了以文制武的原则。战国时期的君主和秦汉的皇帝不直接统率三军，很少亲自上阵，遑论在阵前以身涉险。他们坐镇都城，通过文官政府和礼制仪轨那强有力的象征性宣传来统治国家。汉朝开国之君刘邦马上得天下，但学士陆贾旋即进言：不可马上治天下。[29]刘邦纳其言。中国其他朝代的开国皇帝基本皆然。

战国晚期至秦汉，政治家和政论家普遍提出这样的设想：强调军事统帅的权力是暂时的，军中各级兵士和耕种土地的农民（占一国人口之绝大多数）基本上是同一群体。这一设想反映了早期征兵制试图将农村人口吸纳进来，许多法家和儒家著作皆有论及。[30]根据这一观点，若与更广泛的平民社会分离，军事绝无可能长久存在。所有成年男子皆可为兵，需要时均可应征入伍。但当危机过去后，他们都要重操农耕之旧业。从根本上说，西汉的军事体制是前朝秦代的延续，似乎与这些设想的模式十分相符。汉代早期尤其如此，彼时的兵役制度与19世纪末20世纪初欧洲列强青睐的"骨干—义务兵"(cadre-conscript)模式非常相似。

根据汉朝的兵役制度，所有男子年满二十三岁都要服兵役。[31]他们先在家乡服役一年，期间接受军事训练，然后其中一部分人被分配到专门部队（如骑兵、楼船士和材官弩手）。服役满一年后，部分兵士会被派往帝都或北方边塞宿卫戍守一年。并非所有兵士都需要服这种额外的军役，因为每年应征服役的人数远远超过驻守边塞和帝都的部队人数。[32]服役一到两年后，男子返乡重操农耕之旧业，但遇到紧急情况仍须应召入伍，直到年满五十六岁。在此期间男子仍须接受训练，地方长官每年都要组织都试。大军系征调各州郡的"材官"临时组建而成，由君王任命的将领统率出征。战事结束后，兵士卸甲返乡，将领回朝复命。这种兵役，与汉朝人每年都要服一个月的劳役没有明显区别。两者都被认为是“力役”的一种形式，应征戍边一年者可以花钱雇人代替自己前去——这种网开一面的做法，对应征服劳役者同样适用。[33]被朝廷授予爵位者可免于劳役和一切形式的兵役。爵位可以花钱买，这意味着富户子弟可逃避一切兵役义务。[34]尽管实践中兵役在普遍程度上略有不足，但重要之处在于——帝制中国的朝廷对其健全男性臣民的身体力量拥有某种征用权。这种拥有权在中古时期亦未被遗忘。

在汉朝，为了确保兵役制度顺利推行，需要官员撰写大量的档案文书，做大量的案头工作。在这方面，军事与帝国政府的大多数其他领域并无不同。地方官员奉命每年上报自己辖地内的户数和人口，编订详细的户籍。[35]这些档案文书使官府能够随时掌握哪些人应在何时服劳役和兵役。完善的军事行政机关则保存了大量其他种类的档案文书。汉朝行政管理最令人震惊的证据，来自今天内蒙古额济纳河流域出土的简牍。那里气候干燥，保存了戍守北边的汉军所留下的大批文书。文书皆用简牍书写，时间在公元前102年至公元98年之间。其中有账簿、发放给军吏的钱粮簿、发放给兵士的衣物簿以及牛籍，“详细记录了年齿、高度、颜色和其他显著特征”[36]。还有兵器戎具的籍簿、分派办事的记录和军情报告。汉朝对于存留往来文书极为重视。烽燧留有收发信号的日志，都尉府保存有移送信函文书的详细簿册。簿册标明了每一封信函的目的地、密封日期和发件人姓名，并题有内容摘要。看来军镇的日常运转处处受制于精细的军需管理和文书记录。

这种管理程序，是汉朝从战国时期继承的一部分遗产。但像在额济纳河这样的遥远边地都有强大的军镇，这表明大一统的汉帝国与前代之间存在重大差异。如秦、赵等国确实采取过措施，保护北境免遭游牧民族的入侵，但赵国更担心秦国的威胁，而非游牧的匈奴人。战国群雄最关心与华夏的对手交锋如何获胜（或至少不亡国），所有经典的兵书战法都设想对手乃华夏文化圈中的一员。公元前209年，当新的首领冒顿将匈奴统一为强大的部落联盟时，汉人之于草原民族的地位便急转直下。不过十年，脱胎换骨的游牧民族便将汉高祖刘邦亲自率领的大军团团围困，迫使刘邦屈辱议和。关于匈奴突然崛起为一个大国的根本原因，学界有分歧。一种观点认为，正是公元前221年中国实现统一促使游牧民族联合起来，以强化自身与帝制中国博弈的地位。匈奴人需要汉地农耕经济的粮食、丝绸和其他产出，他们往往用武力威胁（劫掠）来迫使汉人提供这些东西。为了在与庞大而统一的中国打交道时能有效协调劫掠、威胁和谈判，匈奴人发现有必要围绕自己的政治中心团结起来。[37]另一种观点则认为，这种重组是游牧民族对公元前215年政治危机的反应。当时秦军将他们逐出了河套地区的牧场。[38]无论原因为何，毫无疑问，政治上的统一使匈奴能够集中更大的力量，进行更好的战略协调，从而让他们变成一个更可怕的敌人。匈奴人自幼习骑射，与汉军相比拥有某些战术优势。汉军则主要由行动缓慢的步兵和远逊于匈奴人的骑兵组成。

汉人制定过数种对付游牧民族的策略。汉朝初年，中原相对弱小，刘邦折辱于匈奴之手的记忆犹新，几代皇帝采取名为“和亲”的绥靖政策。具体而言，就是向匈奴纳币，在边境与匈奴互市，汉匈上层以姻亲结盟，将汉朝宗室女子送往草原嫁与匈奴统治者为妻。鉴于游牧民族即使在“和亲”安排生效的情况下也喜欢发动小规模劫掠，汉人动工沿北部边境修筑了防线、望楼和烽燧。筑墙的做法可以追溯至战国时期，当时列国各筑防线，先是用来互相防御，然后是用来抵御草原上的胡骑。公元前215年，秦军扫平河套地区的匈奴后，开始将现有的防御体系连接成最早的“长城”雏形。这种早期建筑不可与明朝中后期政府在北京附近修建的大型砖石防御工事相混淆。[39]秦汉的边墙用夯土或泥砖筑成，多为一连串障城、望楼和烽台，用一道非常简单的城墙相连，而非世人想象中巨大的护墙和墙上堤道。但长城依然是规模庞大的建筑工程。葱多尔一线的长城由戍守额济纳地区的汉军修建，全长四十公里，包括一座大型障城和二十六座较小的烽台。烽台之间的间隔为一千三百米，每座烽台都能一眼望到下一座烽台。[40]这样的烽台布局在汉朝的大部分时间里皆是如此。据估计，配属烽台和望楼的驻军需要近一万人，不包括提供后勤保障的民夫杂役和边塞都尉府下管辖的机动预备兵力。[41]汉朝实行屯田制度，为边防提供后勤保障，降低了从内地运粮的成本。当时被迁来屯垦务农的一次多达五六万人口。[42]

汉武帝时期，汉人转守为攻。公元前129年，汉军发动首战，从此开始了一系列大规模的军事征伐，旨在消灭或征服匈奴。征战几无停歇，一直持续到公元前87年汉武帝驾崩。汉人在战事的头十年取得了重大胜利，但交锋最终演变成血腥的僵局。汉军大规模的主动出击，都是以强大的骑兵为先锋。汉代史书中言及骑兵动辄数以万计，不过汉军骑兵的数量并不一定有记载的那么多。比如公元前129年第一次汉匈大战，汉军以骑兵分四路出击，史载每一路皆有兵力上万人。在公元前119年的战事中，汉军有骑兵两路，每路达五万人。公元前97年，汉军共计七万骑兵、十四万步兵出击匈奴。[43]

汉匈之争长达数十年，使汉朝的军事编制发生了意义深远的变化。正是在这一时期，汉朝初年战场上仍在使用的兵车，在中国战争史上完全消失了。在这样的作战形式之下，骑兵必须扮演主要角色，因为只有骑兵才能跟上机动性极强的匈奴骑手。[44]这对汉朝的军制提出了挑战，因为绝大多数应征服役的兵士只适合当步兵。骑兵一般征自北方边郡，那里的环境适合养马，居民最知马性。[45]汉武帝出击匈奴时，这样的兵士比内地应征服役的普通兵士更受欢迎，定然多次被征召服役——服役如此频繁，事实上他们就变成全职的职业军人（虽然当时尚无此名）。尽管全民征兵受训的基本制度直到1世纪才发生重大改变，但大量证据表明，在出击匈奴的屡次大战中，服兵役开始由非普通应征者承担。如额济纳河流域出土的简牍所示，至少已有部分将士携家属随军戍边，且军吏要服役数载。不止一位学者提出，雇人代役的做法可能导致以代役为职业者的出现，其中一部分人成为边地军镇的永久居民。[46]汉武帝时期，边军还使用弛刑徒，并最早招募归降的胡人随汉军出征。[47]所有这些似乎都表明，汉朝的基本军事体制不适合与强大的游牧对手进行长期战争。正如汉初一位高明的政治家所言："然令远方之卒守塞，一岁而更，不知胡人之能。"[48]确实需要经验丰富、长期服役、身怀长技且熟知边塞情况的部队。

汉武帝之后，军队长期服役的趋势进一步延续，到东汉时期（25—220年）尤为明显。当时政府戍边甚至多用刑徒，汉帝国的骑兵多为归顺的胡人。31年，东汉开国皇帝光武帝刘秀颁布法令，废除全民军训和本郡服兵役一年的制度。这并不意味着普遍兵役制度的终结，大多数身体健全的男子仍有资格服兵役，紧急情况下可应征入伍。不过，汉帝国平时的一线防御如今建立在更加职业化的基础之上。常备军近四万人，最早来自内战中助光武帝一统天下的元从，驻扎在都城和北方其他几处战略要地。军中皆是长期服役的募兵，而不是自乡间应役而来、短期服役的兵士。[49]

乍看之下，这些像是中央集权特征的强化，但是东汉在军事上最重要的长期趋势，却正是中央政府失去了对军队的控制。出现这种情况有几个原因。其一，东汉设置了一类权力更大的新地方长官（即刺史），可节制数郡。其二，东汉逐渐放弃了西汉时期严格限制兵权的措施，比如虎符勘合与临时任命将领之法。而最重要的原因无疑在于，2世纪中叶之后打着道教旗号的农民起义席卷了中国北方各地，朝廷迫切需要做出有效应对。当时常备军的规模极为有限，各地州郡长官发现，必须征调当地人服役以应对危机，并以招募之兵甚至私人部曲相补充。迫于形势紧急，朝廷在军政和军令方面给予将领和刺史巨大的便宜行事之权。这些将领长期掌控同一支军队，使军中将士对其忠心耿耿。[50]总而言之，这些将领最终蜕变为军阀。起义被镇压后，得胜的将领们转而开始互相攻杀。汉帝国一分为三，三国争霸的惨烈战乱长达数十载，一直持续到3世纪下半叶。

对于中国中古时期的武人和政治家来说，上古的遗产复杂而多样：既有大一统的构想，又有后来的分裂和战乱；既有战国时期发展起来的军事体制，又有为应对草原游牧民族的新挑战而出现的军事体制，两者截然不同。饱受尊崇的兵家经典给出了不止一套用兵之道，而以武干政的惨痛教训催生了以文制武的构想。上古为中古时期的军事和行政措施提供了基本的范式依据——一方面是骑兵、步兵和铁制兵器，另一方面是严格的律令制度和广泛的文书记录。但在工具和技术建立的框架之内，过去的遗产提供了多种选择，又给截然不同的选择留下了空间。公元前一千年的中期，列国相争的军事压力改变了中国的战争与社会。而汉朝与草原民族的持续交锋，则逐渐破坏了大部分继承自战国的兵制。中国中古时期的统治者面临着与中国历史早期一样巨大的军事压力。或就本质而言，这些挑战在中国历史上绝无先例。后续章节将探讨从西晋灭亡到唐代失国的六个世纪里，中国人面临兵戈杀伐的严峻局面时所做出的选择。

1 当然，一旦我们开始详细研究，事情便不再那样清晰明确。如伯纳德·巴赫拉赫（Bernard S. Bachrach）等人便指出步兵在加洛林战争中的重要性，并贬低了骑兵的作用。见 Bernard S. Bachrach, “Charlemagne’s Cavalry: Myth and Reality,” *Military Affairs*, 47.4 (December 1983), pp. 181–7。

2 有关强调整个帝制时代必须以武力实现大一统的概论性著作，可见Edward L. Dreyer, “Military Continuities: The PLA and Imperial China,” in William W. Whitson (ed.), *The Military and Political Power in China in the 1970's* (New York: Praeger, 1972), pp. 3–24。

3 即内藤湖南〔Naitō Torajirō(1866—1934)〕。有关内藤湖南对中国历史分期的介绍，可见Hisayuki Miyakawa(宫川尚志), “An Outline of the Naitō Hypothesis and Its Effects on Japanese Studies of China,” *Far Eastern Quarterly*, 14.4 (August 1955), pp. 533–52。

4 Hans Bielenstein(毕汉思), “The Census of China during the Period 2–742 AD,” *Bulletin of the Museum of Far Eastern Antiquities*, 19 (1947), p. 135.

5 有关户籍制度的起源，可见杜正胜:《编户齐民的出现及其历史意义》,《“中央研究院”历史语言研究所集刊》，第54本第3分（1982年9月），第77—111页。

6 Mark Edward Lewis(陆威仪), *Sanctioned Violence in Early China* (Albany: State University of New York Press, 1990), pp. 37–8。这种行为让人联想到古希腊城邦之间的战争，可见Josiah Ober和Michael H. Jameson发表的论文，收入Victor Davis Hanson (ed.), *Hoplites: The Classical Greek Battle Experience* (London and New York: Routledge, 1991), pp. 173–227。

7 Cho-yun Hsu(许倬云), *Ancient China in Transition: An Analysis of Social Mobility, 722–222 BC* (Stanford, Ca.: Stanford University Press, 1965), p. 54.

8 Lewis(陆威仪), *Sanctioned Violence in Early China*, pp. 54–67.

9 Hsu(许倬云), *Ancient China in Transition*, p. 67.

10 Joseph Needham (李约瑟) and Robin D. S. Yates (叶山), *Science and Civilisation in China*, vol. 5, Pt.6: *Military Technology: Missiles and Sieges* (Cambridge: Cambridge University Press, 1994), pp. 139–41。有关铁制兵器和甲胄，见杨泓:《中国古兵器论丛》(台北：明文书局再版，1983年)，第14—15页，第142页。杨泓此书已被译为英文，书名为*Weapons in Ancient China* (New York and Beijing: Science Press, 1992)。

11 Nicola Di Cosmo(狄宇宙), "The Northern Frontier in Pre-Imperial China," in *The Cambridge History of Ancient China*, ed. by Michael Loewe and Edward L. Shaughnessy (Cambridge: Cambridge University Press, 1999), pp. 890–2, 912.

12 *Chan-Kuo Ts'e*(《战国策》), trans. by J. I. Crump, Jr. (Oxford: Clarendon Press, 1970), pp. 296–307.

13 见司马迁:《史记》(北京：中华书局，1959年)，第81卷，第2450页。

14 见劳榦:《战国时代的战争方法》，收入《劳榦学术论文集》第1版第2卷（板桥，台北：艺文印书馆，1976年），第1172页。

15 见杨泓:《中国古兵器论丛》，第140—141页。

16 Joseph Needham(李约瑟)and Robin D. S. Yates(叶山), *Science and Civilisation in China*, vol. 5, Pt.6, pp. 254–5.

17 关于这一时期战争和指挥用兵性质的不断变化，可见Frank A. Kierman, Jr(小弗兰克·A. 基尔曼), "Phases and Modes of Combat in Early China," in *Chinese Ways in Warfare*, ed. by Frank A. Kierman, Jr., and John K. Fairbank (Cambridge, Mass.: Harvard University Press, 1974), pp. 27–66。

18 有关《孙子兵法》的研究，可见Robin D. S. Yates(叶山), "New Light on Ancient Chinese Military Texts: Notes on their Nature and Evolution, and the Development of Military Specialization in Warring States China," *T'oung Pao*(《通报》), 74 (1988), pp. 211–48。现存最重要的兵书已被翻译为*The Seven Military Classics of Ancient China*, trans. by Ralph D. Sawyer (Boulder, Colo.: Westview Press, 1993)。

19 *The Seven Military Classics of Ancient China*, p. 164.

20 刘仲平:《尉缭子今注今译》(台北：台湾商务印书馆，1975年)，第109页。笔者的译文沿用自Mark Lewis(陆威仪) 的*Sanctioned Violence in Early China*, p. 114。

21 刘仲平:《尉缭子今注今译》，第110页。

22 Lewis(陆威仪), *Sanctioned Violence in Early China*, pp. 103, 107.

23 *Sunzi*(《孙子兵法》), translated in *The Seven Military Classics of Ancient China*, p. 170.

24 Hsu(许倬云), *Ancient China in Transition*, pp. 73–6.

25 如可见司马迁:《史记·卫青霍去病列传》英译本, Burton Watson(华兹生), *Records of the Grand Historian*, Han Dynasty, vol. 1(Hong Kong: Columbia University Press, 1993), p. 163 ff.; 以及Michael Loewe(鲁惟一), "The Campaigns of Han Wu-ti," in Kierman and Fairbank, *Chinese Ways in Warfare*, p. 87。

26 *The Seven Military Classics of Ancient China*, p. 171; 也见 p. 177。

27 Lewis(陆威仪), *Sanctioned Violence in Early China*, pp. 125–6.

28 *Records of the Grand Historian*, Han Dynasty, vol. 1, pp. 375–6.

29 *Records of the Grand Historian*, Han Dynasty, vol. 1, pp. 226–7.

30 Lewis(陆威仪), *Sanctioned Violence in Early China*, pp. 64–5.

31 此处对西汉军事制度的简述，是基于对多处文献的整合。尤其是Hans Bielenstein(毕汉思), *The Bureaucracy of Han Times* (Cambridge: Cambridge University Press, 1980), pp. 114–16; 孙毓棠:《西汉的兵制》,《中国社会经济史集刊》，1937年3月，第5卷第1期，第2—13页，第23—26页；劳榦:《汉代兵制及汉简中的兵制》,《中央研究院历史语言研究所集刊》，1943年，第10期，第23—55页。由于史料非常有限，解读困难重重，观点分歧巨大。有关汉代军队的不同观点，见孙言诚:《秦汉的徭役和兵役》,《中国史研究》，1987年，第3期，第77—85页。

32 臧知非:《秦汉"正卒"辨析》,《中国史研究》，1988年，第1期，第95页。又见劳榦:《汉代兵制及汉简中的兵制》，第35—36页，以及Michael Loewe(鲁惟一)，"The Campaigns of Han Wu-ti," in Kierman and Fairbank, *Chinese Ways in Warfare*, p. 93。据鲁惟一估计，北方边军总兵力（不计劳役和辎重部队）可能仅有9750人。

33 孙毓棠:《西汉的兵制》，第2—7页。

34 孙毓棠:《西汉的兵制》，第12—13页。

35 Michael Loewe(鲁惟一), "The Heritage Left to the Empires," in *The Cambridge History of Ancient China, ed.* by Michael Loewe and Edward L. Shaughnessy(夏含夷)(Cambridge: Cambridge University Press, 1999), p. 1015.

36 见Michael Loewe(鲁惟一), *Records of Han Administration* (Cambridge: Cambridge University Press, 1967), 尤其是vol. 1, pp. 19–23。

37 这一观点由人类学家托马斯·巴菲尔德（Thomas Barfield）在氏著*The Perilous Frontier* (Oxford: Basil Blackwell, 1989)中提出。

38 Di Cosmo(狄宇宙), "The Northern Frontier in Pre-Imperial China," pp. 964–5。

39 见Arthur Waldron(林蔚), *The Great Wall of China: From History to Myth* (Cambridge: Cambridge University Press, 1990)。

40 Loewe(鲁惟一), *Records of Han Administration,* vol. 1, pp. 83–4.

41 Loewe(鲁惟一), "The Campaigns of Han Wu-ti," p. 93.

42 Loewe(鲁惟一), "The Campaigns of Han Wu-ti," p. 74.

43 对这些史实的总结，见Loewe(鲁惟一), "The Campaigns of Han Wu-ti," pp. 111–18。

44 有关骑兵在汉武帝征伐匈奴中所起的重要作用，见Chang Chun-shu(张春树), "Military Aspects of Han Wu-ti' s Northern and Northwestern Campaigns," *Harvard Journal of Asiatic Studies,* 26 (1966), pp. 149, 167–9。

45 孙毓棠:《西汉的兵制》，第23页。

46 Loewe(鲁惟一), *Records of Han Administration,* vol. 1, p. 82.

47 孙毓棠:《西汉的兵制》，第3—34页。

48 晁错，引自班固:《汉书》(北京：中华书局，1962年)，第49卷，第2281—2286页。又见孙毓棠:《西汉的兵制》，第20—31页，第46页。

49 关于东汉军队，见劳榦:《汉代兵制及汉简中的兵制》，第48—52页；孙毓棠:《东汉兵制的演变》,《中国社会经济史集刊》，1939年6月，第6卷第1期，第1—34页;《中国军事史》，第3卷《兵制》(北京：解放军出版社，1987年)，第109—119页。

50 《中国军事史》，第3卷《兵制》，第116—117页。

Chapter 2
The fall of Western Jin

第二章
西晋的灭亡

280年，就在戴克里先（Diocletian）将军统治罗马的前几年，司马炎新立的晋朝之势力达到了顶峰。晋朝攻灭南方的吴国，让2世纪末东汉朝廷垮台之后便分崩离析的帝国重归于一统。司马炎的祖父司马懿出身黄河之阴、河南平原地区的地主豪族，靠效力于中国北方的魏国起家。一连数位皇帝统治软弱无力，司马懿遂把持魏廷权柄。251年去世时，司马懿已是无冕之君。司马懿的权力由其子司马师和司马昭继承，再传给司马昭之子司马炎。265年，这位司马氏新主废黜弱小的魏末帝，自己取而代之。司马炎在位至289年，谥号“武皇帝”，史称晋武帝。偏居西南的蜀国早在263年为北军所灭，司马炎转而出师灭吴。最后一役始于279年十一月，二十万晋军分六路伐吴，其中一路从四川的蜀汉故地沿长江而下。[1]南军寡不敌众，短时间内便被击溃。司马炎很快据有强汉统治过的几乎全部故地——从朝鲜半岛北部的乐浪郡，到丝绸之路上的敦煌，南至今越南河内。

然而，无论晋武帝心中有何愿望，这个重新实现大一统的帝国远非对煌煌大汉的忠实还原。自2世纪80年代东汉朝廷崩溃以来，世事早已沧海桑田。北方的内战，三国的争雄，都让中国社会难以维持原状。汉晋之间最显著的差异，或许是国家所籍录的户籍人口的急剧下降。280年晋朝括户，共籍录2459840户，16163863人。这些数据相比三国时期的最低数字有所改善，但仍然远远低于汉代157年的括户数据，彼时的数字为10677960户、56486856人。[2]出现这种差异，部分原因是战争及其相关暴力造成的死亡。另一部分原因是饥馑和瘟疫，它们往往也与兵火干戈密切相关。还有一个因素，则是人口从饱受战争蹂躏的北方和西北州郡向外迁移。由于草原游牧民族的入侵和其他边地胡族（如羌人）的叛乱，这一趋势从东汉中期就已经开始。[3]不过，对于大量人口损失的最合理解释，是在当时的军事和政治乱局之中，国家根本无法维持对大多数人口的行政控制。[4]大量的小自耕农为逃避沉重的赋税劳役而逃亡，如此就加重了乡党的负担，让乡党更有理由也选择逃亡。大批逃户向豪族寻求容身之处，豪族能够庇护他们，使他们免于对国家履行义务。于是逃户成了佃客，即像中世纪欧洲的农奴一样与土地捆绑在一起、从事农耕的依附农。豪族对逃户来说有双重吸引力，因为豪族一般能够在动荡的乱世中组织宾客有效自保。[5]豪族的发展壮大意味着国家被严重削弱，因为帝国很大一部分人口和赋税被转移到豪族手中。晋朝官府确实做出了名义上的努力，以限制私人对土地和人口的控制，但司马氏及其豪族党羽从彼时的局面中获益太多，所以任何改革都无法大力推行。

汉朝灭亡和三国时期的政治乱局，阻碍了经济乃至国家的健康运行。成书于7世纪的《晋书》中的《食货志》表明，280年晋灭吴之后，中国整整一代人享有了和平与繁荣："物流仓府，宫闱增饰，服玩相辉。于是王君夫、武子、石崇等更

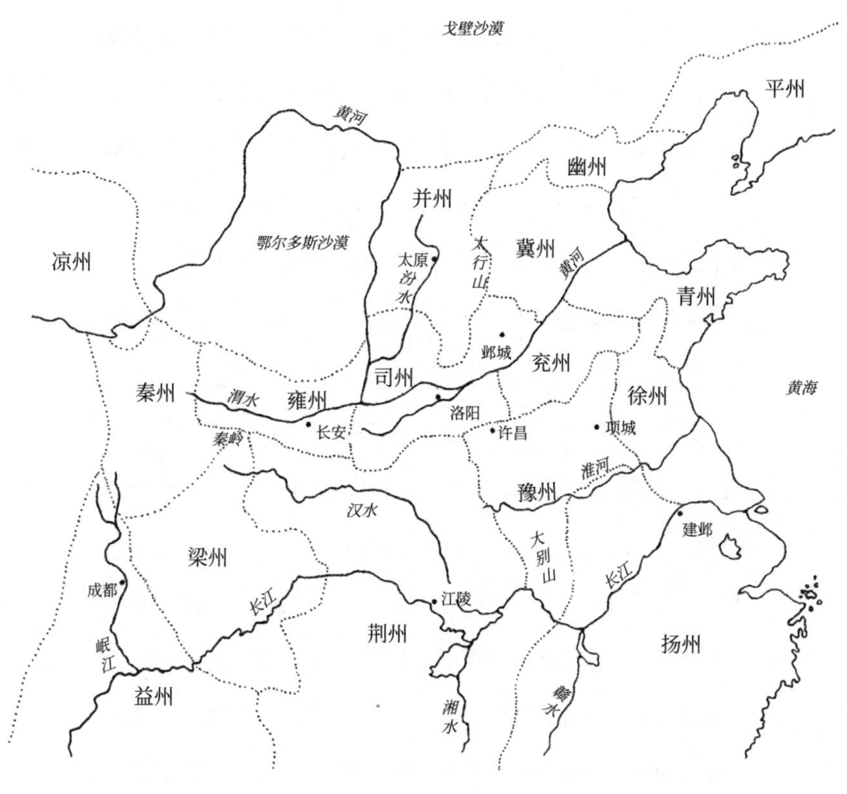

西晋时期（约公元 300 年）的中国

* 本书插图系原文插附地图。

相夸尚，舆服鼎俎之盛，连衡帝室。”[6]这一时期的经济状况可能确实比之从前有所改善（与之后相比，则无疑恍如黄金时代），但比之汉代蓬勃繁荣的经济依然相去甚远。汉朝时期，跨区域贸易得以广泛开展，金属货币得以普遍流通。但是，经过汉末战乱的暴力和动荡，耕地被大面积抛荒，商业贸易停顿，铜钱不再流通。以物易物和“自然经济”恢复，官府赋税多以粮食绢帛的实物形式征收。粮食绢帛取代货币，成为交换媒介、贮藏手段和价值尺度。在一些地区，拥有土地的豪族和他们为数众多的宾客、佃客开始建立自给自足的庄园经济。[7]然而，值得注意的是，在中国的背景之下，经济上的自给自足与地方领导人任何正式的分疆裂土无关。“汉代以后的分裂时期，中国没有从帝国体制走向封建体制。政府保留了其帝国架构。”[8]

在公元180年之后的一个世纪里，自相残杀的战乱在中国随处可见，从而改变了中国的经济面貌，使精英阶层和农业人口之间产生了新的关系。战乱极大地削弱但未能摧毁帝国政府的中央集权架构。与此同时，战乱还见证了新的兵制和军事编制形式的出现。这些变化中最重要者，是出现了一个截然有别于普通百姓的军人阶层。这一军人阶层具有人身依附性又世代相袭，且越来越依赖非汉人的“胡族”骑兵。此外，军事指挥体系的发展，使地方上的军事统帅掌握了巨大的权力。所有这些发展，都颠覆了西汉早期以全民服役和临时成军为基础的军制。

这些变化绝不是在一夕之间发生的。如前所述，汉代军队逐渐向长期服役和“职业化”方向发展，这一趋势在2世纪末的各方混战中达到顶峰，最终在三国时期以新军事体制的方式成型。参加内战的军队主要由自愿应募的士兵组成，当然也有强征来的壮丁，还有从打了败仗的军队中抓来的俘虏。[9]为生计而服兵役者，长期甚至无限期从军征战。常年战事的环境，有利于培养出弓马娴熟的老兵。这样的老兵乐于多年跟随将领转战南北，戎马倥偬。此时，作为汉初征兵制前提的稳定的行政官僚系统已全然不复存在。动荡的时局也确保了兵源充足，大量贫农、逃户和流民都愿意从军。

这一时期，许多大股军队靠不断吞并小股军队的统帅部众而成。这些统帅既包括地方豪强，以从事农耕的宾客为兵；也包括军事将领，自行招募私兵而成军，其军队乃私人部属而不是官兵。这两种类型的私兵皆称“部曲”。“部曲”是一个古代汉语术语，原指军事编制的正规单位，可简单翻译为“部队”。[10]将领和部曲之间的关系，本质上是世袭的。将领死去，由其儿子、兄弟或侄子继承部队的控制权。士兵死去，则由他的一位男性近亲递补兵额。[11]这一模式之所以得到发展，与其说部曲是依附于某个将领的战士，倒不如说部曲其实是一族之长，依附于比自己一族更富有、更强大的其他豪族。这种关系在武装佃客身上体现得最为明显。他们在土地上谋生存，所以一代又一代人不得不接受同样卑微和具有人身依附性质的地位。

魏晋官军采用的兵制，很大程度上是仿效私兵部曲。[12]这一方面是因为官军收编了数量巨大的部曲，另一方面是因为官军希望维持稳定可靠的后备兵员，有损失即可从中递补。军人家属集中在都城和其他几座重镇，便于在士兵征战时充当人质。兵士及其家属被授予“士家”身份，从农民和其他平民百姓中彻底分离出来。士家兵户列名于军籍，受军方而不受地方官府管辖。一个人一旦当兵，就终身服役。当他去世或因老弱无法继续从军时，他的儿子或近亲就会递补其兵额。在魏朝，兵士及其亲属只许与其他兵户通婚，以确保外婚不会导致人口资源随着时间的推移而减少。平民百姓——也就是社会中的大多数成员——没有规定的兵役义务，尽管在极少数紧急情况下，普通男子仍可能被征发临时服役。不过，一般来说，一类是士兵与尚未充当军差的士兵，另一类是普通百姓，两者之间泾渭分明。晋朝对魏朝统治者推行的部分峻法苛政略有改善，但维护着这一基本制度的完整性。晋朝大部分兵员皆由此而来。

大体上讲，晋朝统治者为满足自身兵员的需求而采取的措施，类似于罗马帝国晚期皇帝为解决兵源短缺而实施的某些政策。4世纪，根据最有可能是戴克里先颁布的法律，罗马要求身体健全的士兵子嗣应征入伍，试图以这种方式来强制推行世袭兵役制度。[13]4世纪末以后，罗马的将军和豪强们在私军中拥有了自己的部曲。罗马帝国在晚期还招募异国或“蛮族”军队，包括大量的哥特人、法兰克人和其他日耳曼人。一些人被编入罗马或罗马化的军官领导下的常备军，而另一些人，尤其是382年以后，在部族首领的统率下作为罗马的盟军在帝国边界内定居。[14]就这方面而言，罗马帝国晚期的军队与中国晋朝的军队颇为相似。

魏晋时期，非汉人诸部不仅沿着北方边塞和在塞外生活，而且聚居于北方内地州郡，成为军队的重要兵源。汉武帝时期，政府开始雇用胡人作为辅助部队。彼时正值汉朝反击匈奴，这些剽悍坚忍、经验丰富的骑兵大受重视。随着时间的推移，汉帝国及其继承者越来越依赖异族骑兵，异族骑兵的数量遂不断增加。这一趋势在1世纪中叶得到了加强。当时匈奴内部发生汗位之争，失势一方率大批部众迁来边塞，寻求汉朝的庇护。这些“南匈奴”获准在汉朝边郡的辖地之内，特别是位于黄河河套的鄂尔多斯地区和今山西省北部安家。“南匈奴”随后参与了汉军对自己北地亲族的征伐。据汉朝官员统计，公元90年内附的南匈奴共237300人，其中能服兵役的男子50170人。[15]另一个在1世纪臣服于汉朝的游牧民族，是中国东北地区西南部的乌桓。乌桓的人口可能多达十万，他们获准沿今北京附近的汉地东北边塞定居，范围西及南匈奴入居的部分边郡。[16]还有西北边塞，归降的羌人（与今天的藏族有亲缘关系，以农牧混合经济为生）诸部被迁到故都长安以西的渭水上游流域。虽然并不总是作为骑兵参战，但羌人也经常奉召为中原政权服兵役。中原政权也会从塞外招募大批异族武士从军征战。这方面尤为值得注意的，当数游牧民族鲜卑人。鲜卑人曾生活在乌桓故地东北方的大兴安岭的山麓下。1世纪末，北匈奴部落联盟崩溃，鲜卑吸纳大批北匈奴部众，势力范围扩展到戈壁沙碛以北的地区。在2世纪的大部分时间里，鲜卑统治着草原。无论是作为臣属还是作为盟邦，所有这些民族都派军队参与东汉的出师征伐。73年，东汉兵分四路出击北匈奴，其中就有羌、乌桓、鲜卑和南匈奴骑兵。89年，汉将窦宪率军五万再击北匈奴，汉兵仅八千人。[17]东汉常备军也征募胡人武士。驻守帝都的五营禁兵之中，便有一营大部为募自乌桓的胡骑。[18]

三国时期和晋朝，汉地军队继续使用草原骑兵。207年，魏国的奠基者曹操大破乌桓，将大量乌桓部众迁到内地，并将乌桓兵士编入自己的军队。在曹操与其他地方军阀的征战较量中，曹操麾下的乌桓部队被誉为天下名骑。[19]乌桓绝非魏军中唯一的异族。曹操麾下还有相当数量的匈奴人，他曾声称魏军中有由丁零、氐、羌及其他数个北方民族编成的部队。[20]由于需要用精兵充实军队并补充北方州郡日益减少的人口，汉地统治者遂继续接受沿边草原民族的归顺。举例来说，284年，晋朝接受匈奴29300人的降附；286年，匈奴十万余人来投；287年，11500人归顺。[21]魏晋政权统治下数量巨大的胡人，无论是新近降附者，还是已在塞上受中原王朝庇护数代者，都被迁移安置到了内地。这样做既是将潜在的麻烦制造者从敏感地区移走，从而巩固边塞，也是希望新近降附者最终能被人口占绝大多数的汉人的生活方式所同化。然而，结果不遂人愿。在中国北方的许多地区，胡人的数量远超汉人居民，从边疆到内地不安丛生。大量的匈奴人聚居在并州（今山西）南部，一位焦虑的汉人学者称羌人和其他异族已占关中人口的一半。所谓关中，即长安城周围的“关内”之地。[22]

同一时期，东亚战具兵器的数项创新则提高了骑兵的军事价值。而骑兵皆出自上述胡族及其草原上的亲族。西汉时期的骑士，无论是汉人还是匈奴人，绝大多数为轻骑兵，主要依靠弓箭作战。[23]到300年左右，人和马都有了重甲。加之马镫和新型利刃兵器的使用，大大增强了骑兵相较于步兵的优势：除了旧式骑兵的机动性和远射能力之外，又增加了更为强大的“冲击”作战能力。这在汉地的内战环境中尤其有用。若想在一马平川的草原上打胜仗，军队能快速移动是必要的前提条件。但由于内地作战空间狭窄，集中打击力量就比快速移动更为重要。由于传世文献和考古证据非常有限，我们无法确知每项创新究竟何时出现在中国，也无法确知每项创新对其他创新的发展演进究竟有何影响，但我们可以颇有信心地说：最迟至4世纪中叶，这一复杂变化的所有要素都出现了。

汉朝建立之初，汉军所使用的短兵形制为剑。剑直而狭长，双面开刃，由下往上逐渐收窄，既可用于斩砍，也可用于击刺。公元前200年到公元200年之间的四个世纪里，剑在军事上逐渐被刀取代。所谓“刀”，其实是一种结实的单刃剑，微有弧度。作为一种供骑兵用来对抗步兵或其他骑兵的劈砍类兵器，刀比之脆弱易断、开刃多余的剑优势明显。到东汉末年，刀实际上已取代剑，成为骑兵的随身标配。[24]在同一时期，戟作为一种长柄兵器，装有多处锋刃，既可钩啄又可刺击，却输给了结构更为简单的矛和槊。之所以出现这一转变，可能是军队为应对骑兵带来的更大威胁，而采用了更加紧密的步兵阵型，挥舞和钩啄的空间随之缩小。这一时期，骑兵坐在马背上也更安全了。秦始皇陵兵马俑坐骑上的“软马鞍”（实际上只不过是一个小垫子，可能是用皮革制成的）已成为过去。“到汉代末年（约200年），我们看到有证据表明出现了经过精心设计的军用马鞍，以适合臀部和大腿，可能是为了帮助持矛战士在使用兵器时保持坐姿。”[25]

秦汉早期的骑兵至少部分装备了简单的甲胄，覆盖身体躯干的前后。这似乎是一种札甲，用绳段将许多方形（形似札）的小铁片或革片编缀在一起。约3世纪初，史料中首次提到“马铠”。一世枭雄曹操曾放言，自己只需十具马铠，就能对付拥有三百具马铠的敌人。这处极小的数字值得留意，不过我们无法知道曹操所指的是简单的胸铠还是整副的铠甲。到4世纪初，这一数字有了极大的增长，有史料称一战而获数千“甲骑”。一幅时间可追溯至357年的墓葬壁画，向我们展示了一位顶盔擐甲的武士：“骑手全身基本为甲胄所覆盖。他戴一顶保护头部两侧和后脑的羽盔，身披一件高颈护肩的短铠，着甲裙腿铠。铠甲为札甲，难以分辨是铁甲片还是革甲片。马铠基本上将马匹全身覆盖，还有一件造型独特的面帘。”[26]

甲骑具装（重甲骑兵）在中原及附近各地的迅速普及，似乎与马镫的使用密切相关。中国最早的马镫形象，可见于南方出土的一件制作于302年的墓葬俑。但那是单马镫，只能用于上马。最早有双马镫的陶俑，其制作时间在322年左右。第一批可以精确确定年代的马镫明器实物，是从中国东北地区南部的一处415年的墓葬中发现的。不过，华北和东北的其他几处墓葬中也发现过马镫。那几处墓葬很有可能是4世纪的。这些早期的东北亚马镫大多为椭圆形铁制，或实心或用木芯填充，这种形制在此后的许多世纪里仍然被沿用。[27]有趣的是，与亚洲西南部一样，中国的重甲骑兵在马镫使用之前就已经出现了。丁爱博（Albert Dien）认为：“很可能甲骑具装的逐渐兴起为马镫的发展和广泛使用提供了刺激和有利的环境。”[28]这一观点有以下事实为佐证：一些魏晋时期甲骑具装的绘画形象似乎显示，骑兵的双腿被包进沉重的木制侧护板，以使他们稳坐在马背上。正如一些学者所指出的那样，马镫从来不是骑兵发起有效攻击的绝对必要条件。[29]但是不可否认，马镫赋予了使用者更大的稳定性和活动的自由度，从而为使用者带来一定的优势。一旦马镫被投入使用，必然会刺激统治者将更大规模的甲骑具装投入战场。

晋军的基本编制体系沿袭魏朝。晋军主要分为两大部分：一是"内军"，驻防京师洛阳，兵力近十万；二是"外军"，驻防各州郡，规模更为庞大。内军由朝廷直接掌控，下辖宿卫军和具有强大机动打击力量的牙门军；外军则隶属朝廷任命的都督。除这些军队外，还有各州刺史自置的州郡兵。280年晋灭吴后，晋军规模达到顶峰，或可至七十万人。[30]司马炎旋即下旨裁撤州郡兵。销兵罢战，天下历经近一个世纪的互相征战之后终归于和平。地方上实现军政分离，各州刺史不再掌兵。不过，州郡兵在晋军全部编制中所占比例相对较小，且改革远未完成。282年晋武帝下诏改革后，部分州郡长官，尤其是边塞战略要地的刺史，仍掌控着州郡之兵。[31]

晋朝的另一项方略，是以宗室诸王掌握重兵。晋朝开国皇帝司马炎显然相信，若以土地大封宗室，使之遍布天下，便能保司马氏江山永固，即便面临自己当年推翻魏室那样的宫变亦岿然不动。265年甫一立国，司马炎分封诸王共二十七人，其中包括自己的三位兄弟、六位叔父、一位叔公和十七位堂叔伯兄弟。后来司马炎又将众多其他亲戚封王。[32]诸王大多以郡为封邑，最初人口从五千户到两万户不等。后来这些封邑人口增加了一倍，有几位亲王封地更大——最多达到十万户。[33]277年，诸王获准自置军队。最小的封国可拥兵一千五百人，最大的封国可拥兵五千人，规模不等。诸王远非独立的统治者，洛阳的中央朝廷派官员任诸国丞相，诸王必须将三分之二的税收上交中央。诸王真正的权力，在于受任为都督掌管诸州军事。诸王中掌握实权者即是如此。到290年，有六位亲王出任都督。天下兵权大半在诸王之手，范围包括最重要的州郡中心都邑：都城东南大平原上的许昌，黄河以北丰饶富庶、人口稠密的邺城，还有位于渭水流域的故都、通往西域的门户长安。所有这些都邑都由规模甚为庞大的“外军”驻防，辎重委积如山。[34]即便权柄不重的都督，尚且掌兵两万多人，远超其封国置军的标准。[35]290年之后，都督又可在开府建牙的同时兼任刺史，从而完全控制了所辖州郡的民政和军政大权。诸王任都督本已位高权重，如此则权力越发膨胀。[36]

诸王变为军阀、自据一方的潜在风险人所共见，但只要一位强有力的领导人尚在中央，就能压制诸王。晋朝开国皇帝司马炎于290年去世，这种局面遂不复存在。愚笨的司马炎次子司马衷继承皇位，即为晋惠帝。大权旁落于新君之母杨太后及其父杨骏之手。不幸的是，杨家并非唯一一个对晋朝江山抱有政治野心的外戚家族。晋惠帝之妻贾皇后立即开始谋划诛灭杨氏一族。由于杨骏的党羽控制了宿卫军，贾皇后转而向在外任都督的诸王寻求支持。她发现晋惠帝的两个兄弟楚王司马玮和淮南王司马允对自己言听计从，且都手握一方重兵。楚王司马玮出镇长江中游的战略中心荆州，淮南王司马允则坐拥富饶的长江下游重镇扬州。291年三月，两位亲王率兵进京，开启了这场血腥的变乱。杨骏及党羽数千人被杀，杨太后遭废黜囚禁，后被饿死。晋武帝司马炎的叔父、杨骏的政敌汝南王司马亮把持了朝政。不过数月，贾皇后用一箭双雕之计，先唆使性情冲动、年仅二十一岁的楚王司马玮杀死了自己的叔公汝南王司马亮。汝南王司马亮一死，她又用计处死楚王司马玮，理由是司马玮不奉皇帝诏书，私自杀害司马亮。贾皇后专权长达十年，但其统治本质上并不稳定。因为这是建立在皇室诸王相互制衡的基础之上，而不是真正的收军权于中央。[37]

公元300年，贾皇后的专权结束。汝南王司马亮之弟、赵王司马伦背叛了她。赵王司马伦原本与贾皇后同为一党，如今他却利用自己掌握的宿卫军，发兵夺取京师大权，诛杀了贾皇后及其大批党羽。司马伦自封相国，置兵一万由自己亲自统率，让亲信各任要职。赵王司马伦公然夺权、唯我独尊，自然激起了分镇各地、手握重兵的其他亲王的反对。首先举兵者为淮南王司马允，他于300年秋率军杀奔洛阳。司马允的军队攻入京师，包围相府数个时辰。敌方骑兵假装向主谋司马允传达诏书，趁机将司马允斩杀。面对这一挑战，赵王司马伦废晋惠帝，将其以“太上皇”之名囚禁于洛阳的金墉城。301年初司马伦登基，自立为帝。这些举动迅速激起了各州声势更为浩大的起兵相抗。301年三月，晋武帝司马炎之侄、督军于京师东南一百五十公里重镇许昌的齐王司马冏，传檄声讨赵王司马伦，挥军攻向洛阳。其他诸王起兵相助，其中包括出镇黄河以北要地邺城的成都王司马颖、出镇长安的河间王司马颙以及数位刺史。[38]大军合计数十万，从三个方向逼近京师。赵王司马伦的军队大败，被迫撤进城内。随着各地军队攻入洛阳，司马伦的党羽倒戈。晋惠帝从囚禁之所被迎归，赵王司马伦伏诛。讨伐赵王仅持续了六十天。[39]

齐王司马冏、成都王司马颖与河间王司马颙的胜利，非但没有预示着政局重归于稳定，反而标志着晋朝开始坠入深渊。地方州郡实力派公开挑战中央得手，用武力将自己的意志强加给朝廷。这一时期，权力斗争诉诸宫廷政变，原本多少还能维持住体面的中央权力被军阀混战所瓦解，解决分歧矛盾全靠刀兵相见。由于各怀野心，各自都有雄厚的地方基础，相互猜疑又不断加深，晋室诸王根本无法恢复稳定的政治秩序。齐王司马冏自据京城，独揽朝政。其他诸王眼见司马冏对皇位有所图谋，遂联合起来举兵讨之，就像当初讨伐赵王司马伦一样。河间王司马颙再度派重兵攻向洛阳，而决定性的一击出自晋武帝司马炎第六子、长沙王司马乂之手。

长沙王司马乂原本是齐王司马冏的党羽，自率一军驻在洛阳城内。302年底，司马乂凭此军对齐王司马冏的府邸发动突然袭击。双方在京城街头激战一天一夜，其间“飞矢雨集，火光属天”。齐王司马冏遭擒杀，党羽两千多人皆伏诛。[40]邺城的成都王司马颖、长安的河间王司马颙和京师的长沙王司马乂之间，新的权力分配格局只维持了几个月。河间王司马颙密谋暗害长沙王司马乂。司马乂收到风声，杀死了司马颙的部分党羽。河间王司马颙随即出兵二十万进攻洛阳，成都王司马颖的七万大军也从东北方向逼近京师。从303年八月到304年一月，河间王、成都王大军对京师形成威压之势。洛阳城内粮价飞涨，甚至连奴婢也被动员起来补充兵力相差悬殊的守军。最终，长沙王司马乂落得与自己当初讨伐的齐王司马冏几乎同样的命运。洛阳城中司马乂麾下将领，其远房堂叔东海王司马越倒戈，擒获长沙王司马乂，将司马乂交给河间王司马颙手下将领。后者用慢火将这位不幸的亲王活活烤死。[41]

朝纲一时由成都王司马颖操持。司马颖自立为储君，以重兵驻守洛阳，自己在黄河以北的根据地遥控朝政。304年七月，晋惠帝及其朝臣反抗成都王司马颖专权。东海王司马越奉诏率宿卫军征讨邺城，晋惠帝随军亲征。然而，304年9月9日，逼近邺城的朝廷大军在荡阴(今汤阴)附近被成都王司马颖的军队击溃。激战之中，大量箭矢落在御辇周围。一名侍从试图以身体掩护皇帝，不幸殉难。尽管如此，晋惠帝还是身中三箭，脸颊受伤。他的衣服上沾满了血，玉玺也不见了。卫士和侍从四散逃命，将晋惠帝一人丢在战场上。作为胜利者的俘虏，晋惠帝被带回了邺城。东海王司马越逃往山东半岛南部偏远沿海的封地避难，河间王司马颙则趁机挥军攻占洛阳。[42]

不过，成都王司马颖的胜利仅维持一时。从304年八月起，两名北方边将对他形成的军事压力越来越大。其中一人正是东海王司马越的弟弟。北地边军尤为剽悍难敌，因为军中编有大量从乌桓和鲜卑各部招募的骑兵。司马颖在战场上几番大败，试图征募山西南部的匈奴对抗敌人骑兵亦未果，遂决定放弃邺城。仅有寥寥兵马护送，司马颖挟持晋惠帝逃往洛阳。到了洛阳，司马颖和晋惠帝都沦为河间王司马颙的阶下囚，旋即被送往长安。[43]305年夏，东海王司马越卷土重来。其弟大败成都王司马颖，另外两个弟弟也连下重镇，无疑让司马越深受鼓舞。东海王司马越的军队从东南直趋洛阳，其弟则从北方和东北攻向京师。305年下半年，各地刺史纷纷起地方之兵，或讨伐河间王司马颙或讨伐东海王司马越，原本仅限于洛阳周边的战乱波及中国北方大部分地区。[44]东海王司马越一路告捷，于306年初攻下洛阳。司马越拒绝了河间王司马颙的求和，派兵进攻长安。306年6月4日，东海王司马越在黄河南岸、通往关中的要隘鄠县附近大破敌军。河间王司马颙、成都王司马颖逃入南山。司马越军中的鲜卑战士杀入长安，大肆劫掠，史载造成平民百姓死亡达两万人。晋惠帝被送回洛阳，却在这年年底去世。皇位传给其幼弟、晋武帝司马炎第二十五子司马炽，此即晋怀帝。成都王司马颖及其子很快被抓获并被处死。至于河间王司马颙，新君征召其入朝为官。司马颙前往洛阳途中，遭东海王司马越之弟的手下暗害。河间王司马颙遇害之日，即307年2月6日，通常被视为“八王之乱”结束的标志。[45]

仅剩的东海王司马越成为无可争议的晋朝之主，也是诸王混战中唯一的幸存者。彼时司马越虽赢得了天下，天下却再也无法回到301年内乱初起时的景况。不仅是因为成千上万的将士战死沙场，成千上万的平民百姓在数座通都大邑横遭劫掠时枉送性命，而且因为在长达六年的混乱中，社会和政治秩序遭到了无可挽回的破坏。各地刺史不再服从中央的命令。为了躲避北方的战乱和四处蜂起的盗贼，流民从涓涓细流变成滚滚洪流。此外，农业经济混乱不堪。《晋书》形容此种景况如下：

至于永嘉，丧乱弥甚。雍州以东，人多饥乏，更相鬻卖，奔迸流移，不可胜数。幽、并、司、冀、秦、雍六州大蝗，草木及牛马毛皆尽。又大疾疫，兼以饥馑。百姓又为寇贼所杀，流尸满河，白骨蔽野……人

多相食，饥疫总至……[46]

人口从河北南迁到山东，从山西向南迁移到河南，从山东和河南向南迁移到长江下游地区，从关中南迁到汉水流域和四川。流民遭遇当地土著的反抗和压榨，遂起兵自保，结果引发了地方变乱。[47]更令人担忧者，则是中国北方的非汉人诸部造反。这些甚至在八王之乱爆发前就已经开始了。早在294年，山西便有匈奴人杀官造反，后被镇压。过了两年，关中地区爆发了更为严重的变乱，匈奴人、羌人和氐人一同举兵，直到299年才被平定。逃离关中战火的汉人和氐人流民在四川发动起义，303年攻占该地第一要邑成都。然而，威胁最大的非汉人诸部起兵，则是由匈奴首领刘渊于304年发动的，彼时正值晋室内战的高潮。[48]

早在3世纪，魏国的奠基者曹操就将南匈奴大部从边塞迁往并州内地，在那里更容易控制南匈奴。曹操将南匈奴分为五部，让他们以州治太原为中心，分别定居在汾水上游流域的不同地方。到3世纪80年代，五部总人口估计超过29000落。[49]匈奴人同汉人杂居于山区，那里与他们从前草原上的家园大不相同。这些匈奴人似乎已经从游牧转为定居放牧，有的甚至从事农业。他们开始扎根，有些人的生活方式变得相当汉化。汉化的趋势在部落精英中表现得最为明显。[50]刘渊，世袭左部帅，匈奴单于后裔，其先祖早在公元50年就归顺汉朝。刘渊自幼读书，好学。他年少时在洛阳做过宫廷侍从，接受过全面的儒家经典教育，熟读汉人最为重要的史书和兵书。[51]尽管刘渊和其他匈奴首领接受了汉人精英文化的熏陶，他们却有着强烈的自立之心，对自己族群在汉人政权中的从属地位深感不满。正如其中一人所言："自汉亡以来，魏晋代兴，我单于虽有虚号，无复尺土之业，自诸王侯，降同编户。"他有一次还抱怨道："晋为无道，奴隶御我。"[52]

304年，刘渊利用日益绝望的成都王司马颖（当时司马颖正自邺城败逃）授予自己的职衔，从五部匈奴中聚众五万。刘渊自称"汉王"，亲自筑坛设祭，祭祀汉朝历代皇帝之神位。毫无疑问，他是打算以汉代统治者的合法继承人身份，与篡位的司马氏对抗，竞逐大位。他在这方面的名分，主要以早年的汉匈和亲为基础。刘渊显然希望自己的正统立场能够得到汉人精英的大力支持。这也可以作为他在多大程度上接受了这些精英的意识形态和政治实践的证据。[53]不过，刘渊的主要努力在于威服而不是劝说。进攻州治太原受挫，刘渊将注意力转向南方，307年攻取山西南部。同年，两路起义军归降刘渊。这两路起义军一直在山东半岛和河北、河南平原活动，但始终遭到晋军镇压。其中较大一路胡汉混杂，由一个出身匈奴、当过奴隶的人率领。此人名叫石勒，后面我们还将多闻其大名。大约在同一时间，刘渊也争取到一些氐族和鲜卑首领的支持。随着兵力增强，刘渊出兵数路，连败晋军，308年、

309年两度打到洛阳城下。[54]

不过，刘渊没有活着看到晋都沦陷。有术士进预言，说服匈奴众将把对洛阳的最后一击推迟到311年。其间“汉皇”刘渊染病，于310年8月29日去世。尽管自诩正统，但事实证明在处理皇位有序继承方面，刘渊的汉政权做得并不比晋朝更高明。刘渊的长子和指定继承人被斩草除根，刘渊雄心勃勃的幼子刘聪取而代之。然后刘聪重新发兵进攻洛阳。东海王司马越试图利用这段喘息的时间加强帝都防御，传檄各地刺史出兵来援。眼见传檄无人理睬，司马越决定将用兵的根据地转移到京师东南、河南平原上更安全的地方。310年12月22日，东海王司马越率军四万出洛阳城，往东南方向许昌而去。大约四个月后，即311年4月23日，东海王司马越在颍水畔的项城去世。他的军队及属下官员借机向东开拔，想将其遗体归葬沿海封地。途中司马越之军被石勒的骑兵追上，胡人骑兵围着晋军步兵列阵，晋军在慌乱中自相踩踏，拼命躲避飞来的漫天箭矢。最终无一人逃脱，晋军尸积如山。这一次被石勒或杀或俘的不只是兵卒，还有一大批王公大臣。[55]

甚至早在这场灾难降临之前，洛阳城中许多人就已断言帝都的形势再无希望。百姓断粮数月，盗贼光天化日之下公然横行，连皇宫大殿之内都有尸体堆积。而且东海王司马越撤离洛阳时带走了城中大部分守军。在这种情况下，史载官员弃官而逃者十之八九应并不夸张。[56]5月，刘汉军队开始进攻帝都洛阳。当先一路迅速攻破南墙的一个大门，劫掠并焚烧了部分官署。仅仅过了两周，大批援军抵达，刘汉军冒险攻占了洛阳城的其余部分，并强行进入宫殿，对宫女和宫中珍宝下手。晋怀帝试图从禁苑的后门逃出皇宫，结果被俘。晋朝诸帝的陵寝都被掘开，并被抢掠一空，宫殿和官署都被付之一炬。后世史家认为平民死亡数万人。[57]由于洛阳周围皆是尚未平定的敌境，匈奴众首领选择不将治所迁往洛阳，而是将城中所剩的一切全部化为焦土，带着掠来的财货和俘虏返回山西。八王之乱前晋朝的鼎盛时期，洛阳有人口近六十万，城内占地面积约八平方公里，是当时东亚最大的城市，可能是当时仅次于罗马的世界第二大城市。经过311年的浩劫，将近两个世纪后，这座城市才重新成为重要的人口、商业和政治中心。[58]

洛阳的沦陷，标志着晋朝在中国北方有效统治的结束。313年晋怀帝最终死于匈奴之手，其侄在长安即位。但新君的诏令不出关中——即使在关中，他也要仰本地豪族之鼻息。晋怀帝之侄即晋愍帝勉强维持统治，直到316年长安城落入刘汉大将刘曜手中。晋愍帝被掳至刘汉都城，于317年遭受了与先帝相同的命运。彼时晋朝皇位由晋怀帝的远房堂亲司马睿继承，司马睿在长江下游地区任都督已有十余年。[59]司马睿及其后人将在南方延续晋朝国祚百年，但无可挽回地失去了北方。直到589年，中国才再度实现统一。鉴于定都洛阳的晋朝政权存在诸多不足，以及经过三国时代长期分裂后重新统一的国家甚为脆弱，仅仅将晋朝的灭亡归咎于八王之乱造成的破坏，则过于轻率。即使没有发生301—307年的混战，仍然可以想象会另有一系列变故引起天下大乱，导致南北分裂。当然，也可以想象同样的情况下帝国依然存在。但八王之乱后，情况就不一样了。八王混战简直是自我毁灭，基本确保了刘渊和其他起兵造反的边缘族群首领必然会成功，从而开启了中国历史上持续时间最长的分裂时期。

084

1 王仲荦:《魏晋南北朝史》(上海: 上海人民出版社, 1979年), 第1卷, 第113页。北方政权之所以直到此时(而非从前)才有能力平定南方, 原因在于经历了近两百年毁灭性的内战后, 北方经济得以恢复。见邹云涛:《试论三国时期南北均势的形成及其破坏》, 收入《魏晋南北朝史研究》(成都: 四川省社会科学院出版社, 1986年), 第128—145页。

2 唐长孺:《魏晋南北朝隋唐史三论》(武汉: 武汉大学出版社, 1993年), 第29—30页。又见Lien-sheng Yang(杨联陞), "Notes on the Economic History of the Chin Dynasty," in his *Studies in Chinese Institutional History* (Cambridge, Mass.: Harvard University Press, 1961), pp. 113–14。

3 Rafe de Crespigny(张磊夫), *Northern Frontier: The Policies and Strategy of the Later Han Empire* (Canberra: Faculty of Asian Studies, Australian National University, 1984), pp. 72–3.

4 唐长孺:《魏晋南北朝隋唐史三论》, 第23—24页, 第30页。

5 何兹全:《魏晋南北朝史略》(上海: 上海人民出版社, 1958年), 第14—15页。

6 Lien-sheng Yang(杨联陞), "Notes on the Economic History of the Chin Dynasty," p. 149。杨教授的译文稍有改动。

7 有关这一时期的经济, 见何兹全:《魏晋南北朝史略》, 第8—10页;Lien-sheng Yang(杨联陞), "Notes on the Economic History of the Chin Dynasty," p. 117; 以及唐长孺:《魏晋南北朝隋唐史三论》, 第39—41页。

8 Charles Holcombe(何肯), *In the Shadow of the Han: Literati Thought and Society at the Beginning of the Southern Dynasties* (Honolulu: University of Hawaii Press, 1994), p. 8.

9 何兹全:《魏晋南朝的兵制》,《中央研究院历史语言研究所集刊》, 1948年, 第16期, 第231—235页; 高敏:《曹魏士家制度的形成与演变》,《历史研究》, 1989年, 第5期, 第62页, 第64—65页。

10 唐长孺:《魏晋南北朝时期的客户和部曲》, 收入氏著《魏晋南北朝史论拾遗》(北京: 中华书局, 1983年), 第2页, 第15页;Yang Chung-i,"Evolution of the Status of 'Dependants,'" in E-tu Zen Sun(任以都) 和 John DeFrancis(德范客) 主编的*Chinese Social History* (Washington, D.C.: American Council of Learned Societies, 1956), pp. 142–56; 高敏:《曹魏士家制度的形成与演变》, 第67页。

11 高敏:《曹魏士家制度的形成与演变》, 第66页。

12 这里对魏晋士家制的简述, 依据高敏《曹魏士家制度的形成与演变》, 第61—75页。

13 Pat Southern and Karen Ramsey Dixon, *The Late Roman Army* (New Haven and London: Yale University Press, 1996), pp. 67–8.

14 Southern and Dixon, *The Late Roman Army*, pp. 46–52.

15 Tamura Jitsuzo(田村实造), *Chūgoku shijō no minzoku idō ki* (Tokyo: Sōbunsha, 1985), p. 11.

16 De Crespigny(张磊夫), *Northern Frontier*, pp. 382–3.

17 De Crespigny(张磊夫), *Northern Frontier*, p. 88; 李则芬:《两晋南北朝历史论文集》(台北: 台湾商务印书馆, 1987年), 第1卷, 第30页; 雷海宗:《中国文化与中国的兵》(长沙: 商务印书馆，1940年），第51—53页。

18 De Crespigny（张磊夫）, *Northern Frontier*, p. 387.

19 De Crespigny（张磊夫）, *Northern Frontier*, p. 415.

20 唐长孺：《晋代北境各族“变乱”的性质及五胡政权在中国的统治》，收入氏著《魏晋南北朝史论丛》（北京：生活·读书·新知三联书店，1955年），第130—131页；何兹全：《魏晋南朝的兵制》，第239—243页。

21 倪今生：《五胡乱华前夜的中国经济》，《食货（半月刊）》，1935年3月1日，第1卷第7期，第39页。

22 唐长孺：《晋代北境各族“变乱”的性质及五胡政权在中国的统治》，第127—128页。

23 Albert E. Dien（丁爱博）, “The Stirrup and its Effect on Chinese Military History,” *Ars Orientalis*, 16 (1986), p. 36.

24 杨泓：《中国古兵器论丛》，第124页，第130—131页。

25 Chauncey S. Goodrich, “Riding Astride and the Saddle in Ancient China,” *Harvard Journal of Asiatic Studies*, 44.2 (December 1984), pp. 293, 299, 304.

26 Dien（丁爱博）, “The Stirrup and its Effect on Chinese Military History,” pp. 37, 38.

27 Dien（丁爱博）, “The Stirrup and its Effect on Chinese Military History,” pp. 33–5.

28 Dien（丁爱博）, “The Stirrup and its Effect on Chinese Military History,” p. 37.

29 Philippe Contamine, *War in the Middle Ages*, trans. by Michael Jones (Oxford: Basil Blackwell, 1984), pp. 183–4.

30 《中国军事史》，第3卷《兵制》，第160页，第161—165页。

31 唐长孺：《魏晋州郡兵的设置和废罢》，收入氏著《魏晋南北朝史论拾遗》（北京：中华书局，1983年），第145—150页；陈寅恪：《魏晋南北朝史讲演录》，万绳楠整理（合肥：黄山书社，1987年），第37页。

32 房玄龄等：《晋书》（北京：中华书局，1974年），第3卷，第52页；李则芬：《两晋南北朝历史论文集》，第3卷，第460页。

33 王仲荦：《魏晋南北朝史》，第1卷，第211页。

34 唐长孺：《西晋分封与宗王出镇》，收入《魏晋隋唐史论集》，第1辑（北京：中国社会科学出版社，1981年），第1—2页，第8—10页；唐长孺：《魏晋南北朝隋唐史三论》，第51—52页。

35 《中国军事史》，第3卷《兵制》，第165页。

36 唐长孺：《魏晋州郡兵的设置和废罢》，第145—147页。

37 该处史料沿用李则芬：《两晋南北朝历史论文集》，第1卷，第47—48页；王仲荦：《魏晋南北朝史》，第1卷，第215—216页；以及何兹全：《魏晋南北朝史略》，第49页。

38 成都王司马颖是晋武帝司马炎第十六子。河间王司马颙则属远亲，为司马懿三弟之孙。

39 李则芬：《两晋南北朝历史论文集》，第1卷，第50—52页；《晋书》，第59卷，第1597—1605页。

40 《晋书》, 第59卷, 第1610页; 李则芬:《两晋南北朝历史论文集》, 第1卷, 第53—54页。

41 《晋书》, 第4卷, 第100—101页; 何兹全:《魏晋南北朝史略》, 第217—218页; 李则芬:《两晋南北朝历史论文集》, 第1卷, 第55—57页。

42 《晋书》, 第4卷, 第102—103页; 何兹全:《魏晋南北朝史略》, 第218页。

43 《晋书》, 第59卷, 第1618页; 何兹全:《魏晋南北朝史略》, 第219页。

44 李则芬:《两晋南北朝历史论文集》, 第1卷, 第61—62页。

45 李则芬:《两晋南北朝历史论文集》, 第1卷, 第63—65页。

46 Lien-sheng Yang(杨联陞), "Notes on the Economic History of the Chin Dynasty," p. 181。译文稍有改动。

47 何兹全:《魏晋南北朝史略》, 第57页; 王仲荦:《魏晋南北朝史》, 第1卷, 第229—230页。

48 唐长孺:《晋代北境各族"变乱"的性质及五胡政权在中国的统治》, 第144—145页。

49 何兹全:《魏晋南北朝史略》, 第51—53页; Tamura(田村实造), Chūgoku shijō no minzokuidō ki, p. 15, "落"下辖数"帐"。各"落"人数必然差异极大。现代估计, 每"落"10—42人不等。见David B. Honey(韩大伟), *The Rise of the Medieval Hsiung-nu: The Biography of Liu Yüan, Papers on Inner Asia,* No. 15 (Bloomington, Ind.: Research Institute for Inner Asian Studies, 1990), p. 5 and p. 31, n. 18。

50 Tamura(田村实造), Chūgoku shijō no minzoku idō ki, p. 14; 李则芬:《两晋南北朝历史论文集》, 第1卷, 第43页; 陈寅恪:《魏晋南北朝史讲演录》, 第99页。

51 《晋书》, 第101卷, 第2645—2646页。

52 《晋书》, 第101卷, 第2647页, 第2648页。

53 Tamura(田村实造), Chūgoku shijō no minzoku idō ki, p. 27;《晋书》, 第101卷, 第2648—2649页。刘渊于308年自立为帝。

54 李则芬:《两晋南北朝历史论文集》, 第1卷, 第90页;《晋书》, 第101卷, 第2650—2652页。

55 王仲荦:《魏晋南北朝史》, 第1卷, 第220页; 司马光:《资治通鉴》, 第87卷, 第2746页, 第2754—2755页, 第2759—2761页。

56 司马光:《资治通鉴》, 第87卷, 第2754—2755页, 第2762页。

57 司马光:《资治通鉴》, 第87卷, 第2763页。至于常见的英文文献, 见Arthur Waley(阿瑟·韦利), "The Fall of Lo-yang," *History Today*, 1 (1951), pp. 7–10。

58 Waley, "The Fall of Lo-yang," pp. 7, 10.

59 何兹全:《魏晋南北朝史略》, 第59页, 第74页。

Chapter 3 The north under barbarian rule

第三章 北地的胡风

刘渊一族领导匈奴推翻了定都洛阳的西晋政权，使中国大致沿淮河、大别山、秦岭一线分为南北两大部分。这种分裂在诸多方面都让人回想起三国时代，其反映出干燥、温和的北方和温暖、湿润的南方之间，麦粟之乡和水稻种植区之间，存在着持久的地理和文化差异。在接下来的四个世纪里，这两个广阔的地区将经历截然不同的历史，并朝着不同的方向发展。晋朝统治阶级的继承者建新都于长江下游的建康（今南京），从南方发号施令，在北方的胡族篡位者面前维护自己的合法性与文化优势，并梦想着有朝一日重归华夏文明的古老家园。与此同时，北方最早一批非汉人征服者的暴力和无序统治，逐渐被以新的胡汉融合、新的政治军事制度和充满活力的新的统治阶级为基础的有序统治取代。这个新的统治阶级将在6世纪末重新统一帝国。本章将叙述大约直至5世纪中叶中国北方地区的发展。

刘渊及其继承人的武功，并没有让北方建立起稳定的政治秩序。匈奴的刘汉政权无法将权力扩展到整个中国北方，它面临着来自其他几个胡人部族的严重挑战，同时也无法赢得汉人百姓的支持与合作。持续不断的暴力和晋朝政权的崩溃造成了巨大的社会动荡，大批北方汉人为躲避这场风暴抛弃了自己的家园。早在2世纪，人口就开始从北向南迁移。在西晋后期的乱局之下，尤其八王之乱中，流民数量激增。随着匈奴来犯，洛阳沦陷，这股流民潮成了滔滔洪流。[1]据估算，中国北方在4世纪初至少流失人口三十万户（仅关中地区就流失4万—5万户），约占户籍人口的三分之一。[2]由于中国史书中的许多数字有一定的上下浮动空间，我们很难弄清楚流民的确切规模，但史学界有一个共识，即流民数量相当庞大。流民迁徙的主要路线是从北向南，从关中到四川盆地，从河南、山东到长江中下游。但也有一些人迁往中国东北地区南部，归附鲜卑；或是向遥远的西北丝绸之路沿线地区的汉人州郡长官寻求庇护。在部分地区，流民迁徙引起了某种连锁反应。比如四川，来自关中的流民引发了混乱，导致当地大量人口沿长江而下，往东迁徙到了华中地区。[3]上层地主和朝廷官员在流民中所占比例较大。据一项估算（当然，这一估算的准确性存疑），311—325年，超过60%的北方精英逃到了南方。[4]常见的模式是这样：一名本地精英率亲族、门客和乡党，数百户形成一个有组织的群体，长途跋涉前往安全之地。[5]

那些不肯逃往偏远之地避难的人，放弃现有的居所聚落，迁入附近山中或其他易守难攻之地，以此自保。这些人跟迁往南方的流民一样，也是成群结队有组织地迁移。他们在当地豪强的领导下，修建简陋的防御工事（坞堡），围墙内储备粮食，抵御四处劫掠的盗贼和胡人骑兵。这种坞堡可保数百人乃至数千人自给自足地生活。在晋朝，这一现象最有名的例子，当数河南中部颍川郡的一位小官吏庾衮。301年，因家乡遭诸王军队威胁，庾衮带领亲族和其他人避入西北高丘。“于是峻险厄，杜蹊径，修壁坞，树蕃障，考功庸，计丈尺，均劳逸，通有无，缮完器备，量力任能，物应其宜。”[6]盗贼好几次威胁山顶的避难之所，庾衮仅仅命令部曲全副武装列队，就能让盗贼不敢造次。

在中国历史上，这种结社自保以前就出现过，比如东汉末年的内战时期。在帝制中国的动乱时期，这种结社自保的办法也就一再被使用。随着晋朝统治在中国北方的瓦解，坞堡在河南和山东变得尤为常见，亦可见于关中、河北和四川。从中古早期的文献可知，西晋故都附近的洛水流域至少有十一座这样的坞堡。另据史书记载，石勒在横扫河南的过程中，连下坞堡数十座。[7]随着许多城镇被居民遗弃，坞堡成为地方官府的真正治所。坞堡豪帅为基层权力争斗不休，时而受到胡族统治者和侨居南方的晋室胁迫与拉拢。有人成功地将众多坞堡结成联盟，甚至从不同政权那里领受地方州郡长官的官爵。西晋灭亡后历经数代人，这种筑墙备战、结社自保依然是中国北方地方政权的基本组成部分，直到5世纪中叶北魏最终提供了稳定的政治秩序。[8]

在这一高度分裂的区域之中，隐隐可见几个自立为王的政权。这几个政权都未能建立起强有力的长期统治。如果我们排除建康的东晋政权，便属匈奴贵族刘渊及其族人建立的刘汉政权最为重要。刘渊一族统治山西的南部和中部，从316年起又占据关中地区和旧都长安。立国之初，刘汉统治者就重视采用汉家朝廷制度，包括仪礼、祭祀、官爵和各种象征符号。然而，这并没有改善中央权力严重不稳定的情况，权力转移均以流血事件来达成。310年，刘渊钦定的继承人被弑杀，幼子刘聪取而代之。318年，刘聪去世后不久，继位之子与大批刘氏宗亲皆被一位野心勃勃的外戚杀害。又几经流血，刘曜登上皇位。刘曜出身刘氏皇族，自幼失怙，由刘渊抚养成人。刘曜将都城从山西汾水下游的平阳迁到自己的权力根基长安，并将国号由“汉”改为“赵”。刘氏统治集团忙于内斗，在平定中国北方敌对的胡人政权方面进展甚微。

及至4世纪20年代，原先晋帝国的北方边塞和东北边缘已落入慕容鲜卑、拓跋鲜卑、段氏鲜卑及匈奴宇文部之手。慕容鲜卑占据中国东北地区南部和西南部，建立了政权，劝课农桑并乐于接纳汉人流民，还任用汉人流民为官。慕容鲜卑首领自奉晋室之正朔，接受东晋皇帝的官爵。段氏鲜卑人口规模显然小于慕容鲜卑，入居河北边塞以南和以西。尽管经常与慕容鲜卑发生冲突，段氏鲜卑最终还是与这一强邻建立起牢固的姻亲之盟。因此，慕容鲜卑政权大位的合法继承人通常是段氏鲜卑夫人的子嗣。[9]拓跋鲜卑的定居之地更靠西，在黄河河套东隅，今山西北部大同市附近。304—314年，拓跋鲜卑首领拓跋猗卢派遣强大的骑兵为晋朝并州刺史助战，大败刘渊及其后人统率的匈奴军。作为对其出兵的封赏，晋朝赐拓跋猗卢掌管五郡，封他为代王（“代”是山西北部地区的古称)。正如慕容鲜卑与段氏鲜卑联姻为盟一样，拓跋鲜卑的统治者与匈奴宇文部通婚。匈奴宇文部长居之地比慕容鲜卑更靠北，位于西拉木伦河流域。所以拓跋鲜卑有时会被卷入宇文部和慕容部之间的冲突。不过，在308—325年的大部分时间里，拓跋鲜卑与慕容鲜卑都相安无事，这让拓跋鲜卑能集中力量对付山西的匈奴。[10]

前朝的西北边界也不受汉赵政权控制。黄河河套内的鄂尔多斯地区，位于刘曜都城长安正北，是匈奴诸部的栖息地。而匈奴诸部很大程度上独立于刘曜的政权之外。再往西到凉州（即今甘肃河西走廊的一部分），一位名叫张轨的汉家刺史实力强大，击败了当地的鲜卑诸部，还出兵协助抵御匈奴，保卫洛阳和长安。320年张轨去世，权力仍掌握在其亲族手中。刺史一职传给了张轨的两个儿子，又传给了孙子。尽管都是各有所图、自据一方的地方统治者，但凉州的张氏刺史坚持效忠南方的晋室，直到323年迫于刘曜的军事压力，在名义上归附汉赵。数载之后汉赵开始出现颓势，凉州再度宣布效忠晋室。[11]秦岭以南的四川盆地，有李雄割据自立。李雄是氐人，3世纪90年代逃离关中战事的流民渠帅。李雄推翻了晋朝的地方官府，攻占重镇成都，于306年即皇帝位，建国号成汉。李雄在位三十年，与关中的汉赵政权交战不断。[12]然而到此时为止，刘曜政权所面临的最严重的威胁，是刘曜昔日的同党石勒。石勒以河北南部的襄国（位于邺城附近）为根据地，统治着华北平原的大部分地区。

石勒的背景与刘姓世家大族截然不同。石勒是匈奴别部一支小部落首领的后裔，自幼在山西南部的羯人中长大。[13]年轻时他和其他胡人曾被晋朝并州刺史的部下抓走，卖往山东为奴。石勒最终重获自由，还加入了一股马匪。这些马匪的马匹都是从官家牧场里偷来的。这股胡汉混杂的队伍啸聚逃奴、山泽亡命之徒以及征伐草原时掳掠来的游牧民，兵力一时暴增，八王之乱时沿黄河下游大肆劫掠。石勒充任首领之一，当这支军队惨败于晋军之手时，他带领残部投奔了刘渊。[14]这种联系使他得以重建自己的部众，还吸引了几股独立的胡人骑兵来投。然后，石勒重返自己位于华北平原东部的起家故地。到311年洛阳沦陷时，石勒控制了河南—河北—山东交界之地，并很快将统治范围向北扩展到河北，向西扩展到山西中部。这一时期石勒依然归附于平阳的汉赵政权，尽管凡事基本全由自己做主。

直到319年刘曜夺得帝位，石勒才与汉赵决裂，将都城从平阳迁至长安。石勒遂自称“赵王”（由于刘曜亦取“赵”字为国号，史家为示区分，称刘曜政权为“前赵”，称石勒政权为“后赵”）。石勒的势力范围，南以黄河为界，疆域与今河北、山西两省大致相同，辖郡达二十四个。[15]再往南，河南、山东为争夺之地，石勒麾下众将在那里与忠于晋室的诸军大战，诸多当地坞堡豪帅只能同时归附两方。[16]与此同时，石勒政权与刘曜政权相峙于洛阳附近。虽然该城当时只剩了西晋时期通都大邑的一点影子，但其地理位置决定了它的战略位置仍然极其重要。洛阳位于从渭水流域入口向东延伸的山脉的末端，实际是通往关中地区的诸关隘之最东端。金墉城是洛阳的卫城，城墙高大，使洛阳拥有一处实用的防御堡垒和储存粮草辎重的安全地点。328年，刘曜亲率大军出关，欲从石勒手中夺取故都。刘曜为成就此功，围攻洛阳达百日之久。石勒判断刘曜大军已遭到严重削弱，便以自己所能调动的最大兵力，据记载骑兵二万七千人、步卒六万人横扫洛阳。洛阳城门外一场大战，刘曜战败，沦为阶下之囚。329年，随着石勒军队直驱关中，斩杀刘曜的继承人，刘曜政权以令人震惊的速度瓦解。[17]前赵灭亡，石勒的后赵占领中国北方大部分地区，包括山西、关中和整个中原，南至淮河一线。[18]尽管在军事上取得了成功，石勒政权对国土的行政控制却无法达到从前汉人王朝那样的程度。石勒政权的体制基础极其薄弱。

刘渊、石勒及其继任者所领导的政权，对治下的汉人臣民和非汉人臣民加以严格区分。在分裂时期，基本所有后来在中国北方建立的“胡人”政权皆是如此。尽管治下的汉人臣民纷纷南逃，但汉人的数量仍然远超胡人。征服者遂强调自己独特的身份，以维系统治，拒绝被大量的本地汉人所同化。314年，匈奴刘氏的刘汉（前赵）政权正式将汉人和非汉人分配到不同的行政体制之下。刘聪以汉家皇帝身份统治近四十万户汉人，每万户编成一个单位。与此同时，他加封自己的继承人为“大单于”，很显然，这是匈奴首领的称号。刘聪使之位居一套独立的官爵体制顶端，下辖游牧民约二十万落，分两部，再各以万落为单位。石勒的后赵也采用了类似的体制。草原之民是统治者和战士，只有他们才享有“国人”的尊称。国人以征服王朝的国民自命。与之相对，汉人是被统治者。汉人种粮纳税，出工出力，供养“胡人”主子。[19]

在这些北方政权中，草原之民主要充当骑兵，是军队的主力。由于他们所有的男子都会成为战士，所以“胡人”的行政体制与军事体制几无差别。大单于通常是皇位的指定继承人，统兵作战。[20]统领万落者拥有军事头衔，是带兵打仗的将领。不仅个人，而且全家全族都在将领的权力管辖之下。战士们四处转战，族人随之四处转战，随时提供兵源，根据需要补充作战部队的力量。就像草原上的部落组织一样，这种军事体制很容易被推广。敌将归降，得授新官爵，仍统领旧部，并往往照旧统治从前的地盘。虽然“胡人”无疑是北方各政权军队中的主力，但军中也有不少汉人。刘曜、石勒等人的军中都收编有大量的汉人，其中一部分是在战争中掳掠来的，还有一些是从上述政权控制下的地盘和人口中强征的。有的军队，比如328年石勒率军攻陷洛阳时，军中的汉人数量可能超过了胡人。但汉人之军多执行相对无名的任务，如运送粮草辎重或修建围城工事。上阵厮杀时，汉人基本都是

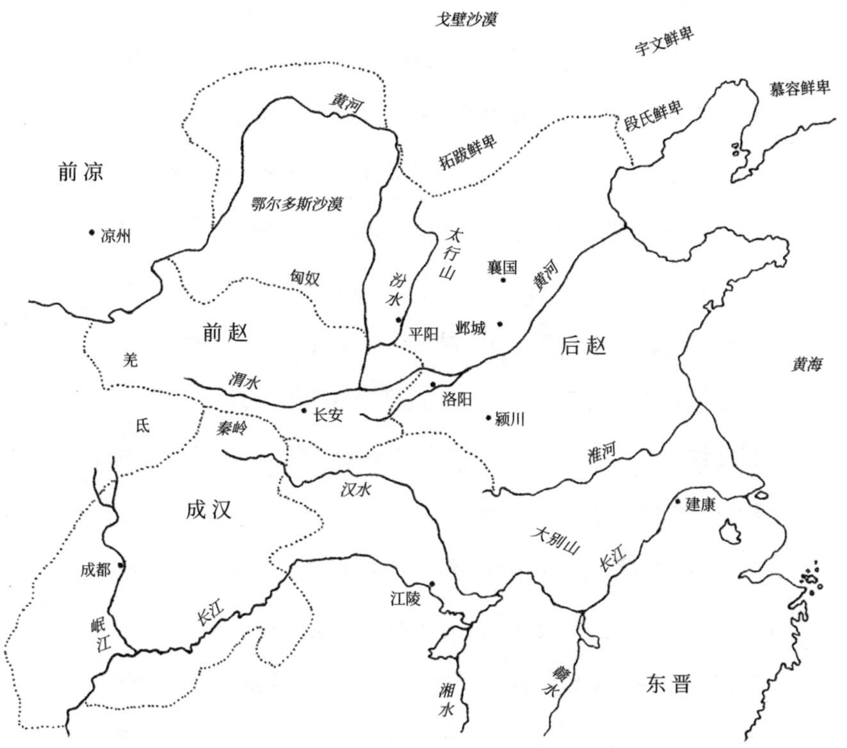
戈壁沙漠
宇文鲜卑
慕容鲜卑
黄河
段氏鲜卑
拓跋鲜卑
前凉
鄂尔多斯沙漠
凉州
太行山
襄国
黄河
匈奴
汾水
平阳
邺城
前赵
后赵
羌
黄海
渭水
洛阳
长安
颍川
氐
秦岭
淮河
汉水
成汉
建康
大别山
长江
成都
江陵
长江
岷江
赣水
湘水
东晋

327年的中国北方

步兵，远不如构成北方军队主要打击力量的胡人骑兵那样金贵。与草原民族的骑兵相比，汉人步兵很少长期构成军队编制的组成部分。汉人步兵只有在需要时才会被征调入伍，战事结束便解散回乡。[21]

由于中国北方部分人口的减少，在这一大分裂时期崛起于北方的各政权一般更重视控制人口，而不是控制地盘。4—5世纪，中国北方有大量的无主荒地，从事农业生产的劳动力则往往短缺。因此，人口在战利品中至关重要。征战告捷之后，得胜一方会将成千上万的人口从新占领的地区强行迁到自己的核心地盘。有时候出兵征战的目标不过就是大规模掳掠人口，掳走人口之后干脆将夺占的地盘弃之不顾。[22]以此种方式掳来的人口，一般被集中安置在得胜一方的都城附近，如刘聪之平阳、刘曜之长安和石勒之襄国。举例来说，316年刘聪率军攻占关中后，将八万人从长安迁往平阳。329年石勒再陷关中，史载将一万五千余户氐人、羌人迁往自己位于河北南部的都城附近。4世纪后半叶，强大的前秦政权建都长安，扭转了这一趋势，转而将大量人口从东部平原迁入关中。人口集中在政权的都城和京畿，相对易于保护和统治。这些人口近在咫尺，可以满足常备军兵源的需要。如此，连常备军的家属也集中居住在京畿之地。[23]京都之外，政权的控制力要弱得多。外围地区或由中央军队分兵外镇，或由出于种种原因归顺征服王朝的当地坞堡豪帅统治。

有学者认为，刘渊建立的前赵政权和石勒建立的后赵政权分别代表了截然不同的制度类型：刘渊一族受过良好的教育并高度汉化，试图按照汉人的模式开国称帝；石勒及其继任者则不过是大股盗贼的头领，以襄国为大本营（他们乐于称之为“都城”），劫掠恫吓北方汉人。[24]这种说法似乎夸大了二者的区别，它忽略了两个政权体制内的诸多相似之处以及两个政权运作方式的基本相似性。刘聪将兵力集中于平阳，以平阳为根据地控制周边地区，这与石勒在襄国的做法几无不同。同样重要的是，要考虑到石勒在崛起过程中采用汉家礼仪和仪轨的程度，以及他在自家地盘上延揽汉人精英为己所用的努力。石勒在襄国任用汉人官员，建立初步的行政机构，设学校以培养更大规模的行政官僚队伍。他也多得益于自己麾下汉人谋士张宾的神机妙算。最重要的是，与平阳和长安的对手一样，石勒严重依赖汉人本地豪族（即坞堡豪帅）的合作，从而让自己能令行于政权外围的边缘之地。每次攻克坞堡，石勒都特意任命落败的坞堡豪帅为将军或都督，让其留驻原地，以期将来他们能听从自己的号令。[25]

由于高度的中央集权，而且是通过汉人坞堡豪帅间接统治外围地区，前赵、后赵以及割据中国北方各地的其他胡人政权大都极其脆弱。军队和政权（或至少政权中真正重要的部分）基本上共为一体，军队遭遇一次灾难性的惨败就极易导致政权立即崩溃。328年刘曜在洛阳全军覆没，前赵政权即遭此命运。前赵自然不是最后一个以这种方式谢幕的政权。作为胡族首领在赤裸裸的武力基础上建立的征服王朝，北方政权在仍占人口大多数的汉人眼中基本没有合法性（尤其是晋朝国祚仍在南方延续）。此外，这些政权还受到沦为“降虏”的非汉人百姓的憎恨。这些人与政权统治者不属于同一族。只要统治者能够维持其朝廷的有效性，这一问题也并非不能解决。但如果政权中心出现任何薄弱环节，外围地区便很容易脱离统治，居住在京畿之地的那些被掳来的人口则会集体外逃。北方政权的宫廷政治大多不稳，尤其缺乏明确且被普遍接受的皇位继承规则。这意味着政治中心经常会出现冲突内耗，从而为强大的离心力创造绝佳的机会。这种离心力只能一时稍加抑制。[26]考虑到这些情况，4至5世纪中国北方出现的众多政权仅维系了十余年便毫不奇怪。很少有政权能延续两三代人以上。

333年石勒去世，后赵政权的权力移交相对有序。然而，石勒之子、原定的继承人很快被废黜，石勒的堂兄石虎夺得皇位。石虎是石勒麾下战功最为卓著的将领。《晋书》中的石虎形象，非常符合传统儒家史笔之下“末代昏君”的刻板形象，即因行为不端而丧失天命。[27]按照史书的刻画，石虎欲壑难填，沉溺于后宫和狩猎之乐，乃一无道暴君，“刑政严酷”。他征发大量民夫，在长安、洛阳和邺城（石虎从襄国迁都至此）广造宫室，给百姓带来了巨大的苦难。石虎甚至发掘“曩代帝王及先贤陵墓”，盗取陪葬的金银珠宝。因与太子石邃发生冲突，石虎将太子及其妻室、子嗣二十六人全部处死，统统埋进一口棺材里。然后，他又屠戮了太子侍从两百多人。[28]尽管存在明显的偏见，但很可能所有这些故事都是真实的。不过，无论有什么缺点，石虎仍是一位强有力的统治者，能够维系国家逾十五年。

然而，后来的继承人却难望石虎项背。早在349年石虎身染重病、奄奄一息之时，皇位之争就已经展开。石虎钦定的继承人石世在位仅三十三天，其兄石遵便将他推翻并杀害，然后在皇位上待了一百八十三天。接下来取而代之的继任者在皇位上待了一百零三天。[29]在这场宫廷政变中，后赵出现了一位"造王者"，即石闵。当时石闵手握京师最重要的兵权。石闵之父本是汉人，家世良好，年少时沦为俘虏，被石虎作为义子抚养长大。石闵在胡人的宫廷环境中成长为一名战士。他很快废黜了石虎最后的血脉，几乎杀尽了尚存的石氏宗族，包括石虎的三十八个孙子。350年，石闵称帝，恢复从前的汉姓"冉"，并改国号为"魏"。甚至在此之前，冉闵就已明确表态，身为汉人，自己有着满腔的愤恨和复仇的怒火，所以他发动了一场针对邺城及周边所有胡人特别是羯人的屠戮。羯人与石氏关系最为密切，他们那中亚的异域体貌特征使其不可能被视为汉人。汉人斩胡人首级来献，冉闵皆给赏赐。"一日之中，斩首数万。"冉闵亲率汉人屠胡，不论贵贱男女少长一律诛杀。"死者二十余万，尸诸城外，悉为野犬豺狼所食。”[30]（顺便言之，冉闵能发动这场屠戮，表明当时相当数量的汉人猛士从制度层面上已基本为后赵的中央军队所收编。）部分胡人军队杀出城门，还有的越墙而出才得以保住性命。逃出的胡人聚集在附近的襄国，向慕容鲜卑的前燕政权和中国北方的其他胡族势力求援。不久，三路大军共计十万人在冉闵的根据地邺城集结。

中央的变乱和流血事件的发生，迅速导致帝国的外围地区完全失去了控制。众多州郡长官宣布效忠南方的晋室，还有一些则叛投慕容鲜卑。在关中地区，当地豪强杀死后赵任命的官员，连下三十余处坞堡，聚众五万人，并向晋军求援。[31]被强行迁徙到后赵都城和其他战略要地的人口趁机集体出逃，希冀回归故土。汉人、羌人、氐人和其他诸族在半途中相遇，立时相互杀掠。加之饥饿和疫病的影响，“其能达者十有二三”[32]。在这种社会土崩瓦解的凄惨背景下，冉闵与前燕慕容儁大战时兵败被俘，随后被处死。彼时慕容儁正率军从中国东北地区南部的初兴之地南下河北。

慕容鲜卑借352年大胜冉闵之机，吞并了河北中南部后赵的核心地盘，将统治范围扩大到黄河。此后数载，慕容鲜卑继续扩张，与东晋爆发中原争斗战。357年，前燕迁都邺城。到360年慕容儁去世时，前燕已扩张至黄河以南，疆域包括山东、河南大部和淮北部分地区。364年前燕伐东晋，兵锋进抵淮河。次年，前燕攻陷洛阳。[33]不过，慕容鲜卑政权并非后赵灭亡后的唯一受益者。拓跋鲜卑盘踞于今山西北部大同附近的草原边缘，在强大而长寿的首领拓跋什翼犍的领导下，同样开疆拓土。与同族的慕容鲜卑一样，拓跋鲜卑也受益于强大的部落组织和一套相对明确的大位继承规则。落败的非拓跋鲜卑诸部很容易被纳入该体系，成为依附的部族。到366年左右，拓跋鲜卑号称有控弦之士数十万，肥沃的牧场上养马达百万匹。[34]第三个受益于新形势的族群，是关中的氐人。氐人不像拓跋鲜卑和慕容鲜卑，他们没有政治上独立的传统。4世纪初天下大乱之际，一位名叫苻洪的氐族首领从自己的部族中聚集了一批强大的追随者。他首先支持刘曜，后来又支持石虎。石虎将大批氐人和羌人——包括苻洪及其部众——从关中迁往河南和河北平原。石虎死后，苻洪与十万部众决心收复关西故土。为实现这一目标，他们首先必须击败心怀同样意图而西行、与自己为敌的羌人流民。入关之后，他们还必须把谋叛的后赵将领赶出长安。扫除这些障碍后，351年苻洪之子苻健自立为秦王，次年登上皇帝宝座。354年，在渭水流域刚刚立国的氐人政权击退了从河南北伐的晋军。不过数年，这个生机勃勃的新强权便将统治范围扩展到四面八方。[35]

该政权史称“前秦”。苻坚为苻洪之孙，前秦开国皇帝苻健之侄，357年从堂兄手中夺取了皇位。在苻坚的领导下，前秦国势骤然达到极盛，又很快陷入崩解。苻坚为人英明果决且胸怀壮志，即位当年便降服了姚氏统率下四处迁徙的羌人。370年，苻坚出兵讨伐慕容鲜卑的前燕政权。他任用出身卑微的汉人王猛为将相，大破燕军，不到一年便攻克前燕国都邺城。吞并前燕之后，前秦统治的地盘和人口大幅增加，总计达157郡，在籍人口246万户（999万人）。[36] 373年，秦军回师西向，基本从东晋手中夺取了四川。三年之后，河西的前凉和拓跋鲜卑的代国沦为前秦扩张的牺牲品。381年，苻坚完全统一中国北方，对南方的东晋形成泰山压顶之势。[37]

最初氐人似乎不太可能成为中国北方的霸主。与匈奴和鲜卑不同，氐人没有贵族核心领导下的强大部落组织传统，而惯于由大批独立的小部落首领统治。匈奴和鲜卑的畜牧经济很大程度上以牧马为基础，氐人则多从事牧羊和农耕。在生活方式上，氐人较之比邻的羌人定居性更强，与汉人融合更多，顺理成章采纳了诸多汉人的习俗。与其他大多数非汉人诸族不同，氐人多充当步兵而非骑兵。[38]有人认为，氐人部落组织的薄弱实际上正是其竞争优势的一个来源，因为这使得苻坚能够建立起一套官僚政权体制。在这套体制中，用人授官、加官晋爵都以功绩为准。[39]对于前秦政权的迅速崛起，另一种解释并不着眼于氐人的风俗或苻坚及其合作者建立的体制，而是着眼于石虎死后、变乱爆发之时的意外因素和自我强化、反馈循环的力量，认为一旦偶然性将历史往某个特定方向推动，上述两者就会让现有趋势延续下去。4世纪50年代早期氐人兴起，可能是由于首领雄才大略、时运当头或

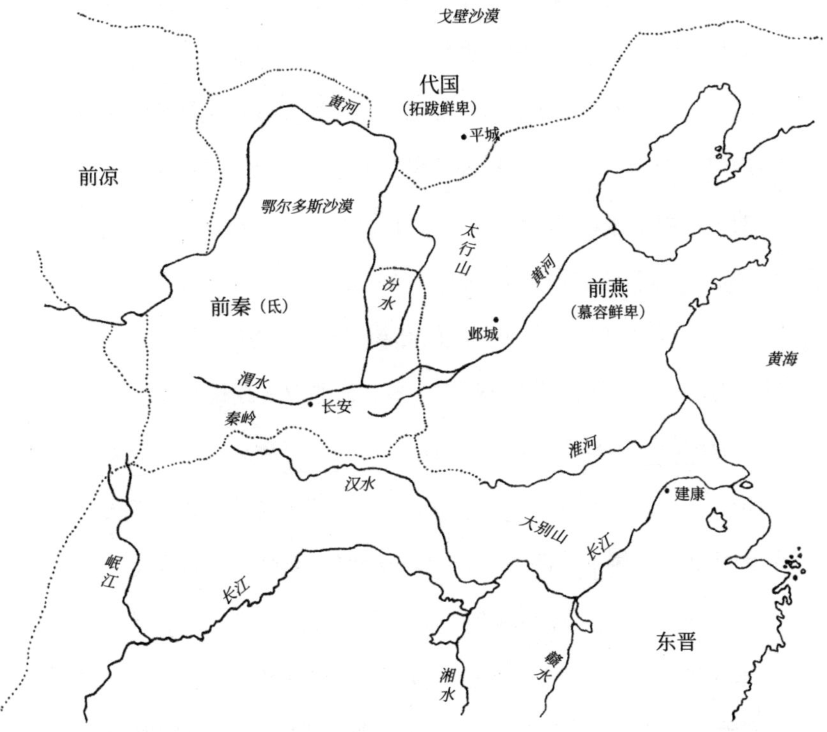
戈壁沙漠
代国
（拓跋鲜卑）
黄河
平城
前凉
鄂尔多斯沙漠
太行山
汾水
黄河
前燕
（慕容鲜卑）
前秦（氐）
邺城
黄海
渭水
长安
秦岭
淮河
汉水
建康
大别山
长江
岷江
长江
东晋
湘水
赣水

366 年的中国北方

氐人在决定性时刻以人数取胜。前秦帝王继而将臣服的百姓纳入自己的军事机器之中，积小胜为大胜。苻坚乐于将臣服的统治精英任用为自己权力体制下的高级将领和地方官员，汉人地方官员和坞堡豪帅不愿为败局已现的胡人统治者挺身而出，如此则促成了这一进程。“一旦被彻底征服，臣民对臣服一方统治者的效忠义务就停止了，并转而效忠征服者，这最终成为一条规则。”[40]只要苻坚继续连战连捷，所有这些对他来说都不在话下。但是，如果苻坚遭遇严重而明显的逆转，则很容易产生一股截然不同的力量。

前秦政权有诸多深层次的结构性弱点，其中大部分与4世纪在中国北方昙花一现的众多其他非汉人政权相同。与后赵统治者一样，苻坚将大量臣服的百姓迁到京畿。前秦京畿人口总计至少十万户，包括357年归降的羌人和370年从前燕掳来的鲜卑人四万户。[41]尽管苻坚的用意是让这些人口靠近权力中心从而更容易控制他们，但如果氐人的军事力量开始减弱，这些人口也意味着严重的潜在威胁。前秦政权的另一个弱点，是未能打破坞堡豪帅的权力，坞堡豪帅继续将大量农民置于国家的赋役制度之外。[42]如果中央权力开始变弱，这些地方豪强就是另一股潜在的敌对势力。动荡的迹象不时出现。在边远地区，匈奴于366年、羌人于367年以及巴蜀土著部落于374年相继发动地方叛乱。所有这些叛乱很快都被毫不费力地平定，但是在权力的中心，掌权的苻氏宗族自身却滑向了内部分裂。367—368年，苻坚被迫出手平定四名近亲的武装叛乱，这四个人都是苻坚从前任命的都督。苻坚的另一个堂弟拒绝调任到四川，于380年在河北北部举兵反叛。[43]前秦政权能轻而易举地应对这些挑战，但当苻坚在383年与东晋的“外战”中遭遇惨败时，整座大厦便立即崩塌了。

378年，苻坚派儿子苻丕围攻长江中游地区的门户、汉水之上的要塞襄阳，前秦军队开始对长江中下游的东晋核心地区施加巨大压力。经过长达一年的围攻，襄阳于379年初沦陷。大约在同一时间，其他几路秦军攻占了淮河沿岸的几个据点，并威胁到长江下游的东晋都城建康。东晋迅即发动反击，将前秦军赶回淮北，但局势依然不稳定。383年夏，晋军试图收复襄阳，结果被五万秦军大败。苻坚对这一挑战的回应，是再度出兵征讨南朝。据《晋书・苻坚载记》，大规模动员的程度前所未有。自史书可知，苻坚亲率大军从长安出征，有骑兵二十七万、步兵六十万，在籍户口每十丁征一人为兵：“前后千里，旗鼓相望。”[44]秦军以二十五万人为先锋，一路从西部的巴蜀顺流而下，一路从东部的淮河下游开始挺进。“东西万里，水陆齐进。”秦军主力直指淮河之畔、襄阳以东的寿春。383年十月，苻融率秦军先锋攻克寿春。紧随其后，五万秦军沿淮河以南向东挺进，于淮河以北的支流洛涧屯营下寨，阻遏从东面而来的七万晋军。仅五千人的晋军趁夜劫营，秦军死伤一万五千人，主将阵亡，余众大溃。晋军乘胜而进，与苻融统率的前秦大军隔淝水对峙。秦军列阵无法攻打，晋军统帅遣使过河，建议苻融稍退，让晋军渡河，如此方能速战速决，而非长期僵持。这样做对进攻一方最为有利。苻融应允，其实是打算趁晋军最为脆弱之时，半渡而击之。谁知苻融一发出后退的信号，秦军顿时惊溃。苻融遭乱军踩踏而亡。大乱很快波及秦军主力，秦军主力短时间内便土崩瓦解，士兵纷纷逃命。

淝水之战通常被认为是中国历史上最具决定性的交锋之一，因为它导致了苻坚帝国的崩溃，使得建康南迁政权得以存续。然而，我们对这一事件的了解基本全部来自《晋书·苻坚载记》。正如迈克尔·C. 罗杰斯（Michael C. Rogers）所论，《苻坚载记》绝非客观之作。它含有强烈的虚构成分和神话元素，并被改写，以服务于两个而非一个截然不同的政治议题。罗杰斯认为，《苻坚载记》并非基于前秦真实的档案文献，而是由南朝所编造，意在强调383年主政建康的权臣谢安之功绩，宣扬此番大胜全归功于谢安，并强化立足于南方的“合法”政权不可侵犯的神秘性。7世纪中叶，第二层政治动机又层累叠加了上去。彼时《晋书》由唐代第二位皇帝的史官进行了最后的修改。为了劝阻唐太宗不要在朝鲜半岛进行军事冒险，这些士大夫夸大了苻坚的兵力规模和失败的严重程度。罗杰斯指出，实际上两军交锋可能仅限于在洛涧进行的一场规模相对很小的初战；至于《苻坚载记》中所述的淝水之战，

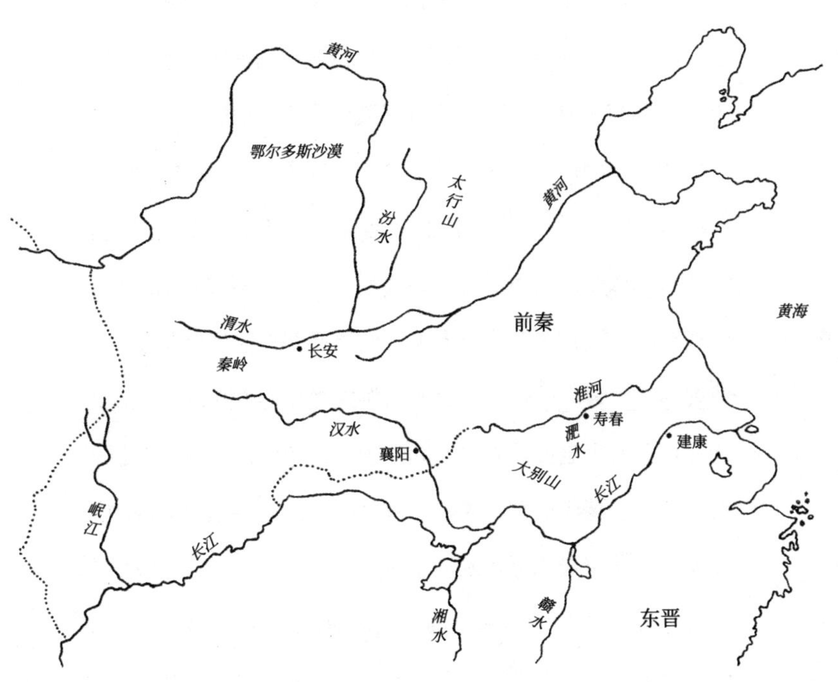

戈壁沙漠
黄河
鄂尔多斯沙漠
太行山
汾水
黄河
渭水
长安
秦岭
前秦
黄海
淮河
寿春
淝水
建康
汉水
襄阳
大别山
长江
岷江
长江
湘水
赣水
东晋

383年的中国北方

不过是按照这一真实战役（此战并不重要）虚拟而成。罗杰斯的结论是："至少有一个核心事实是不可否认的。我们没有理由怀疑如下史实：其一，383年晋军发动反击，将秦军逐出攻占才不过数日的寿春，迫使秦军退回到淮河以北；其二，此战之后不久，前秦帝国便轰然解体。"[45]罗杰斯拒绝接受传统的观点，即淝水之战与前秦灭亡之间存在直接的因果关系。他指出，"内部的紧张局势"才是苻坚败亡的主要原因。[46]

然而，即使我们对《苻坚载记》的真实性（它明确而直接地将淝水之战与前秦灭亡联系在一起）表示怀疑，但秦军在江淮一带受挫后很快就有那么多前秦臣民纷纷举兵起义，这一事实表明，淝水之战与前秦灭亡并非完全无关。如果苻坚真的亲临阵前，即使规模相对很小的败仗，比如洛涧之战和寿春失守，一定程度上也会损害这位氐人之君的威望，让其他诸族首领有机可乘，从而起兵反抗之。诚如陈寅恪所言，如果以上数战的损失集中在苻坚最忠诚可靠的氐人军队之中，影响会更大。[47]一旦臣服的诸族首领决意谋叛，苻坚慷慨大度的政策——任用臣服诸族的首领掌握重兵，允许他们保留对本族部众军队的控制权——更保证了他们有能力起兵造反。首先对苻坚倒戈相向者，是前燕宗族慕容氏。383年苻坚南征时，慕容垂于寿春以西自率一军。苻坚战败后，慕容垂率部进军河北，成功收复了他的家族曾经统治的大部分地盘。386年，慕容垂自立为帝，其政权史称"后燕"。与此同时，其他慕容氏宗亲向西攻略山西和关中。384—385年，慕容鲜卑将苻坚围困于都城长安。长安城陷，苻坚外逃，落到另一名叛军统帅、曾为前秦统治四川的羌人首领姚苌手里，终遭杀害。386年，姚苌即后秦皇帝位，开始用兵统一关中。此事由姚苌之子姚兴完成。394年，姚兴击败并杀死苻坚最后的继承人。在更边远之地，拓跋鲜卑于山西北部的代郡复国；鲜卑首领乞伏国仁在今甘肃建国，史称西秦；在西秦的西北，吕光在河西走廊建立后凉。吕光本是氐人将领，苻坚早先派他率军征伐塔里木盆地的诸绿洲小国。前秦崩溃后，中国北方的政治分裂程度比西晋灭亡以来的任何时候都要严重。[48]

建康的东晋政权抓住北方动荡之机，收复了大片土地。384年，晋军攻克襄阳。次年，晋军于西克复全蜀，并将北境推至黄河。此时已有南军渡河攻入河北，却旋即被晋室召回。晋室对这般赫赫之功已心满意足，更专注于偏安南方，而非一统天下。[49]这为前秦之后诸国并起、争雄北方留下了明确的空间。最终涌现出的两强，是慕容垂建立的后燕政权和复国的拓跋鲜卑政权。后者于386年将国号由“代”改为“魏”。这两个政权起初是合作伙伴，而非竞争对手。面临对手匈奴的压力，年轻的魏王拓跋珪向慕容垂称臣，从强大的后燕那里获得了急需的军事援助。在后燕的支持下，拓跋珪方能大破匈奴，并将大量臣服的部落降众纳入自己帐下。随后数载，拓跋珪集中精力安定北魏后方。东起大兴安岭、西至黄河河套广阔草原地区的游牧民族俱归拓跋珪统治。388—389年，拓跋珪出征，连破库莫奚、解如、叱突邻诸部。390—391年，拓跋珪用兵黄河以北，大败高车、袁纥、贺兰、纥奚、纥突邻、叱奴和黜弗诸部。接着，391—392年，拓跋珪击破居住在黄河以南河套地区的匈奴，将这块意义重大的地盘并入北魏。征伐草原民族取得连番大胜，掠得的牲畜、奴婢和其他战利品可以用来赏赐拓跋鲜卑的战士，巩固他们对北魏政权的忠诚。当拓跋珪开始起兵争夺中国北方时，他已身为草原之主，掌握着草原民族的资源，这使他处于独特的优势地位。[50]

391年，拓跋魏拒绝向慕容燕进贡马匹，两个政权之间的合作关系开始恶化。到394年，拓跋珪蓄势待发，将注意力从草原转移到与后燕争夺北方。据肯尼斯·克雷恩（Kenneth Klein）的观点：

> 在394年末，问题变成了慕容鲜卑能否利用自己业已成势的国力来摧毁拓跋魏。拓跋魏是中原农耕区和草原游牧区之间最后的边缘力量。这一问题还能换个说法：拓跋鲜卑能否以自己草原统治者的身份来夺取农耕帝国统治者的宝座。[51]

395年夏，慕容垂派太子慕容宝率大军伐魏。拓跋珪并

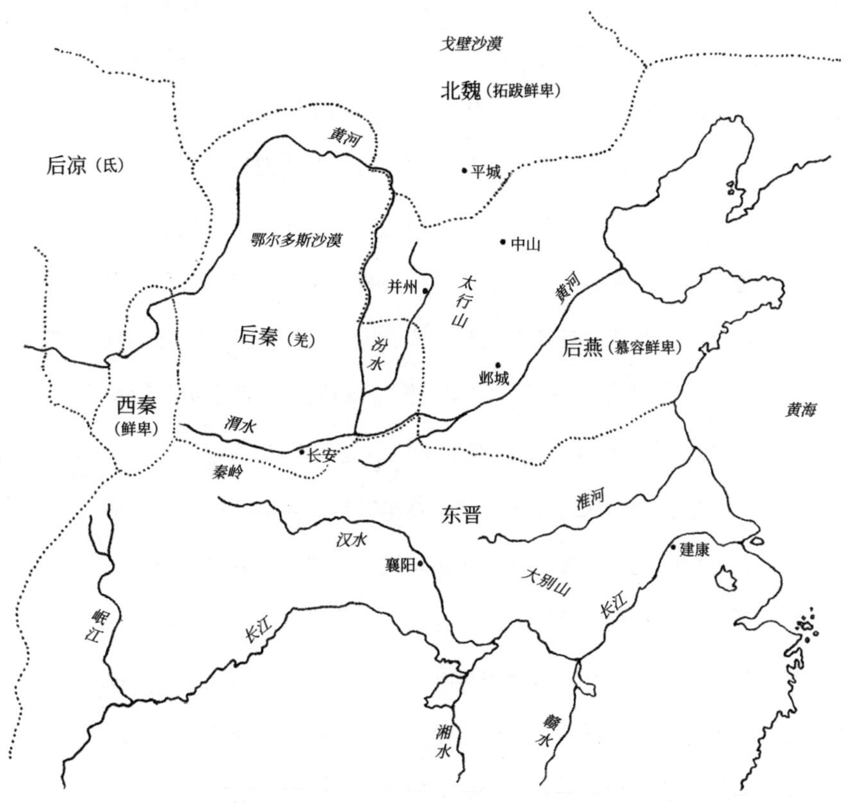

戈壁沙漠
北魏（拓跋鲜卑）
后凉（氐）
黄河
平城
鄂尔多斯沙漠
中山
并州
太行山
黄河
后秦（羌）
汾水
后燕（慕容鲜卑）
邺城
西秦（鲜卑）
黄海
渭水
长安
秦岭
淮河
东晋
汉水
建康
襄阳
大别山
岷江
长江
长江
湘水
赣水

395 年的中国北方

不正面迎战，而是选择率百姓西迁数百公里，避入黄河对岸的河套地区。慕容宝攻陷魏都，收降拓跋部众三万多户，又向黄河以东挺进。接下来数月，两军隔河对峙。在此期间拓跋珪表现出更强的主动性。他派大军渡河将燕军截为数段，并威胁燕军的交通线。入冬之后，慕容宝开始退兵。拓跋珪以轻骑追击燕军，在今内蒙古和林格尔西北的参合陂追上了“猎物”。395年12月8日，魏军骑兵突袭燕军大营。燕军主帅毫无防备，完全措手不及。燕军溃败，伤亡惨重，慕容宝仅带几千人逃走。这次失败是一个沉重的打击，但慕容氏政权仍有余力再战。396年春，年迈的后燕皇帝慕容垂亲率新军伐魏。魏军一部轻敌，在魏都平城附近被击败。然而396年四月，慕容垂染病，死于军营，燕军的进攻戛然而止。慕容垂之死似乎比参合陂之战更能扭转战争大势。从396年夏开始，战事的主动权显然转入拓跋珪之手。当年秋，魏军攻占山西中部的并州。其他几路魏军翻越太行山，攻入河北的后燕核心地盘。慕容鲜卑死守战略要点，即都城中山（今河北定县）和南边的重镇邺城。397年，燕军尚有能力在局部地区扭转局面。最终魏军占了上风。397年末，魏军攻陷中山。398年初，魏军夺取邺城。慕容鲜卑残部勉强在中国东北地区南部苟延残喘，为后燕政权续命。另一部分出逃的残众，则在今山东的黄河以南地区建立了“南燕”。[52]

灭掉后燕，尤其是409年拓跋珪去世后，北魏开疆拓土的势头一度减弱。拓跋珪之子拓跋嗣在位至423年。拓跋嗣喜好汉诗和文学，似乎缺乏早期拓跋鲜卑首领的雄心武略。拓跋嗣在位期间没有发动大的战事，只有两次出兵征伐北方游牧民族柔然。[53]拓跋嗣的继任者拓跋焘（谥号太武皇帝）则是一个截然不同的人物。根据11世纪史家巨擘司马光的说法：

> 魏主为人，壮健鸷勇，临城对阵，亲犯矢石，左右死伤相继，神色自若；由是将士畏服，咸尽死力。[54]

从430年开始，拓跋焘屡次兴兵，攻打中国北方的其他政权。其中最重要者，当数匈奴建立的大夏，地点在今陕西省。苻坚的前秦覆亡后，羌人和鲜卑占据的众多地盘，都被大夏所兼并。还有北燕，本为慕容鲜卑所统治，后由汉人取而代之。又有北凉，在今甘肃省，由匈奴建立。大夏不敌北魏的军威，于431年首先被灭掉。接下来是北燕，该政权一直坚持到436年。439年，拓跋焘灭北凉。苻坚的帝国崩溃半个多世纪后，拓跋焘终于成功统一了黄河以北的整个中国。

除了武略和国运，北魏之所以能灭掉后燕和中国北方其他诸政权，是由几个因素促成的。首先，也是最明显的因素，即拓跋鲜卑统治了广阔的草原。这使北魏能够动用草原可观的资源，来支援别处各地的征战。臣服的部落降众被编入魏军，草原还为魏军提供了大量的马匹。举例来说，史书记

载391年拓跋鲜卑大破一敌对部落，获马三十万匹。[55]这个数 116
字可能略有夸张，但毫无疑问北魏对草原的控制使拓跋珪及其继任者能够拥有比对手更强大的骑兵部队。北魏能统一北方，还因为敌对政权中一些年迈帝王死得恰逢其时，大权落入才略与经验不足的继任者之手。[56]这方面最明显也最重要的例子，当数396年慕容垂之死。拓跋焘在5世纪30年代也从同样的情况中受益。大夏的开国之君死于424年（或425年），北燕的开国之君死于430年，北凉的国主死于433年。一旦攻灭他国，事实证明在赢得臣服一方的民心方面，北魏帝王比其他胡人统治者更为娴熟。与诸多先辈（如石勒）一样，北魏统治者对政权的核心要素做了区分，即分为“国人”和普通臣民。所有掌兵权和其他实权的官职，基本都由国人担任。起初“国人”这一名称似乎仅限于指皇族及与皇族关系密切的诸族，后来这个圈子扩展到包含臣服诸族的广大精英。拓跋氏刻意与失国的诸皇族联姻，纳慕容氏、姚氏和其他此类诸族的女子入宫。以上诸族成员俱被接纳为国人精英，得以赐爵和授官。拓跋鲜卑更是与汉人世家大族通婚。[57]经过一个多世纪的时间，一批充满活力的混血精英出现在中国北方。他们不仅有拓跋鲜卑和其他鲜卑诸部的血统，还有匈奴、羌、汉和其他诸族的血脉。正是这一阶层催生出一个统治集团，该集团于6世纪末在隋朝的统治下实现了南北统一，其成员至少在唐朝的前半期继续掌控着帝国的军政大权。

1 Yang(杨联陞), "Notes on the Economic History of the Chin Dynasty," pp. 126–7; 陈寅恪:《魏晋南北朝史讲演录》, 万绳楠整理, 第113—114页。

2 王仲荦:《魏晋南北朝史》, 第1卷, 第223页。

3 王仲荦:《魏晋南北朝史》, 第1卷, 第228页。

4 Yang(杨联陞), "Notes on the Economic History of the Chin Dynasty," p. 127; 又见Holcombe(何肯), *In the Shadow of the Han: Literati Thought and Society at the Beginning of the Southern Dynasties*, p. 27。

5 试举一例, 见房玄龄等:《晋书・祖逖传》, 第62卷, 第1694页。

6 《晋书》, 第88卷, 第2283页; 亦见Holcombe(何肯)的英译本, *In the Shadow of the Han*, p. 49。

7 何兹全:《魏晋南北朝史略》, 第80—81页; 陈寅恪:《魏晋南北朝史讲演录》, 第135页; 唐长孺:《晋代北境各族"变乱"的性质及五胡政权在中国的统治》, 第173页, 第181页, 第183页;《晋书》, 第104卷, 第2711—2712页。

8 唐长孺:《晋代北境各族"变乱"的性质及五胡政权在中国的统治》, 第168页, 第172—173页, 第187页; 金发根:《永嘉乱后北方的豪族》(台北: 台湾商务印书馆, 1964年), 第91—93页。有关地方争斗的事例, 见《晋书》, 第62卷, 第1695页。

9 Kenneth Douglas Klein, "The Contributions of the Fourth Century Xianbei States to the Reunification of the Chinese Empire, " (Ph.D. dissertation, University of California Los Angeles, 1980), pp. 24–5, 27, 29, 34.

10 Jennifer Holmgren, *Annals of Tai: Early T'o-pa History According to the First Chapter of the Wei-shu* (Canberra: Australian National University Press, 1982), pp. 11, 29–33; 李则芬:《两晋南北朝历史论文集》, 第1卷, 第132页。

11 李则芬:《两晋南北朝历史论文集》, 第1卷, 第113—114页。

12 李则芬:《两晋南北朝历史论文集》, 第1卷, 第127—128页。

13 《晋书》, 第104卷, 第2707页; Tamura Jitsuzo(田村实造), *Chūgoku shijō no minzoku idōki*, pp. 34–5。羯族是与匈奴有亲缘关系的非汉民族。据部分史料记载, 羯人具有高加索人种的体貌特征, 如深眼窝、高鼻梁和面部毛发浓密。这表明羯人来自中亚或伊朗。有关石勒究竟是羯人还是匈奴人, 以及两者之间关系的确切性质, 仍然存在分歧。见David B.Honey(韩大伟), "Lineage as Legitimation in the Rise of Liu Yüan and Shih Le," *Journal of the American Oriental Society*, 110.4 (October–December 1990), pp. 618–20。

14 唐长孺:《晋代北境各族"变乱"的性质及五胡政权在中国的统治》, 第153—154页。

15 《晋书》, 第104卷, 第2730页。

16 《晋书》, 第105卷, 第2738—2739页。

17 Dien(丁爱博), "The Stirrup and its Effect on Chinese Military History," p. 39;《晋书》, 第105卷, 第2744—2745页; 司马光:《资治通鉴》, 第94卷, 第2963—2965页。

18 何兹全:《魏晋南北朝史略》, 第90—91页。

19 关于北方各政权的体系架构, 见陈寅恪:《魏晋南北朝史讲演录》, 第108—109页; 唐长孺:《晋代北境各族"变乱"的性质及五胡政权在中国的统治》, 第158—164页; 以及《中国军事史》, 第3卷《兵制》, 第175页。据信是Kenneth Klein(肯尼斯・克雷恩)将"国人"翻译为"compatriot"。

20 周伟洲:《汉赵国史》(太原: 山西人民出版社, 1986年), 第187页。

21 《汉赵国史》, 第3卷, 第176—183页。

22 李则芬:《两晋南北朝历史论文集》, 第2卷, 第241—242页。有关石勒军队大规模掳掠人口的记载, 见《晋书》, 第104卷, 第2724页, 第2725页, 及第105卷, 第2741页, 第2745页。

23 陈寅恪:《魏晋南北朝史讲演录》, 第110页, 第128—133页;《晋书》, 第105卷, 第2745页。

24 如可见Wolfram Eberhard(艾伯华), *Conquerors and Rulers: Social Forces in Medieval China*, 2nd edition revised (Leiden: E. J. Brill, 1965), pp. 122–3。

25 何兹全:《魏晋南北朝史略》, 第89页。有关石勒行汉法、推动汉化教育的事例, 见《晋书》, 第104卷, 第2720页, 第2729页, 以及第105卷, 第2735页。

26 有关皇位继承问题的探讨, 见Klein, "The Contributions of the Fourth Century Xianbei States to the Reunification of the Chinese Empire," p. 30。

27 有关"末代昏君"的刻板形象, 见Arthur F. Wright(芮沃寿), "Sui Yang-Ti: Personality and Stereotype," in idem (ed.), *The Confucian Persuasion* (Stanford, Ca.: Stanford University Press, 1960), pp. 47–76。

28 《晋书》, 第106卷, 第2761页, 第2767页, 第2772页, 以及第107卷, 第2781—2782页。

29 本段依据《晋书》第107卷第2788—2794页的记载。

30 《晋书》, 第107卷, 第2791—2792页。

31 《晋书》, 第107卷, 第2790页, 第2796页。

32 《晋书》, 第107卷, 第2795页。

33 Michael C. Rogers, *The Chronicle of Fu Chien: A Case of Exemplar History*, pp. 7–8; 李则芬:《两晋南北朝历史论文集》, 第1卷, 第95页。

34 魏收:《魏书》(北京: 中华书局, 1974年), 第24卷, 第609页; Holmgren, *Annals of Tai*, pp. 118–19; Klein, "The Contributions of the Fourth Century Xianbei States to the Reunification of the Chinese Empire," pp. 32–3; 何兹全:《魏晋南北朝史略》, 第106页。

35 李则芬:《两晋南北朝历史论文集》, 第1卷, 第101—102页。苻洪死于350年, 他死后其族人才进入关中这方乐土。

36 Gerhard Schreiber, "The History of the Former Yen Dynasty," *Monumenta Serica*, 15 (1956), p. 117; 有关王猛, 见李则芬:《两晋南北朝历史论文集》, 第1卷, 第103页。

37 何兹全:《魏晋南北朝史略》, 第95页。

38 Eberhard(艾伯华), *Conquerors and Rulers*, p. 124; Richard B. Mather(马瑞志), *Biography of Lü Kuang* (Berkeley and Los Angeles: University of California Press, 1959), p. 11; 蒋福亚:《前秦史》(北京: 北京师范学院出版社, 1993年), 第7—10页。

39 Klein, "The Contributions of the Fourth Century Xianbei States to the Reunification of the Chinese Empire," pp. 36–9.

40 Schreiber, "The History of the Former Yen Dynasty," p. 126; 又见p.111, p. 123。

41 王仲荦:《魏晋南北朝史》，第1卷，第276页。

42 蒋福亚:《前秦史》，第84—86页。

43 有关这些叛乱，见Rogers, *The Chronicle of Fu Chien,* pp. 122–5, 137, 146–8。

44 Michael C. Rogers, "The Myth of the Battle of the Fei River," *T'oung Pao*(《通报》), 54(1968), p. 64。有关此前的秦晋战事，见吕思勉:《两晋南北朝史》(上海:上海古籍出版社，1983年)，第226页。

45 Rogers, *The Chronicle of Fu Chien,* p. 62.

46 Rogers, "The Myth of the Battle of the Fei River," p. 71; 又见*The Chronicle of Fu Chien*, p. 3。

47 陈寅恪:《魏晋南北朝史讲演录》，第233页。

48 何兹全:《魏晋南北朝史略》，第103页。有关这一时期政治史更为详尽的研究，见李则芬:《两晋南北朝历史论文集》，第1卷，第96—116页。有关吕光事迹，见Mather(马瑞志)，*Biography of Lü Kuang*。

49 王仲荦:《魏晋南北朝史》，第1卷，第283—285页。

50 Klein, "The Contributions of the Fourth Century Xianbei States to the Reunification of the Chinese Empire," p. 105; 也见pp. 53–6, p. 67。

51 Klein, "The Contributions of the Fourth Century Xianbei States to the Reunification of the Chinese Empire," p. 65.

52 对这些史实的总结，见Klein, "The Contributions of the Fourth Century Xianbei States to the Reunification of the Chinese Empire," pp. 69–72; 更为详细的研究可见李则芬:《两晋南北朝历史论文集》，第1卷，第137—144页。关于参合陂之战，见司马光:《资治通鉴》，第108卷，第3424页。

53 李则芬:《两晋南北朝历史论文集》，第1卷，第145—146页。

54 司马光:《资治通鉴》，第120卷，第3796页。

55 毛汉光:《北魏东魏北齐之核心集团与核心区》，收入《中国中古政治史论》(台北：联经出版事业公司，1990年)，第40—41页。

56 Klein, "The Contributions of the Fourth Century Xianbei States to the Reunification of the Chinese Empire," p. 93.

57 Klein, "The Contributions of the Fourth Century Xianbei States to the Reunification of the Chinese Empire," pp. 95, 103。又见毛汉光:《北魏东魏北齐之核心集团与核心区》，第42—44页。

Chapter 4
The south under émigré rule

第四章
南朝的流转

尽管早在五百多年前就被秦始皇纳入帝制中国的版图，但长江以南的广阔土地让逃离西晋故国的北方流民见识了许多陌生的事物。与黄河流经的人烟稠密的华北平原形成鲜明对照，南方是一片原始、边缘、相对空旷的土地。从2世纪中叶的人口数字来看，南方人口仅占全国户籍人口的35%，但南方土地占全国土地总面积的一半以上。[1]接下来的两个世纪里，南方人口相较于北方有所增加。这在很大程度上是因为持续不断的流民潮涌入南方。但中国南方的人口仍长期少于北方。南方地区的汉人居民并非均匀分布，而是主要集中在几个人口中心。其中之一，是长江入海口西南方向的区域，包括太湖和杭州湾附近水土丰美的农耕区。这里是三国时期吴国的心脏地带，再早是古吴越之地。这里更是东晋扬州的核心区，有本土的精英豪族地主，百姓讲的方言与北方截然不同。正是在这里，在长江南岸的建康，4世纪初流转南迁的晋室精英决意建都。另一个人口中心位于长江中游，汉水在那里由北向南汇入长江。这一地区从行政区划上名为荆州，下辖许多重镇，比如长江之畔的江陵（今荆州），汉水之滨的襄阳。荆州还有一部分地区，是南面人烟辐辏的湘江流域，在今湖南境内。另有一个较小的人口中心，名为江州，即从长江畔的武昌和寻阳（后又称浔阳，今九江）向南，经鄱阳湖至赣江流域。南岭以南的边城番禺（今广州）和交趾（今越南河内）作为汉人聚居的中心，地位并不那么突出，但这两座城市在汉人与东南亚诸族的贸易和其他交往中发挥了重要作用。

所有这些主要的汉人聚居区，都位于低洼平原和河谷地带，那里的地形非常适合在大水漫灌的农田里种植水稻。汉人聚居地之间是大片山林，居住着许多土著，大多还未被汉人的生活方式所同化。这一温暖潮湿、重峦叠嶂、林木茂密的环境，与北方尘土飞扬的平原迥异。长江及其主要支流，如汉江、湘江和赣江，是连接中国南方各个人口中心的纽带。旅行和贸易往往沿河进行，用兵作战也是如此。远在秦统一中国之前，从楚、吴、越争霸时起，南人就专精于江河湖海之上的水战。这一传统在三国时期得以延续：船更大，更精巧，配备了更先进的兵器。拥有和使用水军，依然是定都建康的南朝诸政权用兵征战的重要因素。

与北方那些胡人政权反复割地为王、走马灯般你方唱罢我登场不同，从317年东晋建立到589年北朝灭陈，南方在单独一个政权的统治下维系成一个整体。由兴而亡，南朝囊括了长江以南全部国土，但北部和西北部边界随着时间的推移而变化颇大。347年，四川盆地首次被纳入南朝疆域。373年四川盆地落入苻坚的前秦之手，385年又被南朝收复，但最终于553年被西魏攻占。南朝有时以淮河为北界，距建康以北约一百三十公里，但情况并非一直如此。5世纪上半叶，南朝能将统治范围扩大到黄河，控制了今山东省、河南省的大部分地区。但到572年，南朝失去了长江以北的全部地盘。从317年直至建康陷落，黄河与长江之间的土地是南北争夺的主战场。尽管南方汉人设法维持住了表面的统一，尽管边界不断变化，但在南北大分裂的过程中，南朝非一家一姓所独专。南朝共历五姓，有的政权一代而亡。420年，司马睿建立的东晋被刘裕的宋所取代。479年，刘宋被齐取代。502年，南齐被梁取代。557年，萧梁的国祚由南朝最后一个政权陈所继承。并非所有这些王朝都是通过直接推翻前朝而建立，但每一次权力更迭，都是通过举兵作乱或内战而实现的。虽然貌似统一，南朝实际上却因一些深刻的分歧而四分五裂，导致了巨大的政治不稳定。北方南迁精英和南方本地精英之间，高门大族和下层精英之间，还有地无分南北的各路豪强和谋求中央集权的朝廷官员之间，关系都很紧张。世家大族出身的高官权臣争相把持朝政，自耕农饱受官府压榨，土著诸族因汉人定居者不断进逼蚕食而饱受威胁。与北方胡人政权持续交锋，要求高度军事化和兵权下放，结果使得诸多冲突极有可能通过诉诸武力来解决。[2]尤其是存在着两个相隔甚远的权力中心，一个在建康，一个在长江中游的荆州，这将对南朝的内部稳定产生不利的影响。[3]

东晋政权几乎从立国之日起就为军事上的弱势所困扰。开国皇帝司马睿乃晋室亲王，自307年起以建康为根据地统领南方晋军。别看头顶一串官爵显赫，但司马睿实际掌握的军事力量非常有限，远无称雄于长江流域的兵力。317年即大位时，司马睿得到了数位洛阳失陷后北方南迁大族中实权人物的支持。东晋初年，以琅琊王氏、太原王氏和颍川庾氏尤为显赫。这些世家大族都在洛阳的西晋朝廷中占据举足轻重的地位，还与建康的东晋皇室通婚联姻。另有谯国桓氏和陈郡谢氏两族在4世纪后期崛起，总揽朝政。桓氏、谢氏未出皇后，遂被视为"'新'贵，以微末军功起家，与洛阳朝廷毫无渊源"[4]。这些世家大族大多带着家眷和武装的宾客部曲南迁至长江流域，终能为自己开辟出大片田庄土地，尤其在边缘的边疆地区。然而即使拥有了这些力量，司马睿政权的军事支柱也是极其脆弱的。为生死存亡计，新立的东晋朝廷认为有必要争取最有权势的南方本地豪族的支持。[5]

这些豪族主要集中在长江下游地区古老的中心地带——太湖沿岸的宜兴郡、吴兴郡和吴郡。这些豪族俱为大地主，拥有的土地可以维持自给自足。豪族皆有大量佃客、奴婢及其他宾客，能够在需要时举兵出战。部分大族强调学问传家，但其他许多大族如宜兴周氏则有强烈的将门传统。南方豪强从来不曾真心拥护东晋朝廷，因为东晋朝廷是由北方南迁精英所主导的，但最终绝大多数南方土豪还是支持了它。朝廷和豪强都希望维持江南地区的秩序，并且在抵抗胡人征服者（如石勒、石虎等）的入侵方面有着共同的利益。[6]晋室的皇帝是统一与合法性的重要象征，其他大族若欲取而代之，则会发现自己根本不可能获得认可。[7]南方精英最终愿意接受一套士族等级制度，尽管这套制度并没有将南方本地精英划为最高等，但保证了南方本地精英的威望、特权和地方势力。历史学家川胜义雄也指出，南方精英转而支持和巩固司马睿的建康政权，意在希望建康政权能对涌入长江流域的北方流民武装集团稍加控制。那些武装集团数量众多，且往往不服管控。[8]

在4世纪初的混乱时期，由北方南迁者远远不只一小部分士族及其部曲。比如祖逖，出身河北南部的豪门旧姓，世代官高爵显。洛阳陷落之后，祖逖率亲族乡党数百家南下淮河。[9]大批其他门第较低的精英家族也选择避祸南方，带来了自己的奴婢、佃客、部曲、乡党以及其他并无关系、依附以求自保的平民百姓。南迁人口的总数必定是庞大的。据5世纪中叶的数字，当时南方有近九十万户籍人口为北方流民或其后裔。[10]不过，我们无法将这一数字追溯至4世纪初。在北方大乱的时期（比如383年苻坚帝国崩溃之后），先后出现了几次流民潮。我们对移民的自然增长率或户籍之外的人数一无所知。不过，后来的数字非常清楚地表明，当时规模最大的流民聚居地位于离建康不远的长江沿岸，也有大批北人定居在长江中游和汉水流域。新来的流民保持着与南方乡邻截然不同的身份。东晋官府对流民入籍造册时，没有将流民编入现有的南方行政单位中，而是将流民分编到新的户籍单位里（通常并无实际的土地），与流民北方故土的行政区划同名。如此管理相对简单，因为通常的模式是北方某县百姓集体抱团南迁，到了南方也要比邻而居、相互照应。东晋朝廷遂为流民首领专设新职（如县令和郡守）。[11]东晋共设八十一郡、二百三十六县为侨置郡县。[12]大批流民惯于挟刃弄矢，而流民帅往往来自以勇武善战而非学问闻名的家庭。[13]这些流民的定居之地，显然是东晋政权潜在的军事力量根基，但东晋朝廷要想有效组织和利用它们还需要一段时间。

东晋朝廷早期军事上的弱点，在王敦之乱中暴露无遗。王敦出身琅琊王氏，他的家族曾帮助司马睿开国于建康。王敦手中掌握着新政权规模最大的武装力量之一。319年，王敦奉命出镇长江上游，据守荆州。然而，晋元帝司马睿及其亲信对于倚重王敦这样的权臣深感不安。321年，朝中力主中央集权的尚书令刁协获得晋元帝恩准，提出一项计划：将豪族尤其是晚近从北方迁来的大族的奴婢和宾客部曲（其中多为久经沙场的战士）充公，从而建立起一支由中央直接控制的强大军队。[14]这项政策和几项官员任命似乎旨在削夺王敦的权力，这迫使王敦于322年初在武昌起兵。王敦率军沿长江而下，在石头城（长江边一座外围要塞，位于建康西北）大败刁协麾下由奴婢组成的军队，迫使已无兵无防的东晋朝廷俯首听命。司马睿勉强保住了皇位，于年底病逝，其子司马绍（即晋明帝）继位。王敦得授扬州牧，驻节于离都城建康不远的江城姑孰（后又称姑熟），都城凡有异动即可出兵。然而，324年五月王敦病重，他对东晋朝廷的控制开始瓦解。晋明帝抓住时机，欲摆脱王敦的掌控。王敦则派大军进攻建康，建康守军兵力与之相差悬殊。结果王敦死得其时，东晋朝廷免于灾祸。王敦之兄王含才略不足，非但没能攻占建康，而且根本无法维持军心。不过数月，王含及其主要党羽皆死，其中有些人是被自己手下或同党出卖的。[15]

这一结果不应被视为东晋自有实力所致。平乱之时，由于缺乏直接掌控的军事力量，东晋朝廷只得倚重几位拥有大量兵力的北方流民首领。其中一位名叫苏峻，他在平定王敦之乱时发挥了重要作用。苏峻为长广郡掖县（今属山东）人，西晋灭亡时始为坞堡豪帅。由于在平定王敦之乱中立有大功，东晋朝廷授苏峻官爵，遣他率部众数万人守卫北境淮河一线。然而与王敦一样，苏峻很快与都城建康的高官相抵牾。建康方面欲加强中央权力，剪除地方豪强和持节将领的羽翼。眼见要被削夺兵权，苏峻于327年十月起兵，杀向建康。328年二月，苏峻攻陷建康，洗劫六宫。幸得长江上游两员都督出兵相助，东晋朝廷才得以消灭苏峻。两员功臣中更重要者，当数荆州刺史陶侃。[16]陶侃名义上继续拥护东晋朝廷的权威，有时也出力颇多，但击败王敦大军后，年逾古稀、身为南人、出身寒微的陶侃，同样在长江中游地区建立了一个相当于半独立的政权。[17]王敦、苏峻起兵作乱，东晋朝廷几无可直接支配的可靠军事力量，发现仅能倚赖陶侃等人的赤胆忠心。加强中央集权的努力，如321年刁协力主征役奴婢和部曲，则可能会引发叛乱，使朝廷的地位比以前更弱。王敦和陶侃的行动表明，雄踞荆州者恐有不臣之心，即欲横扫长江，入主建康，重整朝纲。在其存在的前半个世纪左右的时间里，东晋政权之所以能维持下来，很大程度上是靠君王拉一派打一派。

中国南方社会高度军事化，不仅在王敦和苏峻叛乱时如此，一直到589年南朝被统一皆是如此。这一时期，南朝各政权面临着最根本的军事问题：如何确保兵力保量又保质，在北朝的劲敌和过于强大的臣下面前皆能自保。南朝尝试了各种不同的解决方法，没有一种是完全成功的。东晋统治南方初期，朝廷试图维持西晋兵户世袭的士家制，为军队建立永久的后备兵员。这番努力从一开始就遇到了困难。出身南方的兵户原本数量极少，且在北方的西晋政权灭亡时遭受了严重损失。由于种种原因，新兵户最理所当然的来源，却往往不可触及。纳税服役的平民户籍数目相对较少，这是因为豪族（包括南方豪强和北方南迁精英）庇护了大量宾客。若再将民户转为兵户，会让原本已经小不堪言的财税基础变得更小。下诏将宾客征为兵户，定会激怒豪族，甚至引发变乱。东晋朝廷有时愿意承担这种风险，比如321年刁协的谋划，还有4世纪末另一位力主中央集权的晋室大臣所采取的类似措施。但奴婢、宾客和从富人庄园中征走的部曲，无法成为主要的兵源。

尽管困难重重，置新兵户的办法还是找到了，结果这成了东晋和刘宋时期盛行的兵役之法。新的兵户士家，以流民、浮浪者和不在籍的人户为重要来源，这些人恰恰没有豪强庇护。淝水之战后不久，一位东晋将领率军包围长江口以北海陵县的大泽，放火焚烧苇草，逼出了近一万户流民，将其全部纳入兵籍。[18]刑徒也会被送去服兵役。据律令条文，从军刑徒的家人子弟不列为兵户士家，但这项规定似乎很少被遵守。[19]新兵户还有另一个来源，即南方山间的各族土著。南朝与“獠人”之间冲突频繁，“獠人”主要分布在四川东南部的山区。刘宋和萧梁时期，南朝与生活在今广东省与湖南、江西交界山区的“俚人”爆发大战。南方各族土著中数量最多、分布最广者当数“蛮人”，从湖南西南部山区到河南南部丘陵皆有。5世纪中叶的刘宋时期，蛮汉战事最为激烈。[20]从这些冲突中掳得的人口，通常被置为兵户，人数可能非常多。449年至450年冬，刘宋政权出兵征讨汉水以北山区的“蛮人”，将领沈庆之一次即俘获二万八千人。据估计，沈庆之戎马一生，共俘获“蛮人”二十余万，统统列入兵籍。[21]

“征”流民、刑徒和部落土著为兵，为南朝提供了兵源，但无法保证兵源可靠有效。这无疑是导致士家兵户社会地位和士气不断下降的一个因素。西晋时期，兵户与普通平民在地位上几无显著差别。到5世纪的刘宋时期，兵户却被视为与官奴婢地位相当。[22]兵役之法可能极其苛刻。并非每家兵户的每个男丁都会被征发服役（标准比例可能是三分之一），但男丁一旦被征，需从十五六岁一直服役到六十多岁。若男丁没有年轻的亲属来代替自己，可能被迫服役至更高年龄。若男丁患病或因伤失去服役能力，自知有必要让未成年的家中子弟来代役，换得自己归乡。[23]逃兵问题严重，军中普遍不满，最终使这一制度无法维持。刘宋内乱之时，多有将领给大批兵士（及家属）解除兵户之籍，以奖掖常年从军的部下，或在临阵之时激发部下的忠诚和士气。[24]到6世纪，南朝末世的梁、陈时期，士家兵户不再是军队力量的主要来源。[25]

官府一直认为，有必要从其他来源获取军队，以补充兵户人口之不足。早在汉代乃至更早，官府就拥有必要时征发平民服兵役的权力，但南朝很少动用这一权力。平民百姓仅在有特殊需要时才被征点从军，难关一过便被遣散返乡。平民百姓通常被用于服劳役或提供后勤保障，而非上阵作战。统兵将领似乎对平民的战斗力评价甚低。[26]志愿从军的“募兵”则战斗力颇佳。募兵服役期有限，无世代从军之义务。南朝宋、齐时期，这类战士开始取代士家之兵，并在梁、陈时期成为军队的主要组成部分。[27]这一时期，就连统兵将领的私人部曲也由自愿应募的士兵组成，而不再是奴婢性质、身份由父传子的宾客。[28]起初，大量新兵可能是从兵户放归者，又选择在更好的兵役之法下再度从军。[29]很多东西并未改变。与过去一样，在士家制之下，士兵家属通常集中在军镇或军镇附近，并随军队四处转移。[30]世代服兵役的负担虽从士兵及家属的肩上卸了下来，但新的兵役制度绝非没有弊端。比如梁朝时期，富人可列名于兵籍，以此豁免相应的赋税。直到南朝末年，兵力不足、士气低落和战斗力不强依然是严重的问题。[31]

南朝练出的第一强兵（至少在战斗力方面），当数所谓“北府兵”。376年，执掌东晋朝政的权臣谢安任用亲族谢玄统领长江以北之军，并授予谢玄招募兵马、组建新军之权。谢玄以大量的北方流民家族为招兵重点。这些流民家族沿长江两岸聚居在离都城建康不远的京口、广陵和晋陵等地。谢玄的招兵工作似乎取得了很大的成功。到383年苻坚南下时，北府兵共八万人，为击败北方侵略者发挥了重要作用。北府兵始终是东晋军事力量的重要组成部分，在5世纪初东晋内战和镇压孙恩、卢循起义中都发挥了重要作用。[32]刘宋的开国皇帝刘裕便是将自己掌握的北府兵指挥权作为获取权力的跳板。然而，到450年刘宋大举征伐北魏时，这支战斗力极强的部队已基本从南朝的军队中消失。一种解释是，北府兵在5世纪初的战事中损失惨重，无法重建。尤其应考虑到，北府兵最初从流民中招募，而流民人口已再无北方来的新流民可补充。[33]

关于北府兵，还有其他一些令人困惑的问题。北府兵是否为自愿应募，历史学家们尚未形成一致的看法。若是自愿应募，则证明募兵比从兵户中征发的士兵更具优势，这就为后来南朝的新军事体制指明了道路。这些兵士本身是否被划为世代从军，是在被北府兵招募之前还是之后，历史学家们同样众说纷纭。[34]创建这支强大的军队，容易程度和速度之快也令人费解。特别要考虑到东晋朝廷初立于建康之时，力图创建强大可靠的军队，却遭遇无法逾越的障碍。4世纪70年代末，苻坚的帝国和野心所带来的威胁，使得聚居在京口附近的北方流民首领选择与东晋朝廷合作。二者的合作程度之深前所未有。同样，到4世纪70年代，侨置县、郡和州的体制架构已被建立起来，以适应在东晋职官体制中任职的北人。正如我们所见，流民帅被任命为县令和郡守。与此同时，由于民政管理机构兼作军府[35]（“北府”即侨置南徐州军府之别称，设在长江畔的京口），这些流民帅也被纳入正式的军事体制。流民帅都有自己世代相袭的家兵部曲。换言之，到4世纪70年代，与东晋朝廷（本处实指谢氏一族）关系密切的流民帅，已经有办法通过招募中层将吏来迅速组建一支强大的军队。这些中层将吏可能会带着自己的下属。[36]4世纪中叶汉水一带也出现了非常相似的过程，但直接受益者不是建康的东晋朝廷，而是荆州刺史桓温和他的继承人。[37]

385年谢安去世，晋孝武帝司马曜（373—396年在位）之弟、晋安帝司马德宗①（397—418年在位）之叔司马道子成为晋室的实权人物。与刁协及前代诸多人物一样，司马道子与儿子司马元显试图控制各州刺史，强化中央权力和权威。然而，随着建康政坛的变动，北府兵不再是力主中央集权者所能依赖的可靠力量。反之，北府兵开始形成致命的威胁。按照东晋惯例，刺史兼任都督，这些刺史一般被授予相邻数州的军政大权。要做到有效用兵和协同作战，抵御北方对汉水—江淮一带边地的威胁，这一做法自能充分满足需求。但与此同时，这一做法也让东晋朝廷听命于各州刺史。[38]当然，如果刺史是朝中权臣的亲族和政治上可信的同党，就像谢安、谢玄时代那样，则不成问题。到4世纪末，朝中与军中却再无这种联系。长江中游和汉水流域掌握于桓玄之手。桓玄之父桓温乃势力强大的北方流民帅，于345年授荆州刺史。桓温为东晋收复了四川，并两度率大军北伐。桓温的军事实力以汉水流域广大的北方流民侨居地为基础，实际上这里也是南朝少数适合养马的地方之一。桓温将这里传给儿子桓玄。[39]至于长江下游，军事力量主要掌握于王恭之手。王恭出身显贵，是晋孝武帝皇后的兄长。身为兖、青二州刺史，王恭驻节京口，对北府兵有直接的指挥权。[40]

王恭与司马道子专擅的建康朝廷之间关系紧张，这促使

---

① 原文为“晋明帝”(Emperor Ming)，有误。——译者注

王恭于397年一展军威，逼迫司马道子处死自己的两名党羽。后来司马道子再度施展政治韬略对付王恭，王恭遂于398年七月进兵都城建康。这一次，司马道子及其党羽靠收买刘牢之得救。刘牢之是北府兵最重要的将领，他的叛变导致王恭旋即兵败身死。希冀加强朝廷对抗各州刺史的权力，并摆脱对北府兵的依赖，399年司马元显下令征募私人奴婢和从事农耕的宾客，在都城组建军队。这一做法既激怒了奴婢宾客，也引起了南方豪族的不满。南方豪族强烈反对政府将奴婢宾客从自己手中征走。这成了当年秋天杭州湾南岸爆发孙恩起义的一个原因。[41]

孙恩是大地主，出身北方世家大族，但他与南方本土精英有一个共同点：同属天师道信徒。孙恩起义很快蔓延至杭州湾和太湖周围八郡，聚集信众十余万。[42]东晋朝廷派刘牢之率北府兵镇压义军，双方随后展开了一系列的拉锯战。402年春，孙恩最终惨败于官军之手，随后自杀。这场战事值得注意之处在于，孙恩多用船只，其军队在水上机动行动，还有以浙江沿海岛屿为根据地。一位名叫刘裕的将领在镇压起义中崭露头角，此人是刘牢之重要的副将。[43]孙恩的妹夫卢循率义军残部南下广州，于405年接受东晋朝廷招抚，得授刺史。

402年初，司马元显和刘牢之准备出兵征讨桓玄。桓玄趁东晋朝廷因孙恩起义而无暇他顾之机，控制了长江中上游全部地区（包括今湖南、湖北、四川和江西）。桓玄先下手为强，于402年二月从江陵沿长江而下直取寻阳。此时刘牢之选择叛投桓玄一方，率北府兵为桓玄效力。桓玄得此强助，轻而易举攻陷建康。桓玄入京，不仅诛杀司马元显，还削夺了刘牢之的兵权，逼迫刘牢之自杀。403年底，桓玄自立为帝，建国号“楚”。北府兵旧部对此拒不接受。404年二月，刘牢之从前的副将刘裕起兵京口，进军建康。刘裕得到了北府兵将吏的大力支持。[44]桓玄逃回自己的老巢江陵，重新举兵，率更多兵力再度沿长江而下。404年五月十七日，双方在今湖北鄂城附近的峥嵘洲进行决战。双方以内河水军交锋，刘裕的前方主帅、北府兵将领刘毅利用自己处于上风的位置，纵火焚毁桓玄大批战船。[45]桓玄大军溃败，桓玄本人在试图逃往四川时很快被同党所杀。晋安帝重登皇位，然而从这时起刘裕才是真正的东晋朝廷之主。刘裕后来将大部分精力都放在北伐上。不过，在权力得到巩固之前，刘裕不得不两次征战南方。410年，广州刺史、前义军首领卢循趁刘裕率军北伐之机，出兵建康。刘裕匆忙从北方回师，大败卢循。卢循被追至今越南北部，最终败死。此时，刘裕的前同僚刘毅又在长江中游从前桓玄的势力基础之上擅权自专。412年，刘裕进兵江陵，攻灭刘毅。直到420年，即晋安帝死后不久，将领刘裕才最终成为刘宋开国皇帝。

为了将帝国更牢固地凝聚在一起，并防止出现像东晋末年那样让国家四分五裂的数载内乱，刘宋开国之君刘裕制定方略，任用刘氏亲族为刺史都督。比如刘裕派自己的两个儿子出镇长江上游要地荆州和江州。[46]这一安排起初运作良好。刘宋第二位皇帝宋文帝在位三十年，这一时期是南朝历史上罕见的和平时期。453年，宋文帝遭太子刘劭弑杀，由此引发了内乱。刘劭之弟刘骏一直在湖北大别山伐蛮，遂进兵都城建康，击败并诛杀了篡位者，自己登上皇位。后来，刘骏欲将一位势力强大的叔父从其势力根深蒂固的荆州刺史任上调离，结果引发了新一轮的内斗，最终这位叔父败死。刘骏在位十年，又设法诛灭了几个兄弟。为使余下的诸王刺史乖乖就范，刘骏创立“典签”之制，派下级官员为诸王僚属，实为替皇帝监视诸王。[47]但若无中央的有力支持，这一制度就不可能得到有效实施。465年刘骏去世，引发了更多的自相残杀。这场“叔侄之战”让人想起了西晋的八王之乱。内斗双方皆有地方精英积极参与，最终的获胜者宋明帝手中一度仅能牢牢控制一郡。[48]472年，宋明帝驾崩。不出所料，内乱再起。宋明帝最后一个在世的兄弟时任江州刺史，他举兵谋叛，杀向都城。禁军将领萧道成保得建康城和幼帝不失。477—478年，萧道成激战长江中游，除掉了荆州刺史沈攸之。479年，萧道成称帝。[49]

萧道成建立的齐朝，在南朝之中寿命最短，仅仅存在了二十二年。若论江山稳固，南齐比之前朝并无改善。萧道成及其继任者（萧道成死于483年）循刘宋先例，以宗室诸王出镇各州，同时派典签控制诸王。[50]该制度最终并不比刘宋时得到更有效的实施。498年，软弱多疑、毫无阅历的萧宝卷即位，引发了一连串的阴谋、镇压和诛戮，很快导致各地州郡长官起兵造反。其中有一人名叫萧衍，是萧宝卷的族叔，时任雍州刺史，驻节汉水之上的襄阳。[51]萧衍在自己的地盘上募集步兵三万、骑兵五千，于500年底举兵讨伐萧宝卷。能与萧衍为敌的各路军队，大多毫无士气可言，这对萧衍一路攻伐大有裨益。荆州军队杀死主将，投入萧衍麾下。江州刺史未经一战即降。主将临阵脱逃，姑孰城也兵不血刃即告陷落。501年十二月，心怀不满的部下杀死了萧宝卷，打开城门将萧衍迎入建康。[52]

502年，萧衍建国号“梁”。梁朝存续五十五载，开国皇帝萧衍（即梁武帝）便在位四十八年。梁武帝曾三次“舍身”同泰寺“为奴”，要大臣们用帑藏之巨资为自己赎身。尽管有如此之特质，梁武帝在位时期却可能是南朝历史上时间最长的一段国泰民安时期。[53] 548年，早年从北朝投奔南梁的边将侯景作乱，结束了这一黄金时代。侯景攻陷建康，于551年自立为帝。但南方本地精英激烈反抗，侯景根本无法实行统治。[54]侯景败死，前梁将领陈霸先重新统一南方，于557年建立陈朝。陈霸先及其继任者统治的南朝政权，疆域大为缩水（四川、汉水流域和淮河以北全境俱已沦入北朝之手），直至589年该政权亡于北方的隋朝。

我们可以明显地观察到，南朝历代之兴亡都是用兵征战的结果。除此之外，从这段历史中我们还可以看到其他数套模式。其一，所谓南朝内乱，基本无一例外都是雄踞建康周边、长江下游权力中心的掌权者，与雄踞长江中游重镇（如长江上的荆州、江州或汉水上的襄阳）的挑战者之间展开对抗。刘宋开国皇帝刘裕、南齐开国皇帝萧道成，皆成功地将权力从建康延伸到上游。至于那些沿长江而下者，王敦和桓玄皆功亏一篑，未能控制都城建康；后来梁朝开国皇帝萧衍却成功了。南朝分为两半，每一半都拥有资源丰富的根据地和大量的北方流民充当兵源，但每一半都无法长期稳定地统治另一半。在两个部分之间，长江充当了用兵征伐的交通要道，为所有这些争权夺利者的行动提供了便利和渠道。军队和补给通过水路行进，诸多最具决定性的战役是在水上而不是陆地上进行。桓玄即惨败于大规模水战，410年义军领袖卢循亦是如此。[55]

其二，出身下品浊官的将领逐步攀上了建康的权力顶峰。宋、齐、陈的开国皇帝，都是出身相对寒微的庶族武人。一朝君临天下，他们往往会重用跟自己一类的人掌握朝廷中枢机要。与东晋相比，这一变化颇为重大。东晋时，最为显赫、最有权势的世家大族子弟不仅垄断了朝廷的高官要职，而且还出镇为都督刺史，掌握军队。此种实例包括自据长江中游的王敦、后来的桓温及其子桓玄，以及先由谢玄统率、后归王恭指挥的北府兵。然而与此同时，东晋的高门士族毫无尚武之风。

大将如桓温，用兵作战，号令部下，却不惯于亲临阵前。诚然，桓温可以用自己的“雄情爽气”和“其状磊落”的仪表打动其他士族，但这只是言谈容止而已。桓温本人似乎从未亲自上阵拼杀。[56]还应该指出的是，桓、谢族人带兵打仗并非士族的典型例子，也没有获得全体士族的敬仰。在东晋一些最“高门”的才学无双、风雅绝世者看来，桓温无非新贵，只是一介武人。在这些士族圈子里，人们不仅看重门第阀阅和高官要职，还看重家学渊源，而桓温本人则以“行儒家仁政、博闻强记、善清谈的表现”[57]对这些理想标准中的最后一个表示了充分的敬意。

刘宋的开国之君刘裕则是另一种类型的将领。刘裕生于363年，出身定居长江京口的北方流民之家。刘裕的曾祖父从彭城（今江苏北部徐州）南迁，渡江后授县令，这表明他是地方精英中的一员，属流民帅。刘裕的父亲不过是郡中的一名下级掾吏，史载其家世“寒微”。刘裕的军旅生涯，始于在将军孙无终手下任低级军吏。后北府兵将领刘牢之邀刘裕从征义军首领孙恩，刘裕在平乱中崭露头角。转战东海之滨，刘裕身先士卒，与部下并肩作战，从而声名鹊起。有一次，刘裕率几十骑去侦察义军的行踪，突然身陷重围。敌众我寡，刘裕殊死搏斗。“所将人多死，而战意方厉，手奋长刀，所杀伤甚众。”[58]

随着刘裕在5世纪初掌权，统治精英的构成与东晋时相比开始有所变化。自此时起，朝中手握重兵者（以及各州要职包括都督的担任者）多为出身寒微之人。这些人一般自下级将吏中脱颖而出。在任何情况下，士族都很少愿意与军队有瓜葛。琅琊王氏的王昙首随刘裕北伐，参赞军机，刘裕赞其“乃能屈志戎旅”[59]。诸多世家大族子弟继续在中央身居高位，但如今将领出身者与之同列。真正的权力转移到了后者手中，这一群体在身份地位和官职上更依赖于皇帝，因此更愿意遵从皇帝的旨意。[60]其中一部分人与刘裕一样出身北方流民阶层，其他的则出身南方本地。5世纪中期因伐蛮立下大功的将领沈庆之，几乎与旧式士族精英毫无共同之处。沈庆之并非北方来的流民，他出身太湖南岸的吴兴郡，南方本土人士。他本该躬耕自家土地，却能经由任职参军的兄长引荐，同样以参军身份从戎。这一事实表明，沈庆之并非出身普通农家。身为一名将军，沈庆之严厉批评书生（此处或称“书蠹”更佳）干涉军务。沈庆之不会写字也不识字，某次皇帝办诗会，他只得口占一首，让另一位官员代为笔录。[61]

刘宋之先例同样适用于齐、梁和陈。南齐开国皇帝萧道成，宋朝将领之子，定居长江南岸晋陵的北方流民后裔。萧道成受过儒家经典的教育，但幼时即从军。442年，萧道成年仅十五岁，便奉命率一路偏师讨伐汉水附近的“蛮人”。[62]梁朝开国皇帝萧衍曾亲自率军征战，他之所以能掌握兵权，是因为他乃南齐皇帝的亲族。陈霸先的出身则要低微得多。他是定居在吴兴的北方流民后裔，但他的父亲似乎不曾为官。陈霸先出仕，是充本乡一员小吏。幸得一位萧氏皇族、有权有势的刺史赏识，陈霸先首任参军，后掌兵权，成了岭南一郡的太守。以岭南为根据地，陈霸先最终建立了陈朝。上述几位登上大位后继续任用出身寒微的军中同僚为朝中高官。萧道成的手下大将王敬则本是女巫之子，早年不过屠狗卖肉之辈。王敬则目不识丁，只会讲南方的吴语，公文必须让左右念给他听。这些障碍并没有阻挡王敬则升任太尉之高位。事实上，王敬则曾言，如果自己会写字，恐怕永远不会升到如此高的位置。[63]梁朝大将昌义之同样出身南方，家中无人为官，史载他识字不过十个。[64]像沈庆之、王敬则和昌义之这样，出身南方、家世寒微、没有文化的高级将领，在梁朝和北方南迁精英占主导地位的更早时期是相当罕见的，但在陈朝，这样的将领比比皆是。这一变化可归因于6世纪上半叶北方精英的颓废堕落，侯景之乱对立足建康周边的南迁精英权力体系所造成的毁灭性打击，以及陈霸先的武力支持大多来自南方本地精英。[65]

军旅出身的新贵崛起，并没有给建康带来强烈的尚武风气或更为军事化的治国风格。相反，新入权力中心者往往被高门大族风雅的价值观和生活方式所诱惑。[66]这一现象在6世纪上半叶梁武帝萧衍统治时期表现得尤为明显。一位北方文人以如下文字谴责梁朝统治阶级毫无阳刚之气：

梁世士大夫，皆尚褒衣博带，大冠高履，出则车舆，入则扶持，郊郭之内，无乘马者。周弘正为宣城王所爱，给一果下马，常服御之，举朝以为放达。至乃尚书郎乘马，则纠劾之。及侯景之乱，肤脆骨柔，不堪行步，体羸气弱，不耐寒暑，坐死仓猝者，往往而然。建康令王复，性既儒雅，未尝乘骑，见马嘶叹陆梁，莫不震慑，乃谓人曰："正是虎，何故名为马乎?"其风俗至此！[67]

要守北境于外，维护帝室、应对挑战于内，就必须始终提升和维持军事力量。军事力量仍是朝代兴亡的最终裁决者。不过，在南方盛行的思想观念中，本质上从汉代继承下来的庶民文化和政治理想仍然深入人心。这并没有阻止举兵政变和起义造反。然而一旦新的人物在权力中心站稳脚跟，他们和他们的后代就容易受到鼓动而去接受京城士族的那套早已有之的风雅生活方式和独特的任官模式。儒家政权不仅提供官职和俸禄，更提供强大的合法性光环，在众多社会和政治环境中消除了威服强迫之需要。这或许有助于解释，尽管南方本地精英和北方南迁精英经常参与用兵打仗，为何中古时期的南方却没有产生一个身份主要基于舞刀弄矢的骑士阶层。[68]

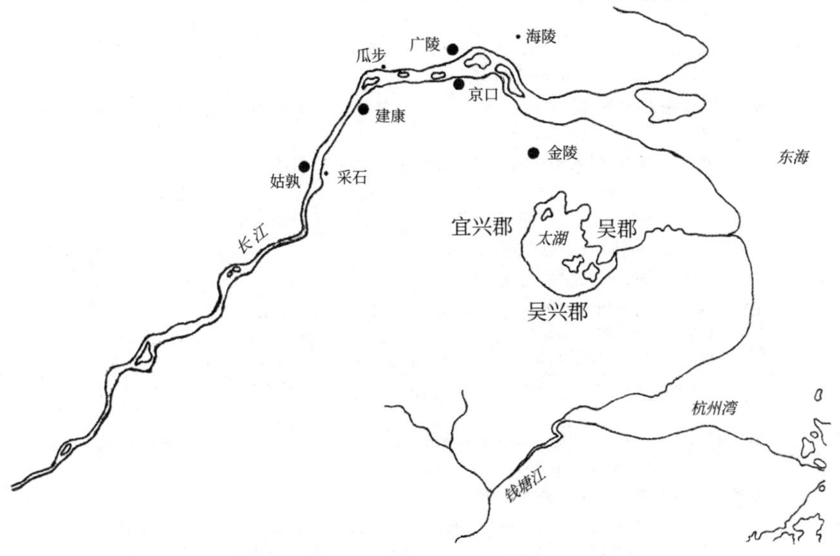

南朝统治下的长江下游地区

1 这一估算是依据范晔《后汉书》（北京：中华书局，1965年）第109—113卷给出的140年的 144
人口数字，以及毕汉思（Hans Bielenstein）在“The Census of China during the Period 2–742 AD”第159页中提出的修正。笔者以淮河和大别山为南北分界线；南阳和汉中属北方，四川属南方。毕汉思文中的图表3很好地诠释了这两个地区人与空间的关系。土地面积的估算依据《最新实用中国地图册》（西安：中国地图出版社，1992）中给出的现今中国各省份的大致面积。

2 Hamaguchi Shigekuni（滨口重国），*Shin Kan Zui Tō shi no kenkyū* (Tokyo: Tokyo University Press, 1966), p. 379。

3 周年昌：《东晋北府兵的建立及其特点》，收入《魏晋隋唐史论集》，第2辑（北京：中国社会科学出版社，1983年），第152—153页；王仲荦：《魏晋南北朝史》，第1卷，第330页。

4 Dennis Grafflin（葛涤风），“The Great Family in Medieval South China,” *Harvard Journal of Asiatic Studies*, 41.1 (June 1981), p. 71.

5 Kawakatsu Yoshio（川胜义雄），“Tō Shin shizokusei no kakuritsu katei – gunjiryoku to no kanren no moto ni,” *Tōhō gakuhō*, 52 (1980), pp. 317–18.

6 陈寅恪：《魏晋南北朝史讲演录》，第147—149页，第155页；王仲荦：《魏晋南北朝史》，第1卷，第318—320页，第323—324页，第329页。

7 唐长孺：《魏晋南北朝史论拾遗》（北京：中华书局，1983年），第151页。

8 Kawakatsu（川胜义雄），“Tō Shin shizokusei no kakuritsu katei,” pp. 319–20。川胜义雄的论文同样强调以等级为基础的意识形态在确保南方精英服从上的重要性。

9 《晋书》，第62卷，第1694页。

10 王仲荦：《魏晋南北朝史》，第1卷，第345—346页。

11 Yasuda Jirō（安田二郎），“Shin-Sō kakumei to Yōshū (Jōyō) no kyōmin – gunsei shihai kara minsei shihai e,” *Tōyōshi kenkyū*, 42.1 (June 1983), pp. 130–1。又见 William G. Crowell（孔为廉），“Northern Émigrés and the Problems of Census Registration under the Eastern Jin and Southern Dynasties,” in Albert E. Dien（丁爱博）(ed.), *State and Society in Early Medieval China* (Stanford, Ca.: Stanford University Press, 1990), pp. 171–209。

12 Holcombe（何肯），*In the Shadow of the Han: Literati Thought and Society at the Beginning of the Southern Dynasties*, p. 27.

13 陈寅恪：《魏晋南北朝史讲演录》，第116页。

14 唐长孺：《魏晋南北朝史论拾遗》，第158—160页；Kawakatsu（川胜义雄），“Tō Shin shizokusei no kakuritsu katei,” pp. 328–9。相关诏敕见司马光：《资治通鉴》，第91卷，第2888页；更多记载见《晋书》，第6卷，第154页。

15 傅乐成：《魏晋南北朝战史》，收入张其昀等编：《中国战史论集》（台北：中国文化学院出版社，1954年；1980年第3版），第20—21页。又见司马光：《资治通鉴》，第93卷，第2927—2929页。

16 何兹全：《魏晋南北朝史略》，第87页；王仲荦：《魏晋南北朝史》，第1卷，第331—332页。

17 Kawakatsu（川胜义雄），“Tō Shin shizokusei no kakuritsu katei,” pp. 333–6.

18 该将领即毛璩，《晋书》中有传。见《晋书》，第81卷，第2126页。

19 何兹全：《魏晋南朝的兵制》，《中央研究院历史语言研究所集刊》，1948年，第16期，第262页。

20 有关南方各族土著，见何兹全：《魏晋南北朝史略》，第148—151页；王仲荦：《魏晋南北朝史》，第1卷，第468—475页。

21 沈约：《宋书》（北京：中华书局，1974年），第77卷，第1998页。又见朱大渭：《魏晋南北朝农民战争的几个问题》，收入《魏晋隋唐史论集》，第2辑（北京：中国社会科学出版社，1983年），第28页，第38—39页。据朱大渭估计，东晋初年“蛮”、“獠”和“俚人”的总数在三百万左右。

22 何兹全:《魏晋南朝的兵制》，第249—250页;Hamaguchi(滨口重国), *Shin Kan Zui Tō shi no kenkyū*, pp. 348–9。

23 Hamaguchi(滨口重国), *Shin Kan Zui Tō shi no kenkyū* , pp. 387, 389, 391–2.

24 吕思勉:《两晋南北朝史》，第1294页;Hamaguchi(滨口重国), *Shin Kan Zui Tō shi no kenkyū*, p. 405。

25 Hamaguchi(滨口重国), *Shin Kan Zui Tō shi no kenkyū*, pp. 385–6, 409。

26 何兹全:《魏晋南朝的兵制》，第255页，第257—259页;Hamaguchi(滨口重国), *Shin Kan Zui Tō shi no kenkyū*, pp. 417–21; 唐长孺:《魏晋南北朝隋唐史三论》，第187页。有关征发之军的弱点和统兵将领的担忧，见吕思勉:《两晋南北朝史》，第1296页。

27 唐长孺:《魏晋南北朝隋唐史三论》，第186页。

28 南朝后期有两种类型的部曲。早期由宾客组成的私兵仍然存在，这些宾客世代依附于主人的家族。但除此之外，当时还出现了将领募兵为部曲的新现象。这一发展变化完全合法，得到朝廷准许，朝廷甚至会将士兵授予将领。按照法律规定，这些新的部曲并非私人的宾客，而是朝廷的士兵，实际上是长期借给将领。见唐长孺:《魏晋南北朝时期的客和部曲》，同上，《魏晋南北朝史论拾遗》(北京:中华书局，1983年)，第15—18页。

29 Hamaguchi(滨口重国), *Shin Kan Zui Tō shi no kenkyū*, p. 406.

30 Hamaguchi(滨口重国), *Shin Kan Zui Tō shi no kenkyū*, pp. 395–7, 412.

31 Hamaguchi(滨口重国), *Shin Kan Zui Tō shi no kenkyū*, pp. 410–11; 李则芬:《两晋南北朝历史论文集》，第2卷，第380—381页;《中国军事史》，第3卷《兵制》，第198—199页。

32 周年昌:《东晋北府兵的建立及其特点》，第156—157，第159页。

33 周年昌:《东晋北府兵的建立及其特点》，第164—167。

34 周年昌认为北府兵与世兵制无关，见氏著《东晋北府兵的建立及其特点》，第158页，第160页；川胜义雄似乎认为北府兵是从世兵制下的兵户子弟中招募的（"*Tō Shin shizokusei no kakuritsu katei,*" pp. 330–1)。唐长孺则倾向于认为，北府兵将士为世袭，但他承认并无足够史料证明这一点（《魏晋南北朝隋唐史三论》，第184—185页)。

35 周年昌:《东晋北府兵的建立及其特点》，第157。

36 唐长孺:《魏晋南北朝隋唐史三论》，第183—184页。

37 Yasuda Jirō(安田二郎), "Shin-Sō kakumei to Yōshū (Jōyō) no kyōmin," pp. 115, 127–8, 130–1.

38 Hamaguchi(滨口重国), *Shin Kan Zui Tō shi no kenkyū*, p. 379.

39 Yasuda(安田二郎), "Shin-Sō kakumei to Yōshū (Jōyō) no kyōmin," pp. 111, 127–8; Yoshimori Kensuke(葭森健介), "Shin-Sō kakumei to Kōnan shakai," Shirin, 63.2 (1980), p. 225.

40 《晋书》，第84卷，第2183—2184页。

41 王仲荦:《魏晋南北朝史》，第1卷，第359—360页。

42 Yoshimori(葭森健介), "Shin-Sō kakumei to Kōnan shakai," p. 223; 陈寅恪:《魏晋南北朝史讲演录》，第161页，第163页，第167—168页。

43 王仲荦:《魏晋南北朝史》，第1卷，第362—363页。

44 王仲荦:《魏晋南北朝史》，第1卷，第365—366页。

45 司马光:《资治通鉴》，第113卷，第3570页。

46 《中国军事史》，第3卷《兵制》，第185页。

47 《中国军事史》，第3卷《兵制》，第186页。

48 Yasuda Jirō(安田二郎), "Shinan Ō Shi Kun no hanran ni tsuite – Nanchō monbatsu kizoku taisei to gōzoku dogō," *Tōyōshi kenkyū*, 25.4 (1967), p. 416 and passim.

49 王仲荦:《魏晋南北朝史》, 第1卷, 第395页。有关萧道成大战沈攸之, 见傅乐成:《魏晋南北朝战史》, 第24—25页。

50 《中国军事史》, 第3卷《兵制》, 第195页。

51 有关萧宝卷其人及其统治的崩溃, 见萧子显:《南齐书》(北京: 中华书局, 1972年), 第7卷, 尤见第98—102页; 王仲荦:《魏晋南北朝史》, 第1卷, 第397页。

52 傅乐成:《魏晋南北朝战史》, 第26页。

53 何兹全:《魏晋南北朝史略》, 第177页。

54 有关侯景, 更详尽的记载见姚思廉:《梁书》(北京: 中华书局, 1973年), 第56卷, 第833—863页; Benjamin E. Wallacker(沃拉克), "Studies in Medieval Chinese Siegecraft: The Siege of Chien-k' ang, A.D. 548–549," *Journal of Asian History,* 5.1(1971), pp. 35–54。

55 有关卢循之败, 见司马光:《资治通鉴》, 第11卷, 第3640—3641页。

56 Liu I-ch'ing(刘义庆), *Shih-shuo hsin-yü: A New Account of Tales of the World*(《世说新语》), Richard B. Mather(马瑞志) 译 (Minneapolis: University of Minnesota Press, 1976), p. 305。这部5世纪的作品记载了另一件轶事, 一位年少的桓氏子弟多次杀入敌阵, 桓温必亲临阵前, 方能对其发号施令 (仅第305页)。关于谢氏家族子弟领兵作战的轶事, 可见同书第397页。

57 Holcombe(何肯), *In the Shadow of the Han,* p. 127; 又见 Grafflin(葛涤风), "The Great Family in Medieval South China," p. 73, and Liu I-ch'ing, *Shih-shuo hsin-yü,* p. 396。

58 《宋书》, 第1卷, 第2页。所谓长刀, 锋刃长而弯曲, 下接长木柄, 类似日本薙刀和欧洲阔剑。

59 《宋书》，第63卷，第1678页。

60 王仲荦：《魏晋南北朝史》，第1卷，第406—407页；朱大渭：《魏晋南北朝农民战争的社会后果》，收入《中国农民战争史论丛》，第5辑（北京：中国社会科学出版社，1987年），第9—11页。

61 见《宋书·沈庆之传》，第77卷，尤见第1996页，第1998—1999页，以及第2003页。

62 萧子显：《南齐书》，第1卷，第1—3页。

63 《南齐书》，第26卷，第479—481页，第484—485页；王仲荦：《魏晋南北朝史》，第1卷，第406页。太尉乃“三公”之一，位极人臣。见Charles O. Hucker（贺凯），*A Dictionary of Official Titles in Imperial China* (Stanford, Ca.: Stanford University Press, 1985)，第399页，第4871条。

64 李延寿：《南史》（北京：中华书局，1975年），第55卷，第1376页。

65 陈寅恪：《魏晋南北朝史讲演录》，第202—206页。

66 陈寅恪：《魏晋南北朝史讲演录》，第186—190页。

67 Yen Chih-t'ui（颜之推），*Family Instructions for the Yen Clan (Yen-shih chia-hsün)*（《颜氏家训》），Teng Ssu-yü（邓嗣禹）译；*T'oung Pao*（《通报》）Monographs, Vol. 4 (Leiden: E. J. Brill, 1968), ch. 11, p. 116。

68 Holcombe（何肯），*In the Shadow of the Han,* p. 72 and passim。在对465年刘子勋叛乱的研究中，Yasuda Jiro（安田二郎）强调：双方军事化的地方精英都渴望入主京师，执掌朝廷大权。尤见“Shinan Ō Shi Kun no hanran ni tsuite,” pp. 423–8。

Chapter 5 From Northern Wei to Northern Zhou

第五章 北朝的更迭

从4世纪初的匈奴到17世纪中叶的满洲，北亚民族在中原建立的所有征服王朝，面临的最根本的问题就是汉化。征服者会在多大程度上继续坚守自己的政治、社会和文化传统，会在多大程度上采用汉人的语言、服饰和行为方式？与汉人通婚会被鼓励还是会被禁止？政治权力是由来自草原的统治者所独占，还是跟汉人精英分享？征召汉人为官，采用汉人的官僚体制和成法，无疑使治理华北平原大量的定居农耕人口并从中获得赋税收入变得更加容易。与此同时，发达的文化和汉人上层阶级奢侈的物质生活方式，对那些在贫困环境中长大的人来说具有巨大的吸引力。然而，汉化自有其危险。征服者要冒着失去坚韧品格和军事实力的风险，当初他们正是凭借这些才得以统治汉人。由于同人口数量相差悬殊的汉人相融合，征服者最终还要冒着失去独立身份的风险。

与中国北方大多数早期的胡人统治者一样，立国之初的北魏诸帝部分采用了汉人的行政制度和宫廷礼仪，并任用了一些汉人文士为自己效命。[1]然而，拓跋氏统治者及其鲜卑部众很大程度上选择强调自己独特的北亚身份。即使在5世纪中期征服了中国北方的大部分地区，他们仍将都城留在平城。那里离草原虽近，但位于遥远的汉地北缘。大批鲜卑人和臣服北魏的其他北方民族，虽然社会组织已解体、定居于京畿之地，却依然讲自己祖先的语言，以游牧而非农耕为生。有重大战事时，汉人农民可能会被征发从军（通常承担后勤支援工作），或被征戍边（也可视为与徭役类似），但军队的核心职位仍为北亚民族之禁脔。凭武力征服北方之后，拓跋氏统治者分派鲜卑武士入据墙垒环绕的城池，与人口占绝大多数的汉人别居，以此控制地方。[2]有的拓跋氏统治者及其汉臣不时采取小心谨慎的举措，往更广泛深入的方向推动汉化。但是，此种努力往往引发政治上的争议，甚至激起鲜卑精英的武力反弹。[3]

从493年开始，身为汉人女性之子的北魏孝文帝迅速推出了一系列的措施，实为推行激进的汉化政策。这些措施包括禁止穿鲜卑服饰，禁止三十岁以下的官员在朝廷中说汉语以外的语言，还将多音节的鲜卑姓改为单音节的汉姓〔比如将出自阿尔泰语系的国姓“拓跋”（Tabgach）改为“元”〕。鲜卑人论门第的方式与汉人精英一样，仕宦取决于门第也与汉人无异。汉人和鲜卑人通婚更是受到朝廷鼓励。[4]所有改革措施中的第一项也是最重要的一项，是迁都黄河以南的洛阳。493年初步实现迁都，靠的是略施小计。孝文帝调动军队，大举南征，直趋洛阳。到了洛阳，大臣们“劝谏”他停止南征——孝文帝遂借机宣布迁都。迁都历时十年，随着城墙和宫殿的修建，人口从平城和中国北方其他中心区域不断迁来。到495年，近十五万鲜卑和其他塞北各族武士从平城南迁，充任皇宫宿卫，并在新都京畿获授田。该城总人口很快增长到近六十万。493年这里除小小的金墉城之外无可称道，如今发展何其迅猛。[5]迁都并非无人反对。496年，鲜卑贵族和将领在北地发动叛乱失败。翌年，孝文帝赐太子自尽，显然是因为太子反对改革。[6]

并非所有的鲜卑人都南迁到了洛阳。大批鲜卑人被留在了北方边塞一线和故都近畿，以拱卫北魏政权，抵御约于5世纪初崛起、统治北方草原的部落联盟柔然。[7]为应对柔然的威胁，北魏统治者在5世纪上半叶建立了十余处主要的军镇。这些军镇沿北方边塞呈弧形延伸，从遥远的西北河西走廊尽头的敦煌镇一直到今北京以北的御夷镇。拱卫平城和山西北部代郡的那一段，名为“六镇”。西有黄河河套内的沃野镇，沃野镇往东有怀朔镇（今包头以北）、武川镇（今呼和浩特西北）、抚冥镇、柔玄镇和怀荒镇。这些军镇控制着戈壁沙碛以南的大片草原。若非如此，来自塞北的入侵者就能牧马休整，继而南下攻打农耕区。[8]除了镇城治所，各镇皆控制着一个由小型前哨（即“戍”）组成的网络，并掌握调兵之权，可调动居于附近牧场的降附部落。[9]各镇各戍最初的功能不是充当静态防御的据点，而是作为主动出击的根据地，以牵制柔然。但是5世纪末，尤其迁都洛阳之后，六镇的功能发生了明显的变化，转向更为被动的防御据点。[10]六镇官兵士气低落等迹象随之出现。

随着时间的推移，六镇镇民渐呈多民族态势，其核心成员是鲜卑人和其他“国人”，其中包括大量从事游牧、讲突厥语的高车人，这些高车人是北魏数度征伐草原时掳回来的。还有数十万被迁徙到此地的汉人，他们为六镇将士种田纳粮。镇民亦有其他来源，比如从北魏帝国西南边陲掳来的“蛮人”以及因种种罪行而充军六镇的刑徒。六镇镇民的酋帅之位，由鲜卑贵族和被北魏统治者迁来戍边的汉人地方精英的后代担任。鲜卑人在语言、文化和授官任职上占主导地位，六镇汉人军户的后代通常接受了鲜卑的语言和文化。[11]定都平城时期，北方边塞诸镇的精英家族在北魏政权中的地位显贵，家中子弟可担任高官要职。然而随着迁都洛阳，他们的地位急转直下。

留在北方边塞的鲜卑人和那些随皇帝及朝廷南下的鲜卑人之间，出现了巨大的鸿沟。留在北方边塞者，继续坚持古老的习俗和祖传的语言；而他们在洛阳的亲族，则很快实行汉人之道。这种差距不仅表现在文化上，也表现在政治和社会层面。与过去相比，如今北魏朝廷对远在千里之外的六镇之军不再关心。京城大族子弟开始把六镇官职视为苦差，结果只有才干品格低下者愿往六镇任职。大批从京城派来六镇的官员为所欲为，腐败不堪，想方设法压榨自己治下的军民以中饱私囊。[12]与此同时，六镇精英向上流动的可能性被切断。他们不仅被排除在正式的门第等级体系之外（该制度确保了洛阳鲜卑人有出仕任官的资格），而且发现如今自己竟被朝廷列为“府户”，与其他镇民包括刑徒后代无异。事实上，六镇精英及其家人子弟被重新编为一个世代相袭且遭奴役的群体。对于那些以祖先作为“良家子”而不是俘虏或刑徒来到六镇从军并为之深感自豪的人来说，这是一个极其沉重的打击。[13]由于靠近权力中心，定居洛阳和京畿的鲜卑禁军能够非常有效地维护自己的利益。比如519年，一批禁军放火烧了一个汉人官员的家，只因此人曾上书奏请禁止把武人列入士人之最高阶，即所谓“清品”——这一想法马上被摈弃。[14]身处偏远边塞，六镇兵民发现若想申诉不公或昭雪冤屈，可谓困难重重。

变乱最终爆发，不是由六镇精英发起，而是由六镇镇民中最边缘的人群所引发。彼时草原边塞饱受旱灾和饥荒之苦。523年夏，怀荒镇将拒绝分发救济粮，被镇民所杀。不久，匈奴兵士破六韩拔陵在沃野镇高厥戍率众起义，其他满怀愤恨的镇民迅速汇聚到他的旗下。[15]追随破六韩拔陵起义者，似乎主要来自高车、匈奴和其他降附诸部。这些部族被允许保留自己的部落组织和游牧生活方式。柔然因饥荒而侵袭边塞，亦应对起义有所推动。北魏出兵北上镇压，最终惨败。各地随后纷纷起义，变乱沿边塞蔓延至河套，大批军镇陷入混乱。一些受到威胁的军镇，如怀朔镇和武川镇，镇中精英子弟以自己的亲族、奴婢和宾客组建

“忠义”乡兵以求自保。[16]此时柔然可汗决定站在北魏朝廷一边，插手镇压六镇之乱。525年上半年，北魏军队在柔然可汗的大力协助下镇压了叛乱。大批六镇流民南迁至河北和山西。北魏朝廷将约二十万归降的义军迁徙到河北中部平原，只因这些人口在那里比饱受战乱和旱灾蹂躏的草原边陲更易就食。事实很快证明，这是一个严重的失误。525年底，部分流离失所的北镇之人再度起义。526—527年，河北各路义军和流民在原怀朔镇将领葛荣的领导下合兵一处，汇成一支非常强大的军队。[17]

此时，北魏朝廷最精锐的一支军队，是山西军阀尔朱荣所部。尔朱氏属羯人的一支，羯人属东伊朗语族，作为匈奴的部落联盟之一进入中原，4世纪涌现出后赵国主石氏一族。由于早期支持拓跋氏有功，尔朱氏被赐以山西中北部平城和太原之间、滹沱河畔的大片土地。入居该地，尔朱氏获准保留自己的部落组织和游牧生活方式。到6世纪初，史载尔朱氏已有八千余户，牛羊驼马数不胜数，只能“谷量而已”。523年六镇起义爆发，尔朱荣及其部属成了忠心保卫北魏的重要力量。尔朱氏收罗了大批避乱南逃的流民。在这些新附者中，有不少才干卓著的将领，皆出身六镇精英。尔朱氏凭借牛羊牲畜等巨大财富进一步招兵买马，广泛网罗六镇南逃将士为自己卖命。[18]北方大乱，尔朱荣设法入据太原城，从那里发号施令。局面很快明晰：虽然尔朱荣与六镇义军为敌，但他绝非洛阳魏室的忠臣。528年四月，尔朱荣以胡太后鸩杀年少的孝明帝为由，率军进京，独掌朝政。四月十三日，一千多名朝臣官员出城请降，尔朱荣命兵士将他们通通砍杀。胡太后和三岁的傀儡幼帝被扔进黄河。[19]

尔朱荣另立傀儡皇帝，随即挥师向东，直扑河北平原，大战葛荣义军。528年九月，尔朱荣亲率七千精锐骑兵从太行山滏口关疾进，击破兵力占绝对优势、在邺城以北列阵达二十公里的义军。[20]此番大胜之后，尔朱荣把数千名战败的将士迁往太原，其军队从而更加壮大，成为北魏帝国残余势力中最强的一支。不过，尔朱荣仅称霸一时。530年九月，身为傀儡的北魏孝庄帝在宫中精心设下埋伏，亲手将独夫尔朱荣一刀毙命。尔朱荣的继承人尔朱兆起兵报复，洗劫都城洛阳，杀死孝庄帝，又立新君。[21]尽管出手残酷而果决，这位尔朱氏新主依然无法确保自家独霸。新皇帝及其朝廷出乎意料仍在顽抗，派去统治帝国边陲的亲族往往无视尔朱兆的权威。最严重的是，尔朱兆帐下那些从前葛荣的降附部属，竟从山西逃到河北，再次挑战尔朱氏的霸权。[22]领头举事者，是一位名叫高欢的将领。

高欢的祖父是效力于北魏的汉人官员，因犯法而被流放至怀朔镇。高欢在边塞的贫苦环境中长大，穷得连匹马都没有，直到娶了一个富裕的鲜卑牧主家的女儿，景况才有所改观。这段婚姻显然为他谋取军镇中的下级官职打开了大门。高欢先任队主，后任函使。523年六镇起义爆发后，高欢随众多边塞军民南下河北平原。他从一路义军转而投奔另一路义军，后又从葛荣阵营叛投到尔朱氏一方。[23]高欢极受尔朱荣和后来的尔朱兆重用。尔朱兆犯了一个致命的错误，让高欢统领葛荣义军的余部。高欢马上拔营撤出山西，531年开始在河北建立独立的政权。尽管高欢有自己的文化和语言身份，但由于其家族在六镇“熔炉”中的经历，他在很大程度上算是鲜卑人，最亲近的伙伴是怀朔镇的边军同袍。不过，高欢还是成功赢得了河北一些汉人世家大族的支持。[24]当然，这些世家大族都用自己的佃客和宾客组建了强大的乡兵，这是在动荡乱世中自保的惯常做法。532年暮春，高欢与尔朱兆对决于邺城附近的韩陵山。高欢统率一支强大的军队，其中既有边塞骑兵，又有汉人部队。[25]尔朱兆一败涂地。不到一年时间，高欢就连下山西的尔朱氏各据点，收败军于帐下，并选了一个魏室亲王，将他扶上洛阳的皇帝宝座。

然而，高欢对北魏帝国的控制远未完成。他所立的傀儡皇帝孝武帝很快就表现得颇有主见。更糟糕的是，孝武帝可以向关西寻求军事支持。早在530年，尔朱荣就曾出兵西征，以控制渭水流域和附近地区。到534年，征西将帅在建立独立的地区性政权之路上进展顺利。在这一险招中成为核心人物的，是一个名叫宇文泰的年轻将领。在接下来的十六年里，他将是高欢的死敌。宇文泰的后人最终灭掉了由高欢的继承人所统治的政权。

高欢是怀朔镇人，宇文泰则是武川镇人，武川镇在怀朔镇以东一百公里。宇文泰是匈奴一部的后裔，该部早年依附北魏，获得了“国人”身份。宇文泰的高祖父于5世纪初入武川镇，其家族显然属于该镇精英。523年六镇起义爆发，宇文泰的父亲组建乡兵义勇对抗义军，宇文泰时年约十八岁。[26]同六镇的其他大批流民一样，宇文泰与父亲最终投奔了一路河北义军。父亲战死后，宇文泰投奔葛荣。528年葛荣败死，宇文泰转而为尔朱荣效力。此时武川镇的其他精英子弟早已投至太原的尔朱荣麾下，均取得一定的兵权，这让宇文泰深受其益。其中一人名为贺拔岳，是宇文泰父亲的故交之子。尔朱荣拔擢贺拔岳为主帅，命他率军收复渭水流域。[27]贺拔岳携宇文泰为将从征。534年初，贺拔岳遭一名将领谋害，军中众将推举不到三十岁的宇文泰为新帅。宇文泰身登高位的方式，可能有助于解释其相对非正式、合议式的决策风格。这似乎正是宇文泰治下政权的特点。宇文泰在政治上明显比其他将领更具权威性，且随着时间的推移他的权力越来越大，但他似乎仍以平等的态度对待其他将领，允许适度的协商。[28]这种情况可能是由以下事实促成的：宇文泰的大多数亲近同党，都成长于边塞军镇相同的鲜卑文化环境。537年，宇文泰麾下的十二位大将军，至少八位是鲜卑人，十二人中有六人出身武川镇。[29]

担任贺拔岳一军的主帅后，宇文泰想方设法巩固自己在西北的地位，并鼓动魏室反抗高欢。534年夏，恼怒的高欢进兵洛阳。北魏孝武帝西逃，投奔宇文泰，驻跸于古都长安。与之针锋相对，高欢另立傀儡皇帝，将都城迁往自己河北南部的大本营邺城，强迫全体洛阳百姓一并搬迁。洛阳很快变成一片荒凉的废墟。十三年后，有旧居洛阳者故地重游，记曰：

> 城郭崩毁，宫室倾覆，寺观灰烬，庙塔丘墟。墙被蒿艾，巷罗荆棘。野兽穴于荒阶，山鸟巢于庭树。游儿牧竖，踯躅于九逵。农夫耕老，艺黍于双阙。[30]

534年北魏孝武帝出逃，标志着中国北方开始分裂为两个敌对的政权。这一分裂将持续四十多年。这两个政权都尊奉魏室的傀儡皇帝。直到550年，高欢的继承人废黜东魏末代之君，自立为北齐开国皇帝。七年后，宇文泰的继任者也采用同样的做法，化西魏为北周，由宇文氏一族统治。这两个政权自始至终都是死敌，各自最大的野心是攻灭对方。起初东魏的高欢掌握主动权，巨量的、具有压倒性优势的资源和人口尽在其手，其能征惯战的北亚军队兵力亦登峰造极。西魏一开始只能苦苦支撑。然而，西魏逐步加强制度建设，并改变战略措施，从而彻底扭转了与东魏相抗的局面。

537年初，高欢首度大举征伐关中。他亲率一路大军，在蒲坂架设三座浮桥，从山西过黄河。第二路大军假道黄河以南的潼关挺进。第三路从河南西南部再向南翻山越岭。这一企图最终化为泡影。宇文泰集结六千主力骑兵，在潼关一举击溃东魏大军，迫使高欢仓皇退兵。[31]东魏二度征伐关中是在同年秋，高欢再次出兵蒲坂，欲率号称十万大军渡黄河。高欢大兵压境，迫使宇文泰匆匆放弃河南西部的前方据点，在关中迎战来犯之敌。双方兵力相差悬殊，史载守军仅七千人。七千守军被部署在渭水北岸一处名叫沙苑的地方，背靠河曲列阵，借河曲保护军阵的侧翼和后方。[32]宇文泰借河畔高高的芦苇丛来隐蔽自己的侧翼部队。11月19日下午，东魏大军抵达战场，眼见西魏军阵兵力薄弱，便杂乱无序争相出击。东魏军队直接冲进了宇文泰布设的陷阱，很快就被西魏军队右翼的重骑兵拦腰截断。高欢大军土崩瓦解，西魏称斩首六千级、俘获七万人。西魏留下两万人，很快将余下五万人全部释放回东魏。[33]此战在中国中古时期数不胜数的战役中堪称典型，因为宇文泰巧妙布置陷阱，对西魏军队进行了一场毁灭性的伏击。西魏军队背水列阵说明了宇文泰的用意，这也是将领们常用的激将之法：将军队置于死地，以坚其斗志，摒除一切临阵脱逃以苟求活命的想法。

沙苑大胜基本保证了宇文泰政权的生存。东魏再也无法强行踏足关中，原本坐观宇文泰成败的关中地方精英大受震动，纷纷向获胜一方输诚。就其他战利品而言，西魏得以长期控制河南西部和山西西南隅的弘农一地——该地位于蒲坂和汾水下游之间。[34]可能是在皇帝及其幕僚的坚持下，西魏军队挟此番大胜之威，马不停蹄东进洛阳近畿。[35]然而538年9月13日的河桥之战，西魏惨败于东魏之手，丢盔弃甲，被逐回关中。[36]主动权又回到高欢手上。542年深秋，高欢率军从太原沿汾水而下，进攻坚城玉壁。玉壁位于汾水与黄河的交汇处以北约四十公里的地方，西魏于539年修筑这一要塞，意图巩固对山西西南部的控制，阻绝经蒲坂进攻关中的路线。连续不间断猛攻九天九夜之后，由于暴风雪大作，大批暴露在外的将士活活冻死，高欢只得退兵。[37]次年，即543年，宇文泰再度东进洛阳。同538年一样，高欢从太原率主力南下与之周旋。三月，两军在洛阳与黄河之间的邙山相遇。双方大战数日，最后仍以宇文泰损失惨重、再度西撤而告终。[38]

546年，高欢再次进攻玉壁。此番攻城可能始于九月，持续近五十天。与罗马后期和拜占庭时期的城市要塞的石墙不同，这一时期中国北方的防御工事通常采用夯土法修

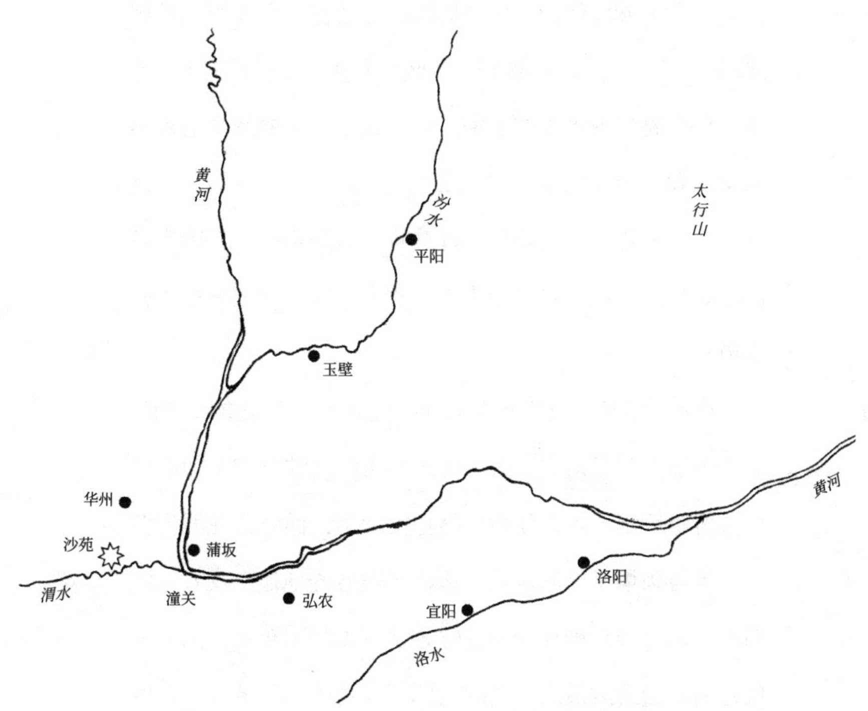

西魏（北周）与东魏（北齐）对峙地带

建。这种方法很早就开始采用，即在木板之间先铺一层薄土，将其夯实，然后在上面继续铺土，继续夯实，所以墙是一层一层垒起来的。通常情况下，城市有3—9米厚、坚固而巨大的夯土城墙保护，城墙周围往往还有一条深壕或护城河环绕。[39]如果城墙修得好，守城兵力强大且粮草充足，此城便极为易守难攻。在中国，就像在中世纪的地中海世界和伊比利亚半岛西部一样，攻守双方的技术让守城一方比之攻方更占优势。攻城可迁延数月，城陷更可能是因为饥饿而非攻方登城、毁墙或炮击。攻方有时会比守方更早耗尽粮草。[40]

高欢攻玉壁，展现出军队攻打坚城所面临的重重困难。高欢的部下刚开始筑土山，居高临南城，结果守军加高城楼，得以反制。攻方随后试图挖掘地道，而守方在城内掘了一条与南墙平行的深壕，截断了攻方的地道。攻方又试图用一种攻城车破坏城墙，守方从城顶降下布幕，削弱了攻方的冲击力。最终，高欢的部下成功破坏了城墙，弄塌了一小段，但西魏守军很快用临时栅栏填补了缺口。白白损失数千人之后，高欢放弃攻城，退回太原。数周之后，高欢去世。[41]

546年之后，战事陷入了并不激烈但持续长达数十年的僵局，双方都未再发动重大攻势。[42]随着高欢逝世，历史舞台上的人物已发生变化，两个政权似乎更关心内部发展和其他方面的进步。[43]此外，537—546年的十年战事，似乎向双方证明出兵征伐根本是徒劳无益。东魏最有希望攻入关中的路线，是从太原经蒲坂，结果被玉壁坚城所阻；而西魏首选的进攻路线是经黄河南岸，结果只能拿下废都之丘墟。东魏的新都邺城，位于旧都东北方向二百七十公里（直线距离）的黄河对岸。高欢则在山西中部的太原自立霸府，麾下北亚精锐群集于此。西魏军队但凡攻至洛阳近畿，东魏大军便会从太原南下予以痛击，正如538年和543年那样。[44]

在6世纪30—40年代的交锋中，高欢和宇文泰的麾下大军主要由鲜卑、高车和其他北亚民族的战士组成。虽然史料中的数字无法尽信，但西魏军队的规模应一直小于高欢的东魏军队。一般认为高欢的兵力在十万以上。由于高欢击败了尔朱兆，控制了河北、山西和河南，不但收编了河北的六镇义军，还将洛阳的尔朱兆旧部和大部分的北魏禁军纳入自己麾下，更有北方边塞诸部投效。[45]532年高欢在韩陵击败尔朱兆时，就得到了河北汉人豪族的支持，借用了其私兵部曲之力。但是，高欢对汉兵的战斗力几无信心，韩陵之战前夕他曾对一名乡兵帅言道："所将皆汉兵，恐不足集事，欲割鲜卑兵千余人相杂用之。"[46]在高欢看来，从军征战是鲜卑人的天职，而汉人的职责是为这些北亚武士供给衣食。他试图通过指出这种分工的好处，来缓和自己治下紧张的民族关系。高欢对鲜卑人说："汉民是汝奴，夫为汝耕，妇为汝织，输汝粟帛，令汝温饱。汝何为陵之？”对汉人则是另一套说辞：“鲜卑是汝作客，得汝一斛粟、一匹绢，为汝击贼，令汝安宁。汝何为疾之？”[47]尽管高欢的观点如此，东魏和北齐的军队的掌管却并非北亚诸族之禁脔。6世纪50年代，北齐曾力图招募勇气、力量和军事技能达到鲜卑标准的汉人“勇夫”。北齐末年终于征部分汉人农民服兵役，以此作为徭役的延续。[48]然而军中毕竟多为北亚战士，这意味着自始至终高欢及其继任者的政权几乎毫无动力去进行尝试和创新，遑论对军事体制进行全面改革。

对宇文泰来说，情况则截然不同。最初随他入关中的尔朱氏军队仅一千人，随后又有两千援兵跟随。除此之外，可能还有数千名随北魏孝武帝西奔的鲜卑禁军、从河套边缘收编的各种游牧民和六镇流民，以及537年沙苑之战中的部分降虏。然而，必须从中减去538年和543年惨败洛阳的沉重损失。考虑到北亚骑兵严重短缺以及这方面明显逊于高欢，宇文泰及其同僚别无选择，只能从关中汉人和其他各族杂居的人口中征兵来充实军队。[49]

一个明显的新兵力来源，是关中及其他地区（如河南西部和山西西南部）地方精英子弟组建的私兵部曲。这些皆被宇文泰收入帐下。六镇起义之后天下大乱，地方豪强用自己的亲族、宾客和乡党组建这些私兵部曲，名曰“乡兵”。西魏政权通过授予官爵来争取这些乡帅，取得了巨大成功。[50]其中一人名王悦，京兆蓝田人，因“少有气干”而为乡里百姓所称赞，得授县令，538年率乡党一千多人随宇文泰大战于洛阳。[51]又有裴侠，出身山西西南部的豪门大族，曾任郡守，率乡兵赴沙苑参战。[52]陈忻，河南西部山区宜阳人，出身布衣，却以豪侠之气而闻名。北魏孝武帝西奔后，陈忻召集勇敢少年数十人，袭击高欢部下。陈忻得授新安（宜阳附近）县令，并率乡兵两度参加洛阳大战。[53]除了授予乡兵首领象征兵权的特定官爵外，6世纪40年代后期，西魏政权显然力图将乡兵纳入由朝廷命官领导的分级指挥体系中。奉命统率各州乡兵者，都是经过朝廷精挑细选的。他们不仅得到西魏当权者的信任，而且拥有足够的地方威望，足以赢得下级乡兵首领的尊重和服从。苏椿便是这样一位命官。他是岐州武功郡人，父亲为郡守，从兄是西魏政权最重要的名臣之一。548年受任时，苏椿已担任过郡守，并有丰富的军旅经验。[54]宇文泰及其同僚大多是初到关中，他们可以利用苏椿这样的人与地方精英中身份地位较低者建立联系，从而将他们吸引到政权体系中来。

乡兵为西魏的军事力量提供了非常重要的补充，尤其是在政权早期危机重重之时。直到580年北周被隋取代之前，乡兵仍然是军队编制的一部分。[55]不过，乡兵并非西魏和北周的中央军事编制“二十四军”中的一部分。550年，史书中首次提及二十四军和西魏的军事指挥体系。二十四军究竟从何而来，如何编制，以及随着时间的推移如何演变，都是争论激烈且存在重大分歧的问题。诸多相关争论都是基于非常薄弱的论据，但这些问题非常重要。因为二十四军在576年北周灭北齐的战争中发挥了核心作用，并且是著名的“府兵”之鼻祖，而府兵构成了隋朝和唐朝前期军队的支柱。[56]

二十四军和与之兵力相差悬殊的禁军有着明显的区别。二十四军的统帅不是对皇帝负责，而是对宇文泰以西魏丞相身份在华州（今陕西大荔，拱卫关中东部边缘）所开之霸府负责。[57]550年的西魏军事指挥体系以六的倍数为基础。最上层是宇文泰的六位亲密同僚，封“柱国”。这些高级统帅以下是十二大将，每位大将下辖两军，各由一名骠骑将军统率。每军下辖数量不等的团，每团由两名车骑将军统率。[58]550年以后，“柱国”和大将军数量激增，这些高官显爵可能成了与实际兵权无关的虚职。不过，“骠骑将军”麾下各军数目保持稳定，这似乎已成为军事指挥的关键级别。[59]我们不知道这些建制分别究竟有多大规模，但有理由相信550年二十四军全军近五万人，6世纪70年代则远超十万人。[60]即便是550年，西魏的全军兵力也远胜宇文泰最初率领的鲜卑骑兵。

这些新兵都是从哪里来的？一派观点认为，二十四军是通过收编乡兵而建立起来的。尽管对于实现这一点的机制，以及“正规化”之后地方精英在领导这些军队时所起到的作用，尚未达成共识。另一派观点则淡化了乡兵的贡献，认为国家直接招募（甚至征点）的自耕农才是新兵的主要来源。[61]这两种观点的依据都非常有限，其中部分史料极其模糊。争论大多围绕对几处关键史料的解读展开。《周书》叙述543年西魏惨败于洛阳近畿的邙山后，随即写道：“于是广募关陇豪右，以增军旅。”[62]这里的“广募”是指个人应募，还是指地方豪强率成群结队的部曲来投？

还有一条简短的史料，出自一部散佚的北魏史书，存于一部13世纪的类书。据记载，500年，“籍民之有才力者为府兵”。[63]这条史料的上下文语境清楚地表明，这里所讨论的“府”是统率二十四军下辖各团的车骑大将军之府。这段文字似乎显示，西魏政权当时第一次能够将自耕农征入常备军。但仍有一些问题尚无答案。目前我们尚未完全弄清楚，这些人究竟是被迫应征从军还是自愿应募从军；我们也不清楚，究竟多少人因此从军，遑论这是否已成为军队征募的主要手段。

然而，长期趋势似乎确实是在没有地方精英协助的情况下，北周将越来越多的平民自耕农纳入这套体系。574年再次伐北齐前夕，周武帝再度大点兵。百姓被征点填充兵额，凡入常备军者皆从家乡除籍，这意味着不用再纳租税和服徭役。据史书记载——无疑有所夸张——“是后，夏人[①]半为兵矣。”[64]

关于那些入籍二十四军的汉人兵士，他们的全部生活究竟是一直随军四方戍守转战，还是继续居住在家乡、只在被征召时才番上宿卫和从军出征，一直存在分歧。成书于7世纪的《北史》中的一段文字给人这样的印象：兵士无暇农耕，因为他们要在宫中番上宿卫十五天，然后下番休整、识旗习战十五天，如此反复。[65]但也有文献证据支持“兵农合一”模式。我们可以合理地质疑，这个相对贫穷的关西政权是否有能力让十余万农民完全脱产。[66]有一条解决该争论的途径，即认识到这条史料很可能描述了两套不同的制度体系，一套针对从汉人农民中征募的士兵，另一套针对鲜卑人和军中其他高度职业化的人员，二者并行不悖。隋朝初年，府兵之“乡团”与那些“军坊”之间有明显的区别，这就印证了这一观点。[67]

尽管对于二十四军架构内的早期府兵制存在各种分歧，但关于西魏和北周的军事建制，有几个基本要点是可以肯定的。首先，各军随着时间的推移而急剧膨胀，且很大程度上是通过吸收普通汉人农民得以实现。绝大多数新兵肯定是步兵而非骑兵。[68]他们（可能还有家属）被除民籍而入军籍。

---

① 即汉人。——译者注

但是，他们绝非底层奴婢身份（就像魏晋南朝的兵户一样），而是地位荣耀，且有实实在在的回报如免赋税徭役。二十四军同样是多民族混杂。军中继续保持鲜卑建制，且不断壮大——不仅吸收汉人，还大量吸收其他诸族，如羌人（渭水以北的关中部分地区尤多）。[69]很难说二十四军只是私兵部曲的集合体，其渠帅都被授予了官爵，名义上服从于国家权力。但是，地方精英似乎仍在中下层发挥领导作用。[70]新兵制的成功推行，部分由于利用而不是挑战了地方社会的现有结构——这一观点从一项事实中即可得到证实：西魏和北周的统治者从未遭受过农民起义的严重困扰。与此同时，这套体制还防止了独立的、可能破坏稳定的兵权集中在高级将帅手里。柱国和大将军多出身关中以外地方，而兵士和下级军吏多出自关中本地，与高级将帅并无私交。西魏和北周两朝，绝无军阀的问题。[71]

北周最后十年，二十四军军制似乎又增添了一个重要的附加部分。宇文泰建立的这个关西政权，皇帝大部分时间几无实权；禁军力量相对弱小，主要由鲜卑人组成。556年宇文泰去世，其侄及政治继承人宇文护继续以西魏元氏（即拓跋氏）帝王的名义专擅朝政。后来宇文护立宇文泰的一个儿子为傀儡皇帝，开创了北周。宇文护先后立三名亲族为帝，其中第三人即周武帝，为人精明强干。572年，周武帝发动宫廷政变，终于诛灭了飞扬跋扈的堂兄。周武帝在位而手无实权之时，便注重加强与军队的关系，多次出巡校兵阅武。一朝亲政，周武帝马上采取行动，将二十四军隶属君主直辖。实际上，二十四军是被并入了禁军。574年，二十四军的所有兵士皆获赐“侍官”之称，这一称呼从前专指直接侍奉皇帝的高官显贵。这一举措必然既提高了兵士在家乡的威望，又强化了兵士对君主的忠心。或许就在此时，二十四军兵士开始在皇宫周围轮番宿卫。这正是隋唐时期府兵制的一个重要特征。[72]

即使——或许正因为——曾在宇文护的控制下艰难度日，事实证明周武帝是一位雄心勃勃的君王。凭一己之力夺宫亲政后不久，周武帝就开始为再度征伐北齐做准备，而伐齐之战早已停息数十年（其间仅562—564年曾有一阵短暂的战事）。575年夏，周武帝征发大军十七万，再度东进至洛阳近畿。起初取得了一些胜利，但并不比三十多年前宇文泰攻洛阳之战战绩更佳。周军未能攻克金墉城，周武帝在关键时刻病倒，东军主力又一次从太原南下，欲同538年和543年一样痛击无所凭依的西军。这些情况迫使周军仅出兵十八天便退回了安全的关中。[73]576年秋，周武帝决定采取新的战略方针。他打算不再循例进兵洛阳，而是直趋汾水流域攻打太原，欲对北齐“扼其喉”。如能在敌人的大本营取得决定性胜利，便可让关东政权土崩瓦解。众将皆认为此举太过冒险，而周武帝力排众议，强用此策。[74]

这场战役开始于576年11月10日。北周的第一个目标是位于汾水西流与黄河交汇处附近的北齐边镇平阳。周武帝投入主力近六万人，另有八路偏师（每路兵力五千到两万人不等）共计八万五千人在平阳北面和东面呈弧形展开，以掩护攻城并阻挡援军。[75]周武帝亲自率军攻城。12月初北齐一员大将投敌，平阳城陷。此时，北齐皇帝高纬率大军从太原杀来。周武帝决定留一万人坚守刚刚攻下的城池，其余军队全部退回玉壁附近。[76]现在轮到北齐攻平阳了。北齐军队攻城近一个月，直到周武帝率周军主力杀回。577年1月10日早晨，周武帝以八万人列阵十几公里，只带了一小队随从纵马沿阵前而过，以鼓舞部下士气。不过，北齐军在平阳城南的乔山与汾水之间挖掘壕沟，周武帝为此壕沟所阻。时至午后，高纬听信随行宦官之言，认为帝王躲在壕沟之后有失身份，竟填平壕沟主动出击。交战不久，齐军左翼稍退，高纬竟惊慌失措逃离战场。本来双方胜负此时尚未见分晓，但皇帝临阵脱逃立即导致齐军士气涣散，全军崩溃。周军俘虏万余人，解平阳之围。[77]

众将谨慎，再度试图劝谏周武帝收兵罢战，但周武帝毫无罢兵之意："纵敌患生。卿等若疑，朕将独往。"周军前锋于1月17日抵达太原，周武帝于两天后赶到。[78]1月20日，近四万齐军出城应战，被周军击退。周武帝乘胜率一小路骑兵冲入东门，在城内建立了据点。然而此战并未结束。当夜，齐军坚决反击，尽歼周军的桥头堡，周武帝本人险些失陷其中——仅得勉强冲出东门，堪堪逃生。只因遍地死尸枕藉，齐军无法关紧城门。次日晨，即1月21日，周军倾尽全力攻打东门，终于攻陷太原。自6世纪30年代初以来，高氏一族的军事力量便基本集中于太原。[79]此后，其他战事便显得平淡无奇。周武帝从山西高原经滏口关入东部平原，于577年2月21日兵临北齐朝廷所在地邺城之下。第二天，邺城城破。[80]余下就是追亡逐北。昏庸齐主高纬从太原逃到邺城，又从邺城逃往山东，还是遭擒，最终于年底被处死。北齐不复存在，自六镇起义以来一个真正统一的政治秩序在中国北方建立起来。

北齐的败亡是由多种因素造成的。就个人层面而言，周武帝远胜高纬。周武帝躬亲行阵不避弓矢，勤政耐劳如一员优秀的军吏，且与将士同甘共苦，甚至在都城的宫中都身着戎服而不穿帝王袍服。[81]与之截然相反，北齐皇帝高纬要向集合起来保卫邺城的军队慷慨陈词一番时，却忘了演说词，索性放声大笑。将士们不由得面面相觑，互相嘀咕是否值得为此人卖命。[82]这不仅仅是领导风格的问题，更是政治和战略敏锐度的问题。575年兵败之后，北周统治者做出精明决策：次年进军太原，而不再兵锋直指洛阳。北齐皇帝高纬却选择在平阳迎敌，如此显然不占天时地利。周武帝还采取步骤，削弱和分散北齐政权的力量——他与南方的

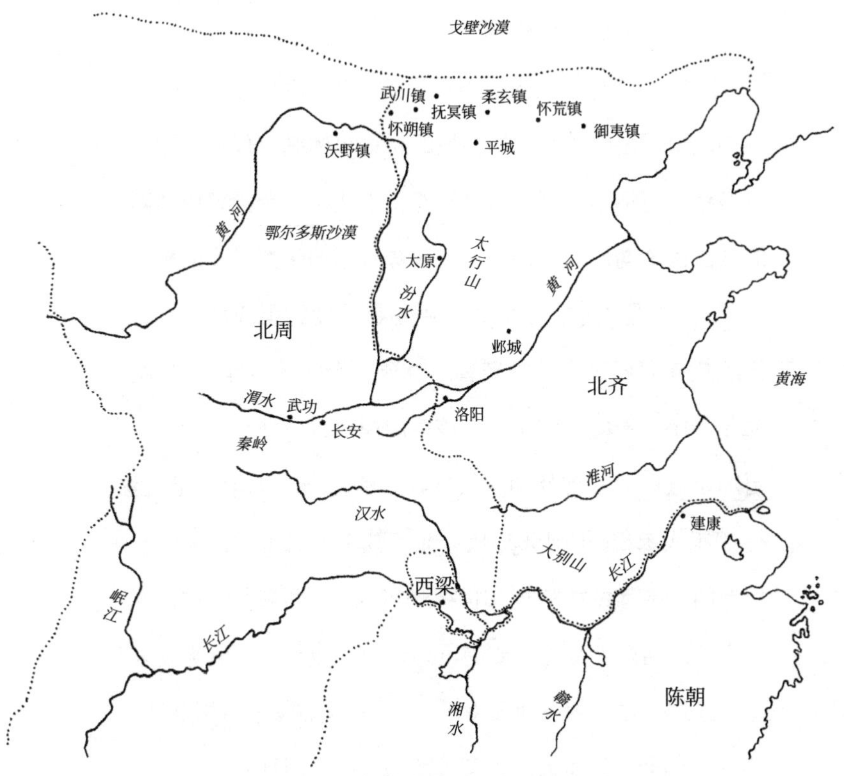

572 年的中国北方，可见当时北魏诸镇

陈朝谈判结盟，以致573年陈朝在淮河流域对齐军大举进攻。[83]与此同时，由于572年高纬冤杀北亚名将斛律光，齐军士气低落，军心不稳。在时人看来，这是为东西争霸结局一锤定音的决定性因素。[84]

同样，还有一些更为深层次的长期影响发挥了作用，其中之一就是西魏和北周创设的新军事体制。伐齐大军兵分多路，包括地方精英自立的非正规武装、帝国草原边陲的各部落辅助部队，甚至自愿应募从军的帝都长安的勇敢少年。[85]但是人们普遍认为，周军最重要的组成部分，无论从战斗力还是从兵力来看，当数二十四军。比之6世纪30年代宇文泰麾下的军队，该军规模更大、训练更精，也更加忠诚可靠。促使西军发展壮大的另一个因素，是6世纪40年代末和6世纪50年代与北齐基本无战事时，关西政权向西、向南武力扩张。6世纪40年代末，西魏军队攻占河西走廊，河西走廊是重要的贸易通道，也是马匹的重要来源。梁朝灭亡，魏军随即南下，于553年占领了四川盆地。549—554年，汉水流域也落入西魏之手。西魏立一名梁朝宗室遗族，在长江畔江陵附近建附庸小国以据之。这些扩张开辟了新的粮食和人口来源，有助于抵消原本有利于关东政权的总量不平衡。[86]

关西政权不断强大，关东政权却未见任何类似的长进。尽管人口基数较大，东魏和北齐统治者在为国家目标而调动资源方面却通常效率较低。[87]其中一个原因，即汉人世家大族掌握地方权力，尤其在河北。这反过来又表明了北齐政权形态的根本弱点。人口稠密的东部，鲜卑人居于统治地位，在汉人的汪洋大海中却是少数民族。作为六镇将士的后裔，他们不看好北魏孝文帝的汉化改革，而是力求保住自己的语言、习俗和身份（鲜卑语不仅是用兵打仗的军中语言，也是北齐宫廷的主要语言）。他们对人口占多数的汉人有所疑惧，小心翼翼地捍卫自己对政权的控制，因此对汉人官员进行血腥清洗的事件时有发生。[88]在这种情况下，北齐政权根本不可能真正吸纳汉人精英，也不可能将汉人首领纳入正式的军事编制。[89]鲜卑人最终为敌视人口占大多数的汉人付出了惨痛的代价。6世纪70年代危机来临时，鲜有汉人愿为自己的异族主子卖命。

关中的发展则完全不同。正如我们所知道的，在那里宇文泰和他的相对较小的鲜卑人群体别无选择，为了生存只能与汉人建立联系。这一过程可能还得益于西部地区更加多样化的民族环境，以及该地区汉人豪门巨族的势力比东部弱小得多的事实。西魏和北周统治者没有什么理由担心自己会被汉人的汪洋大海所淹没。[90]宇文泰及其继任者没有将汉人排除在官府和兵权之外，而是试图通过乡兵正规化和扩编二十四军等手段来吸收汉人。宇文泰等人继续使用鲜卑语，对自身文化遗产的自豪不亚于关东政权的亲族。

但是，他们并没有试图将汉人精英排除在自己的圈子之外，而是将汉人融入其中，创造一种共同的身份感。其中一种手段是赐汉人和羌人多音节的鲜卑姓，使之成为荣誉鲜卑人。比如乡兵帅苏椿就被赐姓贺兰。这种做法始于6世纪30年代，并在6世纪50年代达到顶峰。[91]另一趋势是鲜卑人、汉人和羌人之间的通婚。这在很大程度上不属于国家政策，但从长远来看可能更有效。到灭北齐时，一个新的统治精英集团正在关中形成。这个混血的门阀贵族集团融合了汉人的文化元素和六镇鲜卑的诸多价值观及习俗。最初追随宇文泰的北亚之人，其武艺战技与外貌特征为大批汉人精英子弟所接纳。结果，新的关陇士族既是“坚忍果决、弓马娴熟之人”，又是“足智多谋、精通时政之将帅”。[92]行猎本身就是一种重要的实战军事训练形式，更是他们最喜欢的消遣。但是，不能轻易将他们贬为单纯的胡人。入据关中的第一代鲜卑人（甚至可能包括宇文泰本人在内）大多是文盲，但第二代鲜卑子弟受教育的程度得以提高，更有可能至少已略知儒家经典。[93]对于士人来说，文武双全最为理想，可出将入相。就是从这一新的关陇士族集团中诞生了隋朝的第一位皇帝，他完成了由周武帝开启的重新统一中国的大业。这一集团还诞生了唐朝的诸位缔造者，他们创立了一套延续近三百年的帝国秩序。

1 李则芬：《两晋南北朝历史论文集》，第1卷，第145—146页。

2 唐长孺：《魏晋南北朝隋唐史三论》，第192—193页，第195—196页。

3 Rogers, *The Chronicle of Fu Chien*, p. 14; 陈寅恪：《魏晋南北朝史讲演录》，第251—252页。

4 W. J. F. Jenner（詹纳尔），*Memories of Loyang: Yang Hsüan-chih and the Lost Capital (493–534)* (Oxford: Clarendon Press, 1981), p. 58; 何兹全：《魏晋南北朝史略》，第164—165页。

5 金墉城呈长方形，南北长1086米，东西宽255米；见《中国军事史》，第6卷《兵垒》（北京：解放军出版社，1991年），第141页。

6 Jenner（詹纳尔），*Memories of Loyang*, pp. 42, 61–2, 104, 117–18.

7 后世对柔然所知甚少，柔然有时被视作欧洲中世纪早期的阿瓦尔人。见Denis Sinor(ed.), *The Cambridge History of Early Inner Asia* (Cambridge: Cambridge University Press, 1990), pp. 291–7。

8 Jenner（詹纳尔），*Memories of Loyang*, pp. 81–2; 有关六镇的位置，见Scott A. Pearce（裴士凯），"The Yü-wen Regime in Sixth-Century China" (Ph.D. dissertation, Princeton University, 1987), p. 59, 以及谭其骧：《中国历史地图集》（上海：中国地图出版社，1982年），第4卷，图50—图55。

9 有关边镇的管理，见周一良：《北魏镇戍制度考及续考》，收入《魏晋南北朝史论集》（北京：中华书局，1963年），第199—219页；毛汉光：《北魏东魏北齐之核心集团与核心区》，第39页，第54页，第71页。

10 Pearce（裴士凯），"The Yü-wen Regime in Sixth-Century China," pp. 65–7; 毛汉光：《北魏东魏北齐之核心集团与核心区》，第66页。

11 关于六镇种族和社会构成的探讨，见Pearce（裴士凯），"The Yü-wen Regime in Sixth-Century China," pp. 70–82。

12 毛汉光：《北魏东魏北齐之核心集团与核心区》，第71—72页；Jenner（詹纳尔），*Memories of Loyang*, pp. 69, 82。

13 Pearce（裴士凯），"The Yü-wen Regime in Sixth-Century China," pp. 155–71.

14 Jenner（詹纳尔），*Memories of Loyang*, pp. 74–5.

15 司马光：《资治通鉴》，第149卷，第4674—4675页。

16 Pearce（裴士凯），"The Yü-wen Regime in Sixth-Century China," pp. 98, 183–91.

17 Pearce（裴士凯），"The Yü-wen Regime in Sixth-Century China," pp. 192–9.

18 有关尔朱氏，见Pearce（裴士凯），"The Yü-wen Regime in Sixth-Century China," pp. 114, 123, 201–2, 206; Jenner（詹纳尔），*Memories of Loyang*, pp. 86–9; 以及魏收：《魏书》，第74卷，第1644页。

19 Jenner（詹纳尔），*Memories of Loyang*, pp. 89–91.

20 司马光：《资治通鉴》，第152卷，第4751—4752页；《魏书》，第74卷，第1649—1650页；Pearce（裴士凯），"The Yü-wen Regime in Sixth-Century China," p. 208。

21 见Jenner（詹纳尔），*Memories of Loyang*, pp. 95–7, 160–1; 以及司马光：《资治通鉴》，第154卷，第4783页。

22 Pearce（裴士凯），"The Yü-wen Regime in Sixth-Century China," pp. 212–15; Jenner（詹纳尔），*Memories of Loyang*, pp. 97–8。

23 有关高欢的背景和早年经历，见李百药：《北齐书》（北京：中华书局，1972年），第1卷，第1—3页；何兹全：《魏晋南北朝史略》，第186页；以及Pearce（裴士凯），"The Yü-wen Regime in

Sixth-Century China," pp. 83–4, 119–20。

24 毛汉光:《北魏东魏北齐之核心集团与核心区》, 第89—90页; 周一良:《北朝的民族问题与民族政策》, 同上, 收入《魏晋南北朝史论集》(北京: 中华书局, 1963年), 第125页, 第128—129页; Pearce(裴士凯), "The Yü-wen Regime in Sixth-Century China," p. 64。

25 有关此战的记载, 见司马光:《资治通鉴》, 第155卷, 第4818—4820页。

26 有关宇文泰祖先世系及早年经历最重要的史料, 见令狐德棻:《周书》(北京: 中华书局, 1971年), 第1卷, 第1—3页。又见何兹全:《魏晋南北朝史略》, 第186页; 以及Pearce(裴士凯), "The Yü-wen Regime in Sixth-Century China," pp. 2–33。关于宇文泰的年龄, 史书记载有冲突。笔者选择采信《周书》, 第2卷, 第37页, 该处记载宇文泰死于556年, 殁年五十二岁。这意味着宇文泰出生于505年。

27 有关宇文泰与贺拔岳的关系, 见Pearce(裴士凯), "The Yü-wen Regime in Sixth-Century China," pp. 98–9, 101–3, 107。

28 有关宇文泰武人集团共同掌权的方式及其局限性, Pearce(裴士凯) 进行过探讨, 见 "The Yü-wen Regime in Sixth-Century China," pp. 394–403。

29 Albert E. Dien(丁爱博), "The Role of the Military in the Western Wei/Northern Chou State," 见Albert E. Dien(丁爱博)(ed.), *State and Society in Early Medieval China* (Stanford, Ca.: Stanford University Press, 1990), p. 346。对宇文泰同僚的出身和派系关系所进行的极其详细的分析, 见毛汉光:《西魏府兵史论》, 收入《中国中古政治史论》(台北: 联经出版事业公司, 1990年), 第169—194页。

30 见Jenner(詹纳尔), *Memories of Loyang,* p.142。詹纳尔在第99—102页也讲述了导致洛阳被废弃的事件。

31 《周书》, 第2卷, 第22页; Pearce(裴士凯), "The Yü-wen Regime in Sixth-Century China," pp. 301–2; 赵文润:《论西魏与东魏之间的几次战役》,《北朝研究》, 1996年, 第2期, 第11—12页。

32 七千人的数字出自王应麟:《玉海》〔至元三年 (1337年) 版翻印; 台北: 华文书局, 1964年〕, 第138卷, 第18页下, 引李繁:《邺侯家传》。

33 《周书》, 第2卷, 第23—24页; 司马光:《资治通鉴》, 第157卷, 第4884—4886页; Pearce(裴士凯), "The Yü-wen Regime in Sixth-Century China," pp. 306–7; 赵文润:《论西魏与东魏之间的几次战役》, 第12—13页。

34 有关西魏在山西的部署, 见毛汉光:《北朝东西政权之河东争夺战》, 收入《中国中古政治史论》(台北: 联经出版事业公司, 1990年), 第137页, 第165页等。

35 Pearce(裴士凯), "The Yü-wen Regime in Sixth-Century China," pp. 309–12。此处所指并非北魏孝武帝, 而是另一位北魏宗王, 谥号文帝, 534年底孝武帝驾崩 (可能是被宇文泰毒死的) 后即位。

36 《周书》, 第2卷, 第25—26页; 司马光:《资治通鉴》, 第158卷, 第4894—4896页。

37 《周书》, 第18卷, 第295页; 司马光:《资治通鉴》, 第158卷, 第4912页; 赵文润:《论西魏与东魏之间的几次战役》, 第16—17页。

38 《北齐书》, 第2卷, 第21—22页; 司马光:《资治通鉴》, 第158卷, 第4914—4917页; Pearce(裴士凯), "The Yü-wen Regime in Sixth-Century China," p. 316; 赵文润:《论西魏与东魏之间的几次战役》, 第17页。

39 Otagi Hajime(爱宕元), "Tōdai shū ken jōkaku no kibo to kōzō" (《唐代州县城的规模与构造》), 收入《第一届国际唐代学术会议论文集》(台北: "中华民国" 唐代学者联谊会, 1989年), 第648—682页。有关中国筑城和攻城的总体背景, 见Joseph Needham(李约瑟) 和Robin D. S. Yates(叶山), *Science and Civilisation in China,* vol. 5, Pt.6: *Military Technology: Missiles and Sieges* (Cambridge: Cambridge University Press,1994), pp. 241–485, 以及《中国军事史》, 第6卷《兵垒》。

40 有关西方中世纪的攻城战，见John Beeler(约翰·比勒), *Warfare in Feudal Europe, 730–1200* (Ithaca and London: Cornell University Press, 1971), pp. 44–5, 57; J. F. Verbruggen, *The Art of Warfare in Western Europe during the Middle Ages*, trans. By Sumner Willard and S. C. M. Southern (Amsterdam and New York: NorthHolland Publishing Company, 1977), pp. 285, 289; Haldon, *Warfare, State, and Society in the Byzantine World, 565–1204*, pp. 183–5。

41 Wallacker(沃拉克), "Studies in Medieval Chinese Siegecraft: The Siege of Yü-pi, A.D. 546," pp. 789–802.

42 主要的例外是564年宇文护进兵洛阳，但基本与538年、543年两度出兵一样徒劳无功。见司马光:《资治通鉴》，第169卷，第5246—5248页。

43 Pearce(裴士凯), "The Yü-wen Regime in Sixth-Century China," p. 318 and passim.

44 毛汉光:《北朝东西政权之河东争夺战》，第162页。唐朝时期，从洛阳到邺城的"官道"为六百零六里，见刘昫等:《旧唐书》，第39卷，第1492页。

45 Hamaguchi Shigekuni(滨口重国), *Shin Kan Zui Tō shi no kenkyū*, pp. 149, 162–6, 224–5.

46 司马光:《资治通鉴》，第155卷，第4819页。

47 司马光:《资治通鉴》，第157卷，第4882页。

48 何兹全:《魏晋南北朝史略》，第198—199页；唐长孺:《魏晋南北朝隋唐史三论》，第199页。

49 Hamaguchi(滨口重国), *Shin Kan Zui Tō shi no kenkyū*, pp. 225–9; 又见Dien(丁爱博), "The Role of the Military in the Western Wei/Northern Chou State," pp. 337–45。

50 Kikuchi Hideo(菊池英夫), "Hokuchō gunsei ni okeru iwayuru kyōhei ni tsuite," in *Shigematsu sensei koki kinen Kyūshū Daigaku tōyōshi ronsō* (Fukuoka: Kyushu University, 1957), pp. 121–2, 125。又见裴士凯 (Pearce) 的乡兵研究，"The Yü-wen Regime in Sixth-Century China," pp. 543–61。

51 《周书》，第33卷，第578—579页。

52 《周书》，第35卷，第618页。

53 《周书》，第43卷，第777—778页。

54 《周书》，第23卷，第395—396页。另一事例可见《周书·郭彦传》，第37卷，第666页。

55 谷霁光:《府兵制度考释》，第323页。

56 对这一史料的精辟总结见Kegasawa Yasunori(气贺泽保规), "Zenki fuheisei kenkyū josetsu – sono seika to ronten o megutte," *Hōseishi kenkyū*, 42 (1992), pp. 123–51。

57 Hamaguchi(滨口重国), *Shin Kan Zui Tō shi no kenkyū*, p. 235.

58 有关二十四军体制的更多记载，见李延寿:《北史》(北京：中华书局，1974年)，第60卷，第2153—2155页；《周书》，第16卷，第272—273页；Dien(丁爱博), "The Role of the Military in the Western Wei/Northern Chou State," pp. 352–5; Pearce(裴士凯), "The Yü-wen Regime in Sixth-Century China," pp. 382–4;以及谷霁光:《府兵制度考释》，第43—44页，第73页，附表59。

59 Pearce(裴士凯), "The Yü-wen Regime in Sixth-Century China," pp. 388–9, 425, 664; 谷霁光:《府兵制度考释》，第54页。

60 谷霁光:《府兵制度考释》，第61页；王仲荦:《魏晋南北朝史》，第2卷，第614页，第619页；王应麟:《玉海》，第138卷，第18页下。

61 有关这些争论的更多内容，见Kegasawa(气贺泽保规), "Zenki fuheisei kenkyū josetsu – sono seika to ronten o megutte," pp. 144–5; 又见Pearce(裴士凯), "The Yü-wen Regime in Sixth-Century China," pp. 599–611。

62 《周书》，卷2，第28页。译文据裴士凯文("The Yü-wen Regime in Sixth-Century China,"

p. 543) 稍作修改。

63 王应麟:《玉海》，第137卷，第1页上。裴士凯对这一史料的探讨，见“The Yü-wen Regime in Sixth-Century China,” pp. 597, 736–46。

64 魏徵等:《隋书》(北京：中华书局，1973年)，第24卷，第680页；谷霁光:《府兵制度考释》，第56—57页。

65 《北史》，第60卷，第2155页；译见Dien(丁爱博)，“The Role of the Military in the Western Wei/Northern Chou State,” p. 354。然而值得注意的是，这段文字也可解释为：府兵卫士轮番服役，第二个十五天番期结束之后便可返乡。见谷霁光:《府兵制度考释》，第65页。

66 不幸的是，关键的文献证据见于李泌《邺侯家传》现存残篇，这一史料来源被认为不可靠。见王应麟:《玉海》，第138卷，第19页上；以及Albert E. Dien(丁爱博)，“The Use of *the Yeh-hou chia-chuan* as a Historical Source,” *Harvard Journal of Asiatic Studies*, 34 (1974), pp. 221–47。

67 《隋书》，第28卷，第778页。对于史料中早期府兵的明显矛盾，像这样给出其属于不同制度体系之下的解释，见张国刚:《唐代府兵渊源与番役》，《历史研究》，1989年，第6期，第150—151页。又见唐长孺:《魏周府兵制度辨疑》，同上，《魏晋南北朝史论丛》(北京：生活·读书·新知三联书店，1955年)，第263—264页。

68 Pearce(裴士凯)，“The Yü-wen Regime in Sixth-Century China,” p. 654。

69 毛汉光:《西魏府兵史论》，第212—213页。

70 毛汉光:《西魏府兵史论》，第258—259页。

71 这一观点由Dien(丁爱博)提出，见“The Role of the Military in the Western Wei/Northern Chou State,” p. 332 and passim。

72 《周书》，第5卷，第86页；谷霁光:《府兵制度考释》，第65页；Tanigawa Michio(谷川道雄)，“Fuheisei kokka ron,” *Ryūkoku daigaku ronshū*, 443 (December 1993), p. 20; Kikuchi Hideo(菊池英夫)，“Tō setsushōfu no bunpu mondai ni kansuru ichi kaishaku,” *Tōyōshi kenkyū*, 27 (1968), pp. 138–9。

73 《周书》，第6卷，第93页；司马光:《资治通鉴》，第172卷，第5346页。

74 《周书》，第6卷，第94页；司马光:《资治通鉴》，第172卷，第5352—5353页。

75 《周书》，第6卷，第93—95页；575年伐齐之战，周军主力六万人，与576年一样兵分六路。

76 目前尚不清楚北周统治者为何选择退兵，也许是有意吸引齐军全力进攻平阳。北周朝廷中翻云覆雨的内斗权谋也可能是一个因素。因为北周武帝从平阳退兵后，即火速赶往长安。见Pearce(裴士凯)，“The Yü-wen Regime in Sixth-Century China,” pp. 708–10。

77 《周书》, 第6卷, 第94—97页; 司马光:《资治通鉴》, 第172卷, 第5357—5359页。

78 《周书》, 第6卷, 第97页; 司马光:《资治通鉴》, 第172卷, 第5363页。

79 《周书》, 第6卷, 第98页; 司马光:《资治通鉴》, 第172卷, 第5363—5364页。

80 《周书》, 第6卷, 第100页; 司马光:《资治通鉴》, 第173卷, 第5369页。

81 《周书》, 第5卷, 第83页。

82 司马光:《资治通鉴》, 第172卷, 第5366页; Pearce(裴士凯), "The Yü-wen Regime in Sixth-Century China," p. 712。

83 Pearce(裴士凯), "The Yü-wen Regime in Sixth-Century China," pp. 704–5; 有关陈朝攻齐的文献, 见傅乐成:《魏晋南北朝战史》, 第35页。

84 Yen Chih-t'ui(颜之推), *Family Instructions for the Yen Clan*(《颜氏家训》), p. 50; 司马光:《资治通鉴》, 第171卷, 第5308页; Pearce(裴士凯), "The Yü-wen Regime in Sixth-Century China," p. 705。

85 见 Arthur F. Wright(芮沃寿), "The Sui Dynasty," in Denis Twitchett (杜希德)(ed.), *The Cambridge History of China,* vol. 3: *Sui and T'ang China, 589–906,* Pt. 1 (Cambridge: Cambridge University Press, 1979), pp. 99–100; Pearce(裴士凯), "The Yü-wen Regime in Sixth-Century China," pp. 571–2;《周书》, 第5卷, 第86页;《隋书》, 第56卷, 第1389页。

86 Pearce(裴士凯), "The Yü-wen Regime in Sixth-Century China," pp. 318–28.

87 何兹全:《魏晋南北朝史略》, 第195页。

88 见漆泽邦:《论东魏北齐的倒退》, 收入《魏晋南北朝史研究》(成都: 四川省社会科学院出版社, 1986年), 第383—403页。

89 毛汉光:《西魏府兵史论》, 第259—260页。

90 周一良:《北朝的民族问题与民族政策》, 第176页。

91 Pearce(裴士凯), "The Yü-wen Regime in Sixth-Century China," pp. 411–12。关于鲜卑语言的使用, 见第443—444页。关于姓氏问题, Albert E. Dien(丁爱博) 进行了更详细的考证, 见 "The Bestowal of Surnames under the Western Wei–Northern Chou: A Case of Counter-Acculturation," *T'oung Pao*(《通报》), 63 (1977), pp. 137–77。有关苏椿, 见《周书》, 第23卷, 第395页。

92 Arthur F. Wright(芮沃寿), *The Sui Dynasty* (New York: Alfred A. Knopf, 1978), pp. 94–5. 又见Pearce(裴士凯), "The Yü-wen Regime in Sixth-Century China," pp. 427–30, 447–8, 451–3 and passim.

93 Pearce(裴士凯), "The Yü-wen Regime in Sixth-Century China," pp. 444–7.

Chapter 6 North versus south

第六章 南北的争雄

周武帝灭北齐后，北周只维持了四年。北周不是被新近攻取的东部平原上的起义造反所推翻，也没有任何政策失误可指摘。相反，宇文氏一族沦为以精打细算之法统治全民的牺牲品——即使给予百姓的衣食住行在6世纪俱为最佳。彼时需要才干卓著的成人驾驭手握重权又心怀叵测的群臣，偏偏时运不济让一位少年登上了皇位。578年六月，周武帝宇文邕去世。当时他正欲率军征伐突厥，当时突厥已取代柔然成为北方草原的霸主。周武帝离世时年不及三十六岁。他的继承人年少，且性情暴虐无常，于580年五月暴病身亡。皇位随后传给一名六岁幼童，实权落入大行皇帝的岳父手中。此人即杨坚，身居高位，是宇文泰麾下大将之子。杨坚肃清宇文氏一族大部，击败周室忠臣自河北起兵的反抗，于581年3月4日建立隋朝，成为隋朝的开国皇帝，谥号文皇帝，史称隋文帝。[1]杨坚一方面积极行动，巩固自己在北方的权力；一方面开始采取措施，准备南下平陈。585年，杨坚将自己最亲近的同党之一、尤擅杀伐决断的大将杨素派往四川，令他着手组建一支庞大的水军，欲横扫长江，平定南方腹地。[2]

杨坚的这一举动，显然是模仿晋朝的做法。279—280年，晋朝成功平定南方的吴国。272年，晋朝皇帝命益州刺史王濬着手打造一支内河水军。279年十一月，王濬亲率水军顺流而下，沿长江攻城拔寨，与从北方南下攻占武昌的陆师会合。王濬又从武昌沿江而下攻取吴国都城建业（南朝时称为建康)，抢在已进至江北但行动更加谨慎的陆师前头。晋朝的胜利，很大程度上要归功于王濬的水师比南方水军更加强大。[3]此役为隋朝平陈提供了明确的范本。晋灭吴之后的数百年，北方对南方用兵，不曾以强大的水军自四川顺流而下，北朝南征也不曾攻下南朝的都城。从东晋开国到577年北方统一的大部分时间里，南北之间形成了大致的军事平衡。北方分裂而衰落的时期，南军有时能北进至黄河一线，甚至攻入关中。北方政权若强大起来并实现统一，则能攻占四川，一路沿江而下直抵长江北岸。不过，双方都未能真正深入对方的核心地盘。南北方长期僵持的原因，值得我们深入探讨。因为这些原因很大程度上反映出当时的军事技术和用兵作战受到技术、资源和政治的制约。让我们从南朝欲驱逐“胡虏”、收复华夏文明上古核心地带的出兵北伐开始。

东晋早期，众多流民首领收复北方的愿望强烈。313年，即东晋正式开国四年前，一位流民首领祖逖率宾客部曲数百人、自募兵士二千人组成的弱旅北伐。后来晋元帝自掌政权，给予这支北伐军队的支持极少，祖逖的部下甚至必须自行打造兵器。然而经过七年苦战，祖逖为东晋收复了整个河南，并准备进至黄河北岸。321年祖逖去世，北伐戛然而止(据说得知东晋统治集团内部剑拔弩张，祖逖感到心灰意冷。如此局面很快导致王敦之乱)，收复的土地旋即丧失。[4]4世纪30年代，另一位流民帅提出宏图大计，同样无果而终。353年，一位缺乏军旅经验的文人率军大举北伐，结果因羌人盟军倒戈而惨败。[5]354年东晋二度北伐，想乘后赵政权灭亡后的混乱之机收复北方，当时条件足够有利。此番出兵的主要推动者，是长江中游地区势力强大的刺史桓温。桓温自率水军沿汉水而上，然后经陆路过武关进入渭水流域。在那里，桓温遭遇氐人苻氏一族统率的大军。当时苻氏的前秦政权初立。桓温与秦军两战，先胜而后败。不过，桓温北伐是因粮草难济而宣告结束，并非战场上落败。桓温原定于晚春时节攻入关中，希望能用当地的冬小麦收成来给养自己四万人的大军。而对手前秦政权决定采取焦土策略，他们烧光田间庄稼，彻底打乱了桓温的妙算。354年六月，饥肠辘辘的晋军仓皇撤退，将近一万人被秦军追兵击败。[6]

369年，已是东晋权臣的桓温再度试图收复北方。这一次，桓温于四月从南北边界东端发兵，取道淮河支流，经河南平原挺进西北，五万大军可借水路运粮——尽管河道由于天旱水浅而需大力疏浚。桓温不顾部下提出的在北方建立根据地、积蓄粮食、来年再战的建言，执意渡过黄河，与慕容鲜卑的前燕军队对峙于枋头。几度受挫于燕军后，桓温得知前秦军队正驰援前燕，而自己麾下大军粮草即将耗尽（燕军切断了晋军的河南粮道），于是烧掉船只，从陆路南撤，却在襄邑被尾随的前燕骑兵追上。桓温大军一战而溃，史载晋军三万多人战死。[7]

接下来的大规模“北伐”发生在409年。东晋朝廷新的铁腕强人刘裕挟战胜桓玄之余威，大举进攻慕容氏的南燕政权。晚春时节，刘裕自淮河沿泗水而上。但是他将船舰、辎重留在下邳，率军直接向北穿过山东半岛山区的根据地。南燕皇帝慕容超竟未派兵把守山隘，而是以重兵据守临朐，那里往北到南燕都城广固（今益都）仅一天路程。晋军大败之，进而兵围广固，并于410年春攻陷广固城，灭南燕国。刘裕此番功成，很大程度上是因为他能用南燕出产的粮食供给麾下大军，而南燕国主不愿像354年前秦在关中所做的那样“坚壁清野”。[8]南朝内部的争权夺利致使此番北伐告一段落，刘裕将目光转向渭水流域。416年，羌人在渭水流域建立了后秦政权。八月，晋军分数路出兵。西面一路，陆师过武关径直入关中。中央一路，陆师经许昌取洛阳。东面一路则为晋军主力，乘舟沿汴水、泗水而行，然后取道黄河入洛阳。十月攻克洛阳后，数路晋军合兵一处，溯黄河而上，直逼潼关；再仍由晋军水师配合，继续从潼关溯渭水而上，直取长安。417年七月，晋军与秦军在长安以北的渭桥爆发大战。最终秦军惨败，后秦国主投降。然而，南朝却无法长据关中。因留下监视建康朝廷的亲信副手突然去世，刘裕遂于十一月南归。他留下镇守关中的兵力很少，仅一万人，且分为数部，互不统属。418年，一名匈奴军阀自河套地区南下，轻而易举便将刘裕的关中军消灭。[9]

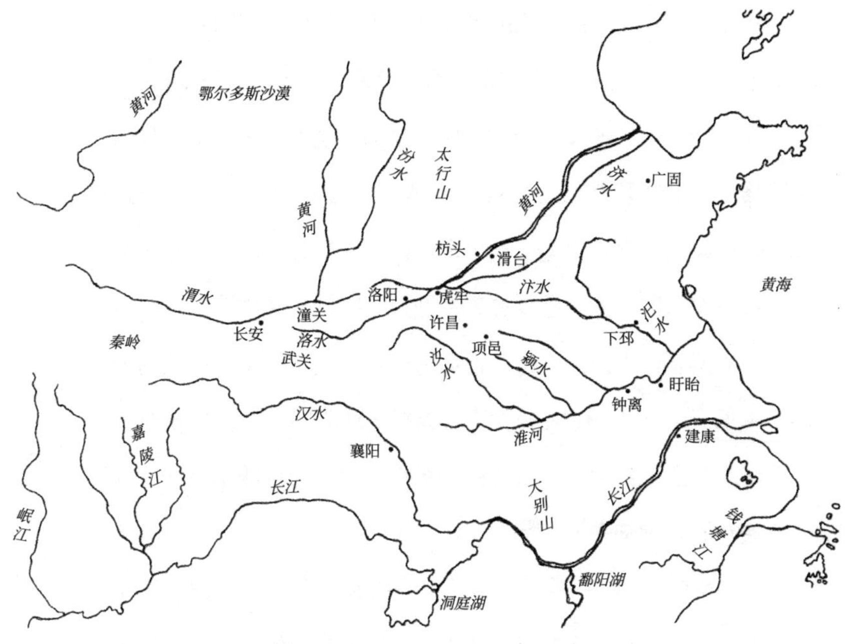

约公元400年的南北对峙地带

南军再度北伐，是奉刘裕之子宋文帝之命，意在收复黄河以南的土地。那里刚为崛起的一方势力拓跋魏所占。430年，近十万宋军分数路北上，其中又有一路水军自河南水系入黄河。魏军先退到黄河北岸，又于十月发动反击，夺回洛阳和其他几处战略要地，并包围黄河南岸的滑台。①431年初，宋军的救兵因粮草不济而被迫撤退，滑台守军一万人随即投降。[10]450年，宋文帝再次试图收复河南北部。宋军于七月出兵，迅速包围滑台，并占领黄河南岸其他重镇。宋军来袭时，北魏太武帝已在谋划主动出击。他等到九月才出兵，先解滑台守军之围，然后趁攻城宋军撤退时将其一举击溃。兵败滑台的消息传来，宋文帝只得命另一路眼见将要拿下潼关的宋军退至汉水畔的襄阳。[11]随后魏军一路所向披靡，猛攻至长江。此战多被视为关键性的转折点，南北力量的平衡从此彻底转向了优势在北。[12]

梁陈时期，南军曾再度北上，基本徒劳无功。505年梁军北伐，最北不过至淮河。528年，梁军利用六镇起义后北魏内乱之机，一路北进，攻克洛阳，但很快就被尔朱氏的精兵劲卒击退。[13]南朝最后一次北伐，573年陈朝从北齐手中收复了淮河和长江之间的土地，却旋即又失陷于北周之手。588年，隋朝向陈朝发动致命一击，可从长江北岸出兵，距南朝都城

① 原文对滑台地理方位的描述是“near today's Jixian, Shandong”，疑有误。——译者注

不过十几公里。

南朝无法收复全部失地，甚至无法长期控制夺取的北方地盘，原因有很多。最明显的原因是分裂时期南北朝军队的战术不对称。北方政权大多拥有中国西北的牧场或本部的草场，统治者本身更是出自草原民族，毫不费力即可培养出大批弓马精湛的骑兵和骑射手。由于几无牧场，马匹相对罕见，南朝军队主要由步兵组成，骑兵数量非常少。[14]战场上，南朝军队缺乏机动性和进攻的冲击力。一旦取胜，南朝军队又缺乏快速追击对方骑兵的手段。而如果被这样一个机动性强的对手所击败，南朝军队就没有逃脱的希望。南朝军队被迫采取各种权宜之计，来弥补骑兵稀少的不足。方法之一，刘裕于409—410年灭南燕时在军中大量使用轮式车辆，大获成功。这些车辆似乎并非效仿上古时期的战车，也无证据表明其与中国北方运粮拉货的普通两轮车全然不同——更有可能是用牛拉而不是用马拉。这些车辆可以用来就地建立野战防御工事，掩护军队侧翼，或为即将遭骑兵攻击的步兵阵列提供支持。[15]由于后勤需要，南朝军队往往依赖水路，船只也可用于支援和配合步兵。特别是船只可以充当有防护的机动火力平台，弓弩手及各类投石器械可据此击敌——颇似20世纪中国军阀使用的装甲列车。

正如上文对“北伐”功败垂成的简要叙述所显示的那样，南朝军队常因后勤困难而束手无策。354年桓温兵败关中表明，南朝军队征战北方不能指望就地取粮。军队食不果腹，仗就无法继续打下去。刘裕能灭掉南燕，很大程度上是因为他的对手没有像前秦那样采取焦土策略。由于就地取粮供军有不确定性，南军征战北方大多依赖从南方运粮。这又将南朝军队与华北平原的水网联系在一起。尤其是像汴水、泗水这样的河流，发源处皆离黄河不远，然后向东南流入淮河。在所有的经济体中，在铁路出现之前，水运是远距离运输大宗商品（如粮食）最廉价和最有效的手段。中国内河船只的运载量非常之大，据史料记载可达六万公升，标准的货车运载量不及其六十分之一。更重要的是，一船水手所需的口粮，折合成所占总运载量的比例要远远低于车马脚夫。如果拉车牲畜的饲料全从所运粮草里出，两头牛拉车运五百公斤粮食，十二天就能将所运粮食吃个精光。[16]中国中古时期的粮草官充分理解这些关系，并做出了相应的选择。[17]然而依赖水运，致使粮道十分脆弱。369年桓温即面临困局：运粮可能受阻于天旱，而敌人据守水网各要点可阻碍进军。彼时桓温大军未能打开汴口，无法从黄河引水提高汴水和河南其他水道的水位。南朝军队依赖长河充当粮道，这些动脉同样很容易遭受快速机动的北朝骑兵袭击。考虑到军队的规模、兵器的特性以及不具备近代的通信技术，南朝军队绝无可能维持和守住一条长达十几公里的连贯战线。正如我们所见，369年前燕军队成功切断桓温的粮道，桓温被迫罢兵。

南朝政权不仅在供应军队与北方作战方面遇到了巨大困难，而且在可用于动员的资源总量方面也处于不利地位。中古中国的经济以农业为主，政权的军事力量很大程度上取决于户籍数量。国家可以向这些农户征税（以粮食布帛的形式）和征发劳役。粮食布帛用来为兵士提供衣食赏赐，役夫则要承担大量必要的非战斗职责，比如建造和修补防御工事、挖掘运河和运送粮草，可能也要奉命上阵作战。分裂时期留存下来的户籍人口数字很少，但那些数据一致表明，南朝统治者掌握的资源基数远远少于北朝对手。比如464年，宋朝在籍户数共906870户，4685501人。有理由相信，到589年陈朝灭亡时，户籍人口已下降到约五十万户，二百万人。至于北方那边，前燕这样一个单独的地区政权，369年面对桓温北伐时尚自称有2458969户，9987935人。[18]北方统一于单独一个政权之下，这种不平衡被进一步拉大。六镇起义前夕，北魏的户籍人口近五百万户，三千二百万人。[19]毫无疑问，南方的人口数字远远低于该地区的实际人口，尤其考虑到来自北方的流民潮以及南方地区经济充满活力、不断增长的大量迹象。重点在于，南朝统治者没有充分掌握这些人口，使其纳税服劳役，因为如此之多的人口作为豪族的佃客宾客而获庇护。[20]

南朝政权受自身政治和社会环境的羁绊远不止于此。世家大族争权夺利于朝廷，北方南迁精英与南方本土精英之间关系紧张，中央集权的朝廷官员与州郡豪强之间明争暗斗，都对南朝收复北方故土的努力形成掣肘。祖逖征战河南之所以得不到东晋朝廷的支持，原因之一即王氏一门猜疑敌视他，而王氏一门把持建康朝廷的大权。同样，4世纪50年代初，建康朝廷想方设法压制桓温的北伐之心，就是唯恐北伐会使桓温的力量过强而无法驾驭。东晋立国之初就有一种倾向，即收复故土之心要服从于南朝政治的迫切需要，这种倾向随着时间的推移而愈演愈烈。[21]人们没有理由怀疑祖逖收复故土的赤诚，但谈及4世纪中叶的桓温，这一问题就变得复杂了：桓温被指控试图利用收复北方作为跳板，篡权夺位。[22]然而，当我们谈及5世纪初的刘裕，毫无疑问此人用兵北方就是为了实现其政治野心。409—410年灭南燕，刘裕威望大增，他在朝中的势力进一步得到加强；416—417年征伐关中，则为刘宋开国铺平了道路。重要的是，自己的地位稍有不稳迹象，刘裕便立即收手罢战，赶回建康。420年登上皇位后，刘裕就没有再费神继续用兵北方。[23]南方本土精英对收复北方从无兴趣。经过数代人之后，北方南迁士族也开始认同这种态度。尽管场面上的表态与此相反，但他们将南方视为自己的家园故土，主要关心如何保住自己在那里的地位。[24]冒着风险、兴师动众的出兵征战，几乎毫无吸引力，从5世纪中叶到陈朝末年，南朝出兵北方，通常旨在恢复或保护受到威胁的边界，并攻取有限的地盘，收复北方故土基本从军国大事中消失了。

尽管所受的羁绊截然不同，但北朝统治者很少能够优先考虑平定南方。当北方分裂为两个或更多的政权时，各个政权的统治者基本专注于互相争斗。某个政权若有精力南顾，通常是专注于攻取边境地区——吞并这样的地区，有助于增强该政权相较于自己北方主要对手的实力。举例言之，北周在四川和汉水流域的扩张都符合这种模式。即便北方统一于单独一个政权之下，汉人、北亚人和羌人等藏族先民之间矛盾重重、关系紧张，也可能是政权脆弱不稳之主因。我们已经看到，随着羌人和鲜卑臣属的倒戈相向，383年苻坚大举南征失利如何引发了前秦帝国的迅速崩溃。[25]从280年晋灭吴到588—589年隋灭陈，似苻坚那般全力以赴出兵南下，这段时期之内无人可比。在南北分裂的大部分时间里，北朝政权满足于发动有限的进攻，以削弱南朝来使自身得利。这种模式不仅反映出北朝的内部矛盾和其他掣肘因素，也反映出北朝在物资供应和后勤保障方面存在重重困难，这些困难与阻碍南朝北伐的困难相当。凶悍迅捷的北朝骑兵在开阔的战场上拥有巨大优势，但往往受挫于散布在边境地带、筑垒并屯有重兵的大批城镇。比如422—423年，一万宋军坚守黄河以南的虎牢，能与兵力远胜于自己的魏军僵持长达二百天。507年，魏军攻打淮河畔的钟离，战绩更为惨淡：三千梁军坚守三个月，援军赶来解围，击退了魏军。[26]北朝军队也没有摆脱困扰南朝对手的后勤薄弱问题。379年，北府兵将领刘牢之即破坏秦军辎重，夺取运输船只，从而迫使秦军退兵。[27]

地理、敌垒和粮草问题相结合，即可遏制北朝贸然出兵南下。450—451年冬北魏太武帝南征，就很好地说明了这一点。450年初宋军挺进黄河，遭遇惨败，北魏太武帝接踵而至。太武帝选择绕过沿淮河一线驻防的宋军，以骑兵闪电突进长江。451年2月1日，渡淮仅十天，太武帝就陈兵离建康不远的江北瓜步。此举在宋朝都城引起恐慌：宋朝军队和战船沿长江南岸列阵达一百六十公里，江上水师由储君全面指挥。太武帝扬言过江，但肯定是虚张声势，因为他的军队既无船只又不习水战，无法与宋军水师对敌。由于人马开始缺粮，太武帝于2月18日北撤。撤军途中，太武帝兵围淮河上的盱眙城，意图夺取粮草，供大军过河南退至黄河时用。然而，盱眙坚守了数周之久。此时魏营暴发瘟疫，又有探报称宋军水师自海溯淮而上，太武帝遂放弃攻城，退至河南，以免被敌军战船所困。北魏太武帝蹂躏宋朝六七州，掳获近五万人北返，但自己也损失惨重，且未攻取一寸土地来彰显此番武功。[28]尽管太武帝特意在冬天用兵，但还是发现南方环境不适合北人。如北魏政治家崔浩多年前所言，夏季用兵更是困难重重：

> 南土下湿，夏月蒸暑，水潦方多，草木深邃，疾疫必起，非行师之时。且彼先严有备，必坚城固守。屯军攻之，则粮食不给；分兵肆讨，则无以应敌。[29]

南方地貌有一个特点，崔浩并未提及，但对北魏太武帝南征的结果有重要影响：广布众多河流和其他水道。这些河流水道给北朝骑兵带来了严重阻碍，同时也为南朝水军的快速移动提供了通道。与攻略河南一样，南朝政权守御江淮严重依赖战船和水上机动工具。其所使用的船只大小类型繁多，从甲板数层、可载船工兵士数百人的楼船巨舰，到只配有少数乘员的小型巡逻艇和战斗艇，不一而足。虽然设计上似乎有很多不同之处，但这些船只大多具有共同的基本特征。这些特征在中国传统造船工艺中几乎无处不在，包括船体为平底钉造；无龙骨、船首柱和船尾柱；船首和船尾有横梁；船体铺板连接到坚固的横向舱壁，而不是框架或肋骨。[30]战船大多由帆桨驱动，帆通常由藤席编成。战船对阵，战术花样繁多。与传统的地中海海战不同，中国的内河水战似乎未曾大量使用船只进行冲撞。这种情况可能受以下事实影响：虽亦可将独立的撞角撞杆安装到中国战船的前部，但中式船只没有龙骨，无法为地中海式的战船冲撞提供结构基础。跳帮夺船虽并非闻所未闻，但在中国似乎也不如西方常见。最常见的战术是用箭矢礌石摧毁敌船，杀伤船上敌兵。[31]船只大多载有弓弩手，大型战船的最顶层甲板上部署有杠杆式投石机。双方所用弩的大小和射程差异，会极大地影响战斗结果。410年底刘裕在长江上击破卢循的义军水师便是如此。[32]为了避开箭矢礌石，一些船只的上层甲板覆顶，或两厢用牛皮“蒙背”。水军兵士藏身于木垛之后，通过战船两厢的窗孔向外放箭。箭矢礌石在水战中能发挥重大作用，不过往往有利于守而不利于攻。通常来说，要消灭坚固的敌船（而不是仅仅杀死船上的敌兵）相当困难，一大例外是用火船发动火攻。算准天时地利，就会给毫无防备的对手造成重创。[33]在中国南方的河流上作战，有几个重要方面不同于海战。战斗几乎总是在逼仄的空间里进行，基本没有回旋的余地，敌人来袭的方向板上钉钉。攻方自上游顺流而下，占据优势。但是这也让攻方身处险境，一旦失利便难以逃脱。最重要的是，内河水师一般必须与陆师密切配合，经常运载大批将士下船登岸，攻城拔寨或主动击敌。[34]

从西晋到唐代灭亡的六百年间，中国的水军一般（实际上基本是仅仅）使用本国的江河和内河航道。南北大分裂、相互攻伐的时期，水师被用于帮助出征大军渡河或沿河而行——或阻止敌军渡过大江大河。沿海水域往往被忽视。这一时期的中国没有遭受来自海上的威胁，同样也没什么诱人的海外扩张目标。唯一的大规模海上远征，是7世纪隋唐统治者征伐朝鲜半岛诸国。这种总体情况，与拜占庭人、阿拉伯人和挪威人在欧亚大陆另一端更积极地使用海军形成了鲜明对比。不过，这是对中国独特的地理和战略环境的合理回应。

在漫长的中国南北大分裂时期，南朝掌握了水战的器具和技术，从而拥有了巨大的防御优势。北方政权更长于骑兵作战，对维持强大的水军经验不足。北方缺水，懂水战者少。北方多造小船，适合相对水浅的北方河流。[35]面对南朝水师在宽阔的江面上纵横巡弋，北朝军队往往不知所措。北魏太武帝曾扬言要割芦苇编筏，让自己的人马渡过长江。但他明智地选择了虚晃一枪。[36]如果北方大国想要拿下建康，别无选择，只能建立一支真正属于自己的水军，才能从南朝手中夺取长江的控制权——一如279—280年晋朝之所为。

这正是隋朝开国皇帝杨坚在6世纪80年代末所采取的策略。彼时杨坚占尽种种优势，而这些优势在早期北朝南征时并不常见。北方已统一，能够对陈朝形成压倒性的力量。而北周从前南下攻掠的地盘颇多，意味着北周可以从距建康较近的地方发起进攻。隋军不必费心减少敌人的淮上坚垒，也不用维持漫长的粮道，因为隋朝已经控制了整个长江北岸，并据有长江上游的四川盆地。这使得隋朝能够像晋朝在279年所做的那样，派出庞大水师，一路沿江而下。587年，隋朝开始大力筹备攻陈之事。隋朝在数地，包括山东半岛南部沿海的东海郡、今湖北省的蕲春以及汉水流域，建造了大批战船。造船最多之地是长江上游的永安（今重庆奉节）。从史书记载的后来杨素统率的水军规模来看，杨素必在永安建造了数千艘新船。其中最大者当数“五牙”巨舰。这种战船有五层甲板，可容纳八百人，并配备六座高十五米的拍杆。拍杆可以从垂直方向拍落，毁伤敌舰，或让敌舰动弹不得，从而变成箭矢礌石近处攒射的活靶。位居其次者名为“黄龙”，这种战舰每艘可以运载一百人。另有其他类型的小型船只。[37]

到588年的深秋，八路隋军合计五十一万八千人，从四川至海边沿长江以北严阵以待。除杨素屯兵于永安，还有一路为水陆并进，屯于汉水畔的襄阳，名义上由杨坚的第三子、秦王杨俊率领；水师一路屯于蕲春；四路陆师由杨坚的第二子杨广统率，沿长江下游并进；第八路是建造于东海之滨的水军，由燕荣率领，计划经海路攻入太湖附近的沿海地区。值得注意的是，八路隋军中有三路完全或主要由水师组成；在杨俊沿汉水而进的第四路中，水师分量也极重。[38]隋军对面的陈军近十万之众，从长江三峡到沿海皆有驻防，兵力最集中之处在这条防线的西端和建康附近。[39]隋军的基本战略，是利用长江上游杨素的兵力拖住陈军水师，从而为杨广大军强渡长江下游创造有利条件。倘若失策，长江上游的陈军破围而出、回防建康，杨素仍可顺流而下，助各路隋军拿下陈朝都城。[40]

隋朝的平陈之战，由杨素的水军发动。588年十二月（588年12月24日—589年1月21日），杨素率军顺流而下，过长江三峡。随后大部分战事都发生在今湖北宜昌市附近八十公里长的长江江段上。[41]陈军的首度反抗发生在狼尾滩。陈军有“青龙”战船百余艘，数千兵力在南北两岸险峻的地形上建立营栅为援，与隋军争夺长江航道。杨素担心自己的水军白天通过滩流时

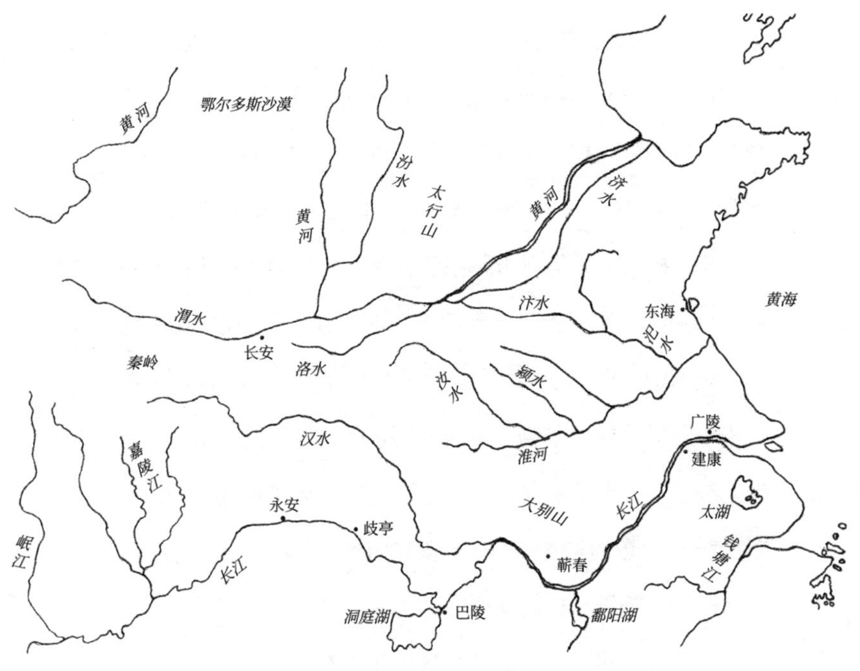

黄河
鄂尔多斯沙漠
汾水
太行山
黄河
黄河
济水
黄海
渭水
汴水
东海
长安
泗水
秦岭
洛水
汝水
颍水
嘉陵江
汉水
广陵
淮河
建康
永安
大别山
长江
太湖
岐亭
岷江
长江
蕲春
钱塘江
洞庭湖
巴陵
鄱阳湖

隋灭陈（588—589）

易遭攻击，遂在夜幕的掩护下从三个方向对陈军营寨发动进攻。杨素亲率水军主力顺流而下，过陈军营栅时船上将士衔枚以防出声，两路陆师同时攻打陈军在江北和江南的营寨。此战大获全胜，陈军几乎全部被俘。[42]杨素在下游三十公里左右的歧亭再度遇阻，陈将吕忠肃以三条铁索横截江面，挡住了隋军水师的去路。杨素再次意识到，必须让将士登岸，夺取敌人岸上的营垒。隋军进攻连连受挫，五千余人战死（陈军兵士从隋兵尸体上割下鼻子，邀功请赏）。陈军营垒最终被隋军夜袭拿下，杨素大军得以拆除拦江铁索。吕忠肃将自己的水军撤到荆门山下的延洲。杨素派出四艘"五牙"巨舰，由来自四川东南的一千名土著驾驭，当先攻向陈军水师。他们用拍杆击毁陈军战船十余艘，大破陈军水师，生俘两千余人。延洲之战后，陈军设在洞庭湖口巴陵以东的防线全线崩溃，守军纷纷弃营垒而逃。屯守公安的陈慧纪欲率军三万、战船千余艘沿江而下，回防建康，却为秦王杨俊的隋军所阻。杨俊早已沿汉水而下，赶到汉水与长江的交汇处。不过，此时建康已经陷落。[43]

589年1月22日，中国农历新年的第一天，杨广麾下的行军总管贺若弼率军从广陵渡江。这一出其不意之举，是长期谋划准备和诡诈布局的结果。贺若弼将所有可用的船只都藏匿起来，将不堪用的旧船破船毫不遮掩地暴露在河边。沿江驻防的部队回广陵换防时，贺若弼令将士大张旗鼓而行，且新设营幕，好像是新来的军队。长江南岸的陈军一开始被此计所迷惑，枕戈待旦以备迫在眉睫的隋军进攻。但是等陈军识破了贺若弼的计谋（其实这才正中贺若弼下怀），就放松了警惕。贺若弼还在长江岸边大肆行猎，结果陈朝守军对长江对岸的任何骚动都习以为常。[44]贺若弼猝然一击得手，也得益于这样一个事实：陈朝已将长江下游的全部战船集结到建康，朝中内斗让这些战船无法再部署到沿江各据点巡弋守御。[45]1月27日，贺若弼攻下重镇京口。与此同时，韩擒虎率隋军一路偏师仅五百人，从建康上游偷渡长江，一举攻克采石城。彼时陈朝守军喝得酩酊大醉，韩擒虎轻而易举达成此功。韩擒虎麾下兵力增至两万，由南向北进攻建康。贺若弼则率军从东北方向杀奔建康。有将领向陈后主谏言一面避战一面派战船切断已攻入长江以南的隋军后路，陈后主非但不听，反而于589年2月10日主动出战，派兵进攻贺若弼。[46]

此战在建康城以东约十公里的高冈之上进行。五路陈军列阵九公里有余，结果无法有效相互支援。只有鲁广达率阵列最南端的陈军一部，主动出击贺若弼的八千隋军。鲁广达屡次被击退，二百七十三人战死。贺若弼最终从此番激战中脱身。他以烟幕（可能是放火烧草所造）断后，然后转身进攻陈军另一部。该部陈军毫无斗志，很快掉头逃跑。陈军其他各部得知情况后随即溃败。贺若弼大战城东，韩擒虎则率军杀向南门。部分南门守军先逃，一名刚刚投降的陈军将领说服其他人卸甲归降。韩擒虎直奔皇宫，抢在贺若弼之前生擒了陈后主。贺若弼一路克服了更为激烈的反抗，方能从北门攻进建康城。后来两员隋军大将为攻克建康之功而争执不下，直到隋文帝出面宣布两人的功劳相等。[47]

建康陷落后，陈朝其余各地很快归降。杨广命沦为阶下囚的陈后主致书招降长江上游仍在反抗的陈朝众将。陈后主书至，陈朝众将基本全部听命。王世积率隋朝水军在蕲口大败陈军，又从蕲春南下，招降了今江西省各地。[48]整个南方，唯有太湖畔吴郡的太守进行了大规模的反抗。杨广大军从建康分陆师南下，燕荣率水师取道海路入太湖，合力攻之。到二月底，隋军平定了这一地区的反抗。[49]得当地土著大首领之助，遥远的岭南也兵不血刃归附隋朝。[50]588—589年的平陈之战，隋军将帅在赢得南方民心方面下足了功夫。贺若弼军法严明，严禁部下劫掠。杨素则特意释放了俘获的陈军兵士。这与从前西魏和北周军队的行径形成鲜明的对比。西魏和北周军队曾将数以万计的南朝俘虏掠回北方为奴。[51]从589年的结果来看，平定南方轻松得出人意料，隋朝自我克制的政策似乎取得了彻底的成功。

然而，到了次年底，一场极其剧烈的反隋叛乱便猝然在太湖地区和浙江北部爆发，并沿着海岸向岭南蔓延，远及今天的越南。叛乱波及之地，新上任的隋朝官员纷纷遭叛军杀害。有的官员被活活掏出内脏，甚至被切成块吃掉。比之589年，南人的所作所为变化竟如此突然，我们应如何解释？隋朝官员似乎并非苛政虐人、敲骨吸髓之辈。不同之处在于，一年前屈膝归降之速者，俱为陈朝的高官显宦；新近率众起兵造反者，则代表着更为广泛的地方精英阶层。这些人突然发现，新官府的统治损害了自己的利益。尤其是隋朝官员似乎挑战了南方豪强由来已久的特权，这些特权包括免于完粮纳税、可向官府隐瞒佃客部曲家口而不受惩罚。叛乱由一则谣言引发，这则谣言极有可能是由当地精英传播的：隋朝官府打算将数十万南人强制迁往北方。[52]

隋文帝命杨素率军平乱。杨素从京口附近渡江，连败数路叛军，攻入今浙江一带。他派麾下行军总管史万岁率军两千，深入南方沿海山区，击讨其他各路叛军。据史书记载，史万岁转战近千里，历经七百余战，与杨素不通音信达一百多天。杨素最终平定叛乱，劝降了仍与隋朝为敌的两名叛军首领之一，让此人对另一人倒戈相向，将另一人执送隋军，以换取自己的性命。[53]从这时起，南方似乎已被隋朝牢牢控制。直到7世纪20年代，隋朝开始失去对全国的控制，南方的分裂才再度抬头。

1 有关这些事件更为详尽的论述，见Wright（芮沃寿），*The Sui Dynasty*, pp. 58–63, 110–13。 204

2 司马光：《资治通鉴》，第176卷，第5483页；《隋书》，第48卷，第1282—1283页。

3 傅乐成：《魏晋南北朝战史》，第14—15页。又见张铁牛、高晓星：《中国古代海军史》（北京：八一出版社，1993年），第54—56页。

4 有关祖逖，见《晋书》，第62卷，第1695—1697页；司马光：《资治通鉴》，第88卷，第2801页，以及第91卷，第2889页。

5 这里的“另一位流民帅”指的是庾亮，见《晋书》，第73卷，第1923页。353年北伐之役由殷浩领导，见王仲荦：《魏晋南北朝史》，第1卷，第334页。

6 傅乐成：《魏晋南北朝战史》，第30页。

7 傅乐成：《魏晋南北朝战史》，第30—31页；司马光：《资治通鉴》，第102卷，第3214—3218页。

8 傅乐成：《魏晋南北朝战史》，第31—32页。

9 王仲荦：《魏晋南北朝史》，第1卷，第378—383页；傅乐成：《魏晋南北朝战史》，第32—33页；何兹全：《魏晋南北朝史略》，第118页。

10 傅乐成：《魏晋南北朝战史》，第33页。

11 傅乐成：《魏晋南北朝战史》，第34页。

12 许辉：《南北朝战争特点探析》，《江海学刊》，1991年，第3期，第119页。

13 王仲荦：《魏晋南北朝史》，第1卷，第445页。

14 陈寅恪：《魏晋南北朝史讲演录》，第227—278页，第236—237页；吕思勉：《两晋南北朝史》，第1202—1203页，第1306—1307页。

15 吕思勉：《两晋南北朝史》，第1307页。有专家将449年宋军兵败滑台归咎于他们没有像刘裕那样携辎重车辆；见傅乐成：《魏晋南北朝战史》，第34页。有关中国古代车辆的更多论述，见*Joseph Needham*（李约瑟），*Science and Civilisation in China*, vol.4: *Physics and Physical Technology*, Pt. 2: *Mechanical Engineering* (Cambridge: Cambridge University Press, 1965), pp. 250, 319–20, 以及第189页和第213页的整版插图。

16 Graff, “Early T' ang Generalship and the Textual Tradition,” pp. 103–17。有关对基于现代数据的各种运输方式的成本进行比较，并以运输一吨货物/每公里所消耗的谷物千克数或谷物当量来表示，见Colin Clark and Margaret Haswell, *The Economics of Subsistence Agriculture, 4th edition* (London: St Martin's Press, 1970), Table 47, pp. 196–8。

17 如可见《魏书》所载刁雍之论奏。见魏收：《魏书》，第38卷，第868—869页。

18 陈寅恪：《魏晋南北朝史讲演录》，第226—227页。

19 朱大渭：《魏晋南北朝农民战争的社会后果》，收入《中国农民战争史论丛》，第5辑（北京：中国社会科学出版社，1987年），第32页。

20 唐长孺：《魏晋南北朝隋唐史三论》，第88—90页。

21 Ochi Shigeaki（越智重明），“Tō-Shin chō chūgen kaifuku no ichi kōsatsu,” Tōyō gakuhō, 38.1(June 1955), pp. 76, 80–2.

22 王仲荦：《魏晋南北朝史》，第1卷，第333页，第338页；又见Rogers, *The Chronicle of Fu Chien*, p. 60。

23 Ochi（越智重明），“Tō-Shin chō chūgen kaifuku no ichi kōsatsu,” pp. 83–4; 王仲荦：《魏晋南北朝史》，第1卷，第367页，第381页。

24 Ochi（越智重明），“Tō-Shin chō chūgen kaifuku no ichi kōsatsu,” pp. 84–5; Rogers, *The Chronicle of Fu Chien*, pp. 52–3, 65, 60。

25 很多学者认为，民族关系紧张是北朝政权的根本弱点，这也限制了北朝统治者胁制南朝的能力。如见陈寅恪：《魏晋南北朝史讲演录》，第229页；许辉：《南北朝战争特点探析》，第

120页。

26 许辉:《南北朝战争特点探析》,第120页。

27 周年昌:《东晋北府兵的建立及其特点》,第161页。

28 有关此战的概述,见傅乐成:《魏晋南北朝战史》,第34页;更为详尽的记载,见司马光:《资治通鉴》,第125卷,第3957—3960页,及第126卷,第3961—3967页。

29 《魏书》,第35卷,第819页。

30 Joseph Needham(李约瑟), *Science and Civilisation in China,* vol. 4: *Physics and Physical Technology,* Pt. 3: *Civil Engineering and Nautics* (Cambridge: Cambridge University Press, 1971), p. 391。Needham(李约瑟)在第424—425页和第685—686页讨论了不同类型的战船。又见李则芬:《两晋南北朝历史论文集》,第2卷,第261—263页;Rafe de Crespigny(张磊夫), *Generals of the South: The Foundation and Early History of the Three Kingdoms State of Wu, Faculty of Asian Studies Monographs,* New Series No. 16 (Canberra: The Australian National University Faculty of Asian Studies, 1990), pp. 277–80。

31 有关中国水战战术的探讨,见Needham(李约瑟), *Science and Civilisation in China,* vol. 4, Pt. 3, pp. 449, 678–85 and 690,又见de Crespigny(张磊夫), *Generals of the South,* pp. 278–81。

32 吕思勉:《两晋南北朝史》,第1308页;司马光:《资治通鉴》,第115卷,第3640页。

33 De Crespigny(张磊夫), *Generals of the South,* pp. 281–2.

34 De Crespigny(张磊夫), *Generals of the South,* p. 281.

35 吕思勉:《两晋南北朝史》,第1217页。

36 司马光:《资治通鉴》,第125卷,第3959页。

37 司马光:《资治通鉴》,第176卷,第5494页;《隋书》,第48卷,第1283页;张铁牛、高晓星:《中国古代海军史》,第62—64页。笔者对于"拍杆"及其功能的理解,依据Joseph Needham(李约瑟), *Science and Civilisation in China,* vol. 4, Pt. 3, p. 690。

38 司马光:《资治通鉴》,第176卷,第5497—5498页;张铁牛、高晓星:《中国古代海军史》,第64页。

39 司马光:《资治通鉴》,第176卷,第5499页。这一数字似乎不可靠,与另一似乎同样不可靠的数字(第177卷,第5506页)相矛盾。陈军三万余人应已驻防于长江三峡附近(第177卷,第5512页)。

40 司马光:《资治通鉴》,第176卷,第5494页。

41 接下来的交战地点见谭其骧等编:《中国历史地图集》,第5卷,图26—27。

42 《隋书》,第48卷,第1283页;司马光:《资治通鉴》,第176卷,第5499页。

43 司马光:《资治通鉴》,第177卷,第5511—5512页;《隋书》,第48卷,第1283页。

44 司马光:《资治通鉴》,第177卷,第5504页。

45 司马光:《资治通鉴》,第176卷,第5500—5501页。

46 司马光:《资治通鉴》,第177卷,第5505—5507页。

47 司马光:《资治通鉴》,第177卷,第5507—5509页,第5518页。

48 司马光:《资治通鉴》,第177卷,第5506页,第5512—5513页。

49 司马光:《资治通鉴》,第177卷,第5513—5514页;《隋书》,第61卷,第1463—1464页。

50 见Wright(芮沃寿), *The Sui Dynasty,* pp. 150–3。

51 司马光:《资治通鉴》,第177卷,第5505页,《隋书》,第48卷,第1283页。

52 司马光:《资治通鉴》,第177卷,第5529—5530页。

53 这些战事皆见司马光:《资治通鉴》,第177卷,第5530—5532页。

Chapter 7
The Koguryŏ War and the fall of the Sui dynasty

第七章
高句丽之役与隋朝的覆灭

589年隋灭陈，从政治上恢复了整个中国文化区（包括南北）自4世纪初以来所未见的统一。统一凭武力，但维系新的帝国，隋文帝杨坚、其子隋炀帝杨广并未全凭武力。隋朝开国皇帝创制了一套更为中央集权化的官员选任制度。这套制度将新的人才纳入官僚体制，开始系统地采用笔试选官。尽管隋朝的高官显爵仍然由从前执掌北周政权的关陇士族所独占，但五湖四海之人入仕于下官，开始将自己的利益与新朝联系起来。隋文帝为整个帝国颁布了新的法律和礼制，并进行了各种形式的象征性和意识形态的宣传，以建立起对自身统治的拥护支持。隋文帝表示支持传统的儒家道德规范，倡导儒学，还对道教给予了一定的支持。然而最重要的是，隋文帝本人虔心向佛。他试图利用南北臣民共同笃信佛教，将这个国家弥合在一起，使自己的统治合法化。隋文帝大力倡导佛法，斥资新建了大量的佛寺，努力以转轮王（佛教之圣王）的形象示人，同时建立起官府对佛教僧侣的严格控制。[1]

隋朝统治者为保天下一统和宇内安宁，采取一些措施调整了沿袭自北周的军事制度。590年6月16日，平陈后不久，隋文帝降诏：

> 魏末丧乱，宇县瓜分，役车岁动，未遑休息。兵士军人，权置坊府，南征北伐，居处无定。家无完堵，地罕包桑，恒为流寓之人，竟无乡里之号。朕甚

> 愍之。凡是军人，可悉属州县，垦田籍账，一与民同。军府统领，宜依旧式。罢山东河南及北方缘边之地新置军府。[2]

诏书中宣布的最后一项措施，主要是针对北齐故地南部新置的军府。当时隋朝新置这些军府，是为平陈做准备。废置这些军府，则与隋文帝平陈后旨在实现东部和南方铸剑为犁的政策相一致。比如595年4月12日隋文帝颁布诏令，命官府收缴全国兵器，从此以后，任何胆敢私造兵器者都将被法办。几年后，隋文帝再颁诏令，没收南方所有超过9米长的船只——这样长度的船只足以用于战事。这些措施显然是针对新近平定的北齐和陈朝故地。实际上，595年的诏令明确规定隋朝关中腹地不禁兵器。[3]

然而，590年的诏令主要着眼于解决的问题则略有不同。578年灭北齐和589年平陈，大批军府从原来的关中故土迁到了东部平原的新驻地。兵士通常有家属随军，但由于帝国战略需要而频繁调动，军人和家属无法在一地长期定居。军人和家属由将帅而非地方官府统管。隋初沿袭北周之成法，把军户和民户别籍造册。普通民户居有定所，一般为农民。随着天下一统，这些军户长期安居一地成为可能，这似乎正是隋文帝颁布诏令的主要目标。从此之后，军人及家属与其他百姓一起，被编入地方官府之民籍。按照渊源悠久的土地分配（以及赋税征收）制度——“均田制”——兵士和家属可以和普通农户一样，从官府分得土地。这无疑将使他们能够更好地维持生计，从而减少军队对国家资源的消耗。与此同时，兵士仍名列地方军府之军籍，要像以前一样履行军事义务。这一切显然是为隋文帝的统一和中央集权大业服务的。军队的战斗力丝毫无损，但将领对下属的控制被大大削弱。[4]

一般认为，590年诏书中的这些规定，是针对改编自从前北周二十四军的各部，即后来所称的“府兵”。到隋朝初年，府兵的组织编制有了巨大发展。“骠骑将军”的人数，比之史书记载550年的二十四人有大幅增加。但骠骑将军的品级有所下降，不再掌“军”，而是领“府”，掌握团级规模的部队。这些团级规模的部队正是隋朝军事体制的基本构成部分。“车骑将军”的人数也有相应增长，地位亦有所下降。部分车骑将军继续开府建牙，自掌一团。但车骑将军大多成为骠骑将军的副将。[5]由骠骑将军和车骑将军统领的各地军府中，有些（显然不是全部）隶属各地总管，有些（显然也不是全部）则隶属京师诸卫。隋文帝将北周时期的四卫扩充到十二卫。[6]隋朝初年，各地府兵在其军府所属卫府的指挥下，轮番宿卫京师。这一制度很可能是建立在已成定制的全民服役模式之上。根据这种模式，成年男性农民每年需要轮番服役约一个月。[7]各地军府之中，改编自西魏和北周禁军的各部（主要为鲜卑人），与原本征自农户的各部，分属两类；此外还有统治精英子弟组成的禁军精锐。[8]这套精心划分的指挥架构对皇帝有利，单独的将领无法调动足够的兵力威胁皇权。各卫大将军基本没有机会与一时轮番宿卫京师的府兵相结纳。

604年，隋炀帝杨广继位后不久，就开始对隋朝的军事制度进行重大改革，以进一步加强中央集权统治。605年初，隋炀帝降诏废置各地尚存的三十九座总管府。所谓总管府，即授予主政一方者军民两政之大权。总管府是一项广泛推行的制度措施在北周的变体，到6世纪初时已有数百年历史。地方总管负责其总管府所在州的治民理政，同时对邻近数州驻军行使军事指挥权。总管府在某些方面类似于7世纪中叶阿拉伯人大举入侵后出现的拜占庭“军区”(themata)，并与之一样随着军事需求而演变。[9]为应对大分裂时期频繁发生的军事危机，总管府提供了一套灵活的制度工具。但在589年后江山一统的新秩序之下，该制度的作用大大减弱。隋朝初年之后，总管府的数量便遭削减。余下的总管府主要置于重地，以拱卫京师、控制南方或守护隋帝国的外围边疆。然而，这种安排似乎使兵力集中于各州的程度超出了隋炀帝所能容忍的上限。废置总管府，原总管府下辖军队隶属京师诸卫，开始轮番宿卫。这便意味着听命于禁军的军府总数大幅增加。[10]

废置总管府两年之后，隋炀帝进一步改革军事制度。卫府从十二个扩充到十六个，向诸卫输送兵士的地方军府结构得到精简，更加合理。“骠骑府”“车骑府”统一改称“鹰扬府”。“鹰扬府”副将明确称“鹰扬郎将”，官衔不再与自掌一府的主官相混同。[11]大约就在此时，可能是因为军府数量比之过去大增，各军府以地理来命名，而不再像原来那样以数字相称。举例来说，一军府从前称“右武卫三骠骑”，如今称“龙泉府”。我们不清楚军府的总数，也不清楚各军府的标准规模。[12]但是一般认为，隋炀帝在隋文帝的基础上大大增加了军府数量，并在隋帝国的东部和南方新置军府——这些地方取自北齐和南陈尚不过数载。隋炀帝对中央集权的热衷不亚于隋文帝，但他的手段有所不同。隋炀帝不是举天下之兵于西北，以临新近平定之地，而是试图在以京师为中心的军事制度框架内，给南方和关东的地方精英分授官爵，从而笼络之。[13]隋炀帝便是通过这一方法将陈棱纳入隋朝中枢的。陈棱本是庐江（位于长江以北，今属安徽省）的乡兵帅，隋炀帝初年得授骠骑将军，后被拔擢至京师十二卫，掌管一卫。[14]

如陈棱一般者所在多有。[15]不过，还有一点值得注意：隋朝的军事制度并非仅仅通过吸纳地方豪强为官府效力来发挥其整合的功能，当然这一点相当重要。《隋书》里7世纪初诸将领的列传表明，加官晋爵通常依据军功，统兵作战非精英所独享。从军服役，让出身卑微的男子有了人生发展和向上流动的前景。王辩是关中凤翔的商人之子，军旅生涯始于北周，初为下级军吏，隋炀帝时升迁为军府主将。[16]不过，向上流动最显著的例子当数张定和。张定和是万年（京兆二县之一）人，年少贫贱却胸怀大志，军旅生涯始于在某军府充任普通侍官。所部奉命征发参加平陈之役，张定和穷得连从征口粮都凑不齐。他想劝妻子卖掉嫁妆置办口粮，未能如愿。尽管如此，张定和仍然从征，最终立下战功，得授骠骑将军、太守和左屯卫大将军。[17]

通过军事征伐和制度安排来恢复和维护大一统，显然是隋初军队的中心任务。然而，还有其他问题需要应对。其中最突出者，当数游牧民族突厥的挑战。开始全力筹备南下平陈事宜之前的几年里，隋军最关注的就是突厥。552年，突厥取代旧主柔然，成为北方草原的霸主。突厥迅速控制了大片土地，疆域范围从今中国东北地区向西到咸海，从贝加尔湖往南到中国中原边塞。北齐与北周征战不断，突厥轻而易举从中占据上风：威胁其中一方，要与另一方结盟，从而胁迫双方都让步。为了应对突厥的崛起，北齐在555年新筑长城近九百里，556年又修了四百里。北齐长城每十里设一戍，即小型堡垒，并设大型堡垒守卫重中之重的战略要地。[18]不过，这些防御工事与后世北京以北的明长城毫无相似之处。北齐长城不是用石块或烧砖建造的，而是由役夫用夯土之法仓促筑成的。这种长城除非花大力气养护，否则很快就会倾危坍毁。[19]

突厥对杨坚建立隋朝充满敌意。这可能与突厥新主沙钵略可汗认为隋朝开国皇帝对自己不敬有关，抑或与沙钵略可汗的王后出身刚被杨坚废黜的北周宇文氏皇族不无关联。[20]同样有可能的是，沙钵略可汗担心东亚的力量平衡很快要彻底倒向统一的华夏，于是想给隋朝巩固政权制造障碍。582年底，沙钵略可汗大举入侵渭水流域北部和西部诸郡。突厥连败数路隋军，将六郡洗劫一空，掠走大批牲畜。[21]翌年春，隋军在今内蒙古呼和浩特附近的白道反击得手，大败沙钵略可汗。但边塞其他各地，突厥仍占上风。比如583年六月，突厥便大败并斩杀隋幽州总管。[22]6世纪80年代，隋朝一再征发役夫，修缮北齐所筑的长城各段。[23]

隋朝很快就扭转了对突厥的局面，不是通过修筑长城或出兵征讨，而是因为583年下半年突厥内部发生分裂。沙钵略可汗与其堂兄阿波可汗之间爆发大战。阿波可汗自掌一方，兵强马壮。他身为前任可汗之子，声称自己拥有突厥汗国的最高统治权。突厥的统治架构极易出现这种分歧，因为政治权力的代际转移没有明确一致的规则。统治权通常是从一个兄弟到另一个兄弟横向继承，但等到一众兄弟姐妹无人可再传时，争夺自然而然就在堂兄弟之间爆发了。[24]583年所发生的变乱正是如此。阿波可汗得到了突厥汗国西部统治者达头可汗的支持，而隋朝出兵相助从前的敌人沙钵略可汗。阿波可汗在东部败于沙钵略可汗之手，投奔自己的盟友达头可汗。独立的西突厥汗国因此建立，统治范围包括东起伊吾（今哈密）西至咸海的突厥汗国全部地盘。[25]这标志着突厥开始长期分裂为相互争斗的东西两汗国。突厥的势力大为削弱，东突厥汗国的沙钵略可汗如今受制于隋朝，隋文帝杨坚才能集中力量平陈，而不用担心北方边塞的安全。随后数载，隋朝想尽办法在突厥王族内部制造分裂。597年，隋文帝将一名宗室女子嫁与沙钵略可汗之弟。沙钵略可汗之子、汗国继承人都蓝可汗随即与之爆发内战。隋主出重兵帮助自己在突厥的新代理人，并封其为启民可汗，在隋朝边塞为其置城造屋。[26]不过几年，启民可汗的军队就大获全胜，成为东突厥汗国无可争议的统治者。启民可汗及其继任者始毕可汗在位期间，东突厥对隋朝俯首帖耳直至615年。605年夏末，一名隋朝将领率两万突厥大军突袭了中国东北地区南部的另一个草原民族契丹，彼时契丹长期侵犯中原边境的最东北地区。[27]

隋朝制伏东突厥，与其说是直接出兵的战果，倒不如说是对突厥王族进行巧妙分化利用的结果。与突厥作战，隋军在戎具方面并不占优势。隋军通常由步兵和骑兵组成，骑兵主要为甲骑具装。马铠一般为皮革或由金属的长方形小札片编成，分量太重，所以马跑不快。[28]甲骑具装在中原作战具有战术优势——战斗在相对狭小的空间内进行，骑兵最重要的功能之一就是冲垮步兵阵列。然而在开阔的大草原上，面对突厥和其他游牧民族机动性远强于自己的轻骑兵，隋军的重甲骑兵定然难以匹敌。在作战层面上，后勤的限制加剧了这一困难。中原军队深入草原作战，一般自带粮食，用驮畜或车辆运粮，军队的作战距离和行动速度都受到限制。突厥和其他草原民族的后勤则极为灵活。只要他们在草原上行动，牧民的牲畜就可以四处吃草，兵士就可以吃牲畜维生。草原民族的军队之中，每名战士通常都会多携带几匹马备用。有的当战马，其他的在需要时被军队杀死吃掉。[29]隋军与游牧民族作战，还固守所谓“用兵谨慎”的教条。由于担心自己的部下会遭到机动性更强的敌人偷袭或伏击，隋军将领大多不愿动用骑兵向突厥主动发起进攻。他们倾向于机动行军时排成长方形大阵，阵中以步骑兵和车辆相互支援。骑兵通常部署在由步兵和车辆组成的空心方阵中央。骑兵可以从方阵中央发动反击，却不能对敌人采取更积极的行动。杨素是为数不多的愿意打破这种套路的隋军将领之一，他曾率领庞大的隋朝水军南下平陈。599年，杨素大战与隋朝为敌的突厥可汗，对这种方阵颇有怨言：“此乃自固之道，非取胜之方也。”他下令骑兵各自摆开阵势，主动进攻，大破突厥。[30]杨素之功似乎对其他将领无甚影响。607年，隋炀帝兴师动众北巡，车驾大军又以方阵为主。[31]

平定南方，成功处理与突厥的关系，使中原统治者可以随心所欲地朝其他方向扩边。隋朝两代皇帝都试图统治邻近诸国诸部，重现汉朝之荣光。于越南北部和朝鲜半岛而言，此乃不祥之兆。越南北部和朝鲜半岛当时都是独立的政权，但历史上曾经是汉帝国的组成部分。602年，隋军轻而易举地自当地统治者手里收复交州（今越南河内附近地区）。605年春，隋军继续南进，攻入沿海的占婆王国（Champa，中国史书称林邑，都城位于今越南岘港附近）。此番远征颇不寻常，与重现大汉荣光无甚关联，却与隋文帝的愿望大有关系——他想要拥有传说中这块南方土地上的财富（基本上子虚乌有）。[32]刘方率隋军渡过阇黎江后，遭遇林邑军队驱战象进攻。初战不利，刘方挖掘了一些小坑，坑上盖草，诈败将战象诱入陷阱。隋军又用弩击射战象，许多大象掉头践踏己方军队。刘方命令部下紧跟着溃败的大象猛冲，林邑军队立时溃败。刘方乘胜攻克林邑都城，将其洗劫一空。然而班师途中，刘方大军遭疫疾重创，刘方本人也染疾身亡。[33]这一结局几乎是意料之中的。直到晚近，军队无论在何种气候区作战，都很容易感染流行病，但当来自温带地区的士兵南下热带，接触到大量不熟悉的微生物时，这种危险就显得尤其严重。 216

在北方，隋朝的霸权受挫于高句丽王国。该国都城位于朝鲜半岛北部的平壤，疆域向西扩张至中国东北地区南部，远及辽河。高句丽与西南方的百济王国（疆域范围约包括今韩国光州到首尔之间的全部地区）、东南方的新罗王国（今韩国釜山附近）三分朝鲜半岛。高句丽和百济都是4世纪由中国东北地区迁徙过去的好战部落建立的。[34]高句丽藐视大隋天威：早在598年，高句丽国王便同中国东北地区东部的通古斯部族靺鞨联手，侵犯辽河以西的隋朝疆土。这一举动令隋文帝勃然大怒。隋文帝下诏，令三十万大军征伐高句丽。8月4日，陆师从今河北秦皇岛附近的临榆关出发，却很快遭遇暴雨，大军粮道受阻。粮草不济，疫病横行，大军遂于10月底撤回，损失惨重却一无所获。隋军水师从山东半岛出航，本欲直捣平壤，奈何命运与陆师相似：水师在黄海遭遇风暴，大批船只从此不见踪影。[35]整个出兵的谋划，似乎完全无视中国东北地区南部的气候和季节性天气模式。在中国东北地区，7月和8月是雨季，道路泥泞，可使大军行动陷入停顿。[36]尽管隋军此番无能的表现令人叹为观止，高句丽国王还是悚然而惊，向隋文帝谢罪。隋文帝欣然接受了这一保全颜面的做法。在位余下的时间里，隋文帝没有再对高句丽王国采取任何进一步的行动。

607年，隋朝与高句丽关系开始恶化。彼时隋炀帝发现高句丽与东突厥暗中勾结。高句丽国王拒绝奉诏亲诣隋廷，隋炀帝遂着手准备再度用兵东北。"中央之国的权威受到了藐视，迟早的反应必将是对恶徒施以泰山压顶之力。"[37]610年底，备战进入高潮。当时隋炀帝向天下富户开征新税，用来为军队购买马匹。611年4月14日，隋炀帝正式下诏讨伐高句丽，令山东半岛北侧的东莱开造海船三百艘，并从长江与淮河流域征调水手一万人以操船，又从遥远的岭南征发排镩手（或为当地土著）和弩手各三万人。6月1日，隋炀帝御驾亲临今北京以南的涿郡，隋军陆师主力将从这里出发。[38]该地正是608—609年开凿的永济渠东北方向的终点。永济渠在黎阳附近汇入黄河。黎阳上游仅数公里，即通济渠之河口。通济渠始开凿于605年，向东南流经河南平原，连通淮河与长江。这套运输系统将隋帝国最富庶、人口最稠密的地区与东北边塞连接了起来，大大推动了征伐高句丽的军事资源储备。讨伐高句丽需要等待大运河完工，这或许有助于解释，从最初扬言出兵到真正着手备战，间隔时间为何如此之长。[39]

隋炀帝大业七年（即611年），整整一年，军队、马匹、粮食和军械器具源源不断涌入涿郡。成书于7世纪的《隋书》和11世纪司马光编纂的《资治通鉴》，都记载了当时后勤准备工作的规模是何其浩大。河南和长江下游地区的工匠奉命造戎车五万辆，用于运送衣甲帐幕。官府动员河南、河北的普通百姓“以供军需”。官府还从南方征发船只和船夫，将粮食从黎阳和洛口（位于洛阳附近）的巨型官仓运往涿郡。史书记载，官府征发民夫六十万充当“鹿车夫”。每辆鹿车由两人推行，运粮一百八十升，运往涿郡东北六百多公里处的泸河镇（今锦州附近）和怀远镇（今辽河附近）的前方粮栈。[40]这些“鹿车”实为中国的独轮车。不同于西方的手推车，独轮车的轮子直接位于正中央，承受大部分重量，从而可以负载更重的货物。正如伟大的中国科技史学者李约瑟（Joseph Needham）所言，中国独轮车的设计是“构想出来代替驮畜”的。据传说，第一个这样的玩意儿是由三国时期伟大的兵家诸葛亮所造。时值3世纪初，诸葛亮造车的目标明确：为自己的军队运粮。

其实有充分的证据表明，早在诸葛亮的时代之前，独轮车就被广泛使用了。[41]

集结于涿郡的大军里，既有鹰扬府的府兵，也有征发从军的普通男丁。这些男丁多为农户，本该征发服劳役，却被临时加派服兵役。据史书记载，征伐高句丽前夕，隋炀帝在华北平原新置了大批军府。尽管如此，我们还是无法确知上述两类兵士在全军中各占多大比例。[42]集结于涿郡的部队中，还有一些兵士不属于上述两类，比如归附隋廷的西突厥处罗可汗所率的突厥骑兵五百人。[43]全军最大的编制是二十四军，每军由一名“大将”统率，各军编制自然相同。每军的核心是重骑兵四十队，每队应为一百人，十队为一团。每军有步兵八十队，每队同样约一百人，编为四团，每团下辖二十队。此外，每军有辎重，配备数量不详的“散兵”，同样编为四团。再加上一队弓骑兵二百人，应直属大将本人调遣，或充任斥候。[44]除二十四军之外，还需加上随皇帝御驾亲征的“天子六军”，合计共达三十军。隋炀帝自京师大兴城（即长安）出发，将百官编为行营，百官从驾随行。及至涿郡，大批文官早已奉旨脱去长袍，身穿戎服，以便出入战阵。[45]

《隋书》编撰之时，著述者对战事仍记忆犹新，二十四军将士的戎服戎具皆有描述。不同的部队，通过旗幡以及服色、铠胄的差异，进行细致严格的区分。每军骑兵第一团皆身披青丝连明光甲，铁具装、青缨拂，建狻猊旗。[46]第二团皆身披绛丝连朱犀甲，兽文具装、赤缨拂，建貔貅旗。第三团、第四团服色同样各自有别。步兵配有旗幡，每队一面。同一军中，各团旗幡颜色各不相同。一军不只有一部鼓吹，而是有两部。前部鼓吹有乐器九十四具，主要是不同类型的鼓。后部鼓吹有乐器三十七具，包括铙、笳、横笛和大角。[47]鉴于隋军规模庞大，集结时间相对较短，世人有理由怀疑：是否全军所有将士确实都按照如此之高的标准统一配置？如果这些并非全然空想，那么这段和其他史料或呈现出隋代帝王的谋划和目标，而并没有真正付诸实践。

据《隋书》记载，征伐高句丽动员的作战部队总兵力达113.38万人，后勤保障人数近两倍于此。[48]上述数字颇值得怀疑，理由如下。首先，作战部队的人数与前文所言的编制架构和部队兵力很难对上。隋炀帝在涿郡集结的大军下辖三十军，每军骑兵四千人、步兵八千人以及乐师、弓骑兵，外加数量不详的“散兵”负责运输辎重。运输辎重的“散兵”也被编为四个团，人数不太可能超过八千人。所以，每军的兵力应在两万人左右，全军总计六十万人。再加上随水军出征的部队，可知全军总兵力为六十七万人。[49]《隋书》中的数字令人备感怀疑，因为作战部队的人数在609年隋帝国户籍人口中所占的比例是如此之高。当时隋帝国的户籍人口是46019956人，包括各个年龄段的男性和女性。[50]每四十一个户籍人口中，就有一个男丁应征从军，远赴沙场。再将史载应征服役、转运粮食的民夫算进去，这一比例就上升到令人难以置信的十四分之一。在农业社会里，人们的生活仅能维持温饱。将太多的农民征去从军，代价将是农业产量急剧下降，导致根本无法养活由此而生的庞大军队。罗马帝国晚期，在军队服役的男性人口与总人口的比例〔在此借用社会学家斯坦尼斯拉夫·安德列斯基（Stanislav Andreski）创造的术语"军事参与率"（MPR，即Military Participation Ratio）〕可能在1:100左右。1298年英国的这一比例是1:139，1710年为1:150，同年法国是1:66。有时这一比率会达到更高，但一般是通过短期动员民兵来实现的。这在相对简单、几无差别的社会中最容易做到。在这样的社会里，每个成年男性都应在必要时当兵从军，并熟练掌握相应技能。[51]

就612年隋炀帝大军的情况而言，有一个特殊原因可以解释为何军队人数会被夸大。隋代的正史是由效力于唐代的学者编撰的，他们对于把隋炀帝描绘成"末代昏君"兴趣浓厚。如此，隋炀帝身死国灭便是天意。[52]夸大隋炀帝军队的规模，也就强化了隋炀帝最终惨败的直观程度，从而渲染出天谴加诸其身的感觉。即便唐初史家未曾如此"弄虚作假"，《隋书》所载将士113.38万人的数字也很可能是611年官府征发的总人数，而不是实际到达涿郡和东莱并于翌年从征高句丽的人数。再考虑到史载隋朝集结的各军之兵力，全军规模大致为该数字的一半会较为合理。这一规模也与史载588年平陈时的隋军规模相一致。如此规模的军队太过庞大，无法统一行军、驻营和作战。正如我们所见，集结在涿郡的大军分为三十军，更易于管理。每军规模大致相当于一个拿破仑的军团（Napoleonic corps d' armée）。三十路隋军各自行军，自立营寨。[53]

612年2月8日，隋炀帝诏令出兵，大军主力开始从涿郡东进。[54]出兵征伐的时机选择，以及在前一年中所做的精心准备，表明隋炀帝和他的幕僚们已经从598年隋文帝的失败中得出适当的结论，从而决心在天气允许的情况下尽早出兵，趁夏天雨季到来之前有充裕的时间扫平高句丽边镇。

大军开拔之际，隋炀帝在涿郡的行宫附近举行了一系列复杂讲究的仪式。[55]中国的“天子”不仅是政治的领导人，也是神圣的统治者，负责连通天人宇宙。而战争被视为对天地秩序的重大破坏，故需要特殊的仪式。皇帝御驾亲征，尤其如此。这一次，隋炀帝在桑乾河畔筑社稷二坛。经过一段时间的沐浴斋戒，隋炀帝服衮冕，乘玉辂，赴社坛行宜社礼。改日，隋炀帝又于行宫以南祭上帝，献祭胙肉玉帛。胙肉分给诸军将士，其他祭品积柴焚化。[56]最后一项仪式是燎祭马祖（天蝎座中的四星有时被称为“天驷星”），于城北设坛。[57]同日，为进一步褒扬马匹对军旅征战的重要贡献，隋炀帝又令相关官员祭马步和先牧。征战过程中，隋炀帝安排大军向途经的山川神灵献祭。而礼制规定，皇帝自沙场凯旋回朝后，还要再举行一轮仪式。[58]

隋军主力东进，穿过中国东北地区东南部人烟稀少的山区和平原，于612年4月19日进至辽河。在此处，高句丽军队据守河东，与隋军隔河对峙。隋军搭建三座浮桥，皆未能成功。因为这些浮桥皆略短几分，余下的距离隋军试图强行涉水，如此在东岸守军面前便处于非常不利的地位。不过数日，隋军再度尝试，得以成功。隋军主力过河至对岸，大败敌军。隋炀帝乘胜猛进，兵围高句丽在辽河流域的重要据点辽东城（今辽阳附近）。陆上战事如火如荼，来护儿率隋朝水军从东莱启航，进入浿水（今朝鲜大同江）河口，于7月中旬抵达平壤下游约三十公里处。初战告捷，来护儿底气大增，遂直捣高句丽都城。副总管建言，应先等隋军陆师到达，协同并进。但来护儿根本不听。来护儿率军四万进至平壤城下，高句丽守军出城迎战而诈败，引诱隋军追入外郭城。隋军四处劫掠，埋伏在一座空旷佛寺中的高句丽生力军趁机杀来。隋军被赶回船上，伤亡惨重。吃到苦头之后，来护儿率残兵败将驻扎到平壤东南的海边安全之处，但在这里不便与南下的其他各路隋军取得联系。[59]

沿辽河往西北数百公里的一线，面对隋军的进攻，辽东城和其他高句丽各城誓死坚守。毫无疑问，隋炀帝敏锐地意识到战机眼看就要过去。他决定不等攻陷这些坚城，从三十路隋军中调出九路直捣平壤。将士们从泸河镇、怀远镇的前方粮栈中领取了百日的口粮以备此战。但隋军到达鸭绿江时，口粮或已吃完或已丢弃。在这种情况下，作战距离超出了军队的承受能力。士兵们本已背负盾牌、盔甲、兵器、衣资、火幕和其他戎具，还要背负极重的粮食，所有负重非正常人所能承受。军中有令，遗弃粮食者斩。结果士兵们纷纷趁夜在帐篷里挖掘土坑，将粮食埋掉。[60]

大军到达鸭绿江，隋军将领之间产生了分歧。指挥其中一路的隋将宇文述称，眼下粮草不济，急待退兵。但隋炀帝亲授统辖九路隋军的总管是于仲文，此人坚持即使粮草不济也要长驱直入平壤。在这一点上，于仲文颇为高句丽将领所鼓动。高句丽将领有意诈败，诱使于仲文不断深入。于仲文攻至距高句丽都城不足十六公里处，但此时隋军饥肠辘辘，面对坚城重兵无心再战。隋军又未能与平壤另一边的来护儿取得联系，来护儿的水军运粮正是为了在这一关头接济隋军陆师。平壤守军避而不战，从高句丽乡间征粮显然杯水车薪。隋军很快开始列成方阵北撤，高句丽军队一路袭扰。8月下旬，隋军退至平壤和鸭绿江之间的萨水（今朝鲜清川江）。就在此地，隋军渡河刚渡到一半，尚留在南岸的部队突遭高句丽军队猛攻。隋军在惊慌失措中全面溃败，有的部队（无疑是骑兵）奔逃一天一夜，逃至鸭绿江。渡鸭绿江南下的九路隋军，绝大多数将士未能生还。[61]

8月27日，隋炀帝得知大军惨败萨水，立即下令余部从辽河边境退兵。除了拿下一个孤悬辽河以西的高句丽边镇之外，隋炀帝此番出兵一无所获。[62]付出的代价，不仅折损将士数以万计，还引发了隋帝国内部的动荡不安。611年夏，筹备征伐高句丽之时，黄河下游大片地区洪水肆虐，沦为泽国。612年，这些地方又遭旱灾和瘟疫。在这样的背景下，官府仍大肆征发百姓从军，榨取粮食和牲畜，驱使百姓服劳役。官府征调，将原本就已居高不下的粮价推向更高。而河北与辽河之间远隔千里，这意味着大批农民及其驮畜、车辆被迫与家园和土地分离，时间远超每年服劳役的标准。许多人再也没有回乡。男丁因未能达到根本不切实际的要求而受罚，负担就更重了。举例言之，史书记载：运送的粮食发生霉变，运夫必须自费弥补损失。[63]大批被国家征发服兵役或劳役者，干脆不去涿郡或辽河，而是逃亡他乡，落草为寇。在一些相对人迹罕至的山野之地，长期以来亡命凶徒出没其间，如今落草聚义者的数量激增。[64]其中就有东郡的瓦岗山、黄河以南齐郡的长白山以及黄河北渤海郡的豆子䴚盐泽。611年，清河郡永济渠附近的漳南县，家境宽裕、名闻乡里的农户窦建德奉命统带二百名当地男丁从征高句丽。但窦建德没有带这些部下远赴涿郡，而是率他们避入漳南县以西的大泽高鸡泊。入伙高鸡泊，窦建德与一股人数上千的绿林好汉联手，最终成为隋朝政权河北中部的重要威胁。[65]611—612年，史书多有记载：饱受黄河泛滥蹂躏和苦于供应远征高句丽大军的各地动荡不安，盗匪四起。到613年春，史书记载北海郡、清河郡、平原郡、河间郡、渤海郡、济阴郡、济北郡、灵武郡和齐郡等地都已大乱。[66]除灵武郡远在西北，所有各郡都在永济渠沿线或黄河下游。

乱局蔓延，隋炀帝却仍然决定翌年继续对高句丽用兵。613年1月28日，隋炀帝颁布诏书，再度征调大军集结于涿郡。为了更好地筹备东北大军的后勤保障，隋朝在辽河西岸新置一处前方粮栈，粮食从洛阳附近的巨型官仓用船起运，沿黄河而下再经渤海湾，运到中国东北地区的沿海小港望海顿①。[67]612年，攻打辽东城的各路隋军主将一举一动皆要提前请命，遂致错失战机。此番隋炀帝吸取教训，给予将领们更大的便宜行事之权。[68]隋军的组成编制也发生了变化。隋炀帝或许对612年隋军的表现大失所望，下诏为613年征伐高句丽新募一批兵士。这些将士得名“骁果”，沿袭鹰扬府将士的编制方式，按照各地户籍编成各军。与从前各军府的府兵不同，充任府兵多为国家选定而非自愿；骁果则是自愿应募，从而编制成军。在某种程度上，这一军制可视为前代西魏和北周招募地方精英从军制度的回归。大批骁果将士似乎都胸怀大志：他们在乡里小有家财、权力和名望，从前不曾出仕为官，但希望凭军功起家，甚至希望得到隋炀帝的赏识。恰逢其时，地方豪强便率领自己的宾客部曲应募为骁果。骁果

---

① 亦作临海顿。——译者注

与隋炀帝之间的直接联系，突出表现在骁果诸军隶属禁军诸卫。禁军诸卫负责指挥禁军精锐，而非普通府兵。[69]尽管隋廷通过各种方法提升军队的士气和战斗力，改善军令指挥和后勤保障体系，但还是出现了不祥之兆。613年大军出征，准备工作远不如前一年：由于马匹不足，军中竟奉命用驴代替驮马。[70]

613年3月30日，隋炀帝的御驾抵达辽河前哨，并于5月21日渡过辽河来到东岸。此番用兵谋划与612年基本相同：隋军主力围攻辽东城，隋炀帝的御驾随军观战；一路偏师攻打新城（今抚顺以北）；宇文述、杨义成奉命率另一路隋军直趋平壤，但不知隋炀帝是否叮嘱他们进军须谨慎小心，以去年于仲文的作战方式为戒。来护儿再度奉命自东莱起航，从海上威胁平壤。也许是因为需要与陆师配合行动，来护儿的水军到6月底还未出发。[71]事实证明，辽东城不比612年更易攻打。据史书记载，隋军不分昼夜四面攻城，既从城墙下挖掘地道，又架设撞车和云梯。然而，高句丽守军成功地一一反制。于是隋炀帝转而下令堆出一道与城齐高的登城巨坡，八轮楼车沿土坡排开，隋军弓箭手可俯射城顶，掩护大举攻城。此时围城已近两月，却传来消息：杨素之子、驻永济渠畔黎阳督运粮草的杨玄感起兵反隋。杨玄感于6月25日起兵，7月20日消息才传到辽东城下的隋军大营。[72]

杨玄感颇具野心，且对隋炀帝心怀怨恨：数年前，他的父亲杨素正是被隋炀帝赐毒自尽。612年隋炀帝征伐高句丽惨败，显然让杨玄感深信天命已不在隋室。隋炀帝御驾亲征远赴东北，更给了杨玄感千载难逢的机会。早在公然造反之前，杨玄感就一直借口盗贼横行阻断永济渠交通，迟迟不肯将粮草经河北向北发运。[73]到6月底，杨玄感信心已足，遂向自己指挥的黎阳运夫发放兵器，集结其他心怀不满之人，杀向东都洛阳。杨玄感起兵造反的消息传来，613年高句丽之役戛然而止。在夜幕的掩护下，隋炀帝从辽东城下撤军，遗弃的营垒里留下了堆积如山的军资器械。由于担心中埋伏，高句丽军队等了两天才敢追击。即便如此，高句丽军队还是远远尾随规模相差悬殊的隋军，把握战机不贪战果，趁隋军渡辽河时截杀散兵数千人。集结于东莱、准备从海路再伐高句丽的隋军，转而被派往洛阳方向。[74]

杨玄感击败了阻挡去路的隋军，但东都洛阳坚守不降。围攻数周无果，几路隋军又分进合击而来。八月初，杨玄感撤围洛阳，西进关中。与其说“西进”，倒不如说“西逃”。杨玄感军被隋军追上，全军覆没，杨玄感被杀。[75]杨玄感兵变持续不足两个月，但后果极其严重。后果自然不限于迫使613年的高句丽之役戛然而止。杨玄感是关陇士族统治集团中反隋的第一人。杨玄感起兵造反的规模之大，非此前一切反隋起义所能及，对隋朝的威胁更是空前的。杨玄感兵变的影响遍及各地，处处都有起义造反相呼应。正是在此时，起义浪潮开始蔓延到河南和河北地区以外。那些地方早就饱受洪水、干旱、饥荒和用兵高句丽之苦。613年夏秋，长江下游地区、浙江和广东等地接连爆发新的起义。不到年底，淮河流域和关中西部也有人揭竿而起，一位义军领袖竟敢自称帝。[76]其中一些起义被镇压，但新的起义又不断爆发，官军疲于奔命，无法在广袤的国土上重建秩序。

天下大乱，隋炀帝却仍然痴迷于让化外之国高句丽屈服。614年4月4日，隋炀帝下诏征发大军，三度用兵高句丽。然而这一次，大批将士未能如期前来集结——这可能就解释了为何直到8月27日，即抵达涿郡四个月之后，隋炀帝的御驾才来到辽河，但此时围攻辽河以东的高句丽诸镇为时已晚。不过，来护儿再次率水军横渡渤海湾，登陆高句丽，予敌以痛击。他击败一路敌军，长驱直入威胁平壤，迫使高句丽王求和，并交出一位杨玄感的党羽——去年叛投高句丽的隋朝将领。[77]显而易见，高句丽王只是在拖延时间。但高句丽王的姿态使隋炀帝得以宣布大获全胜，趁入冬前从辽河边境班师。等到高句丽王没有奉诏亲诣隋廷，615年隋炀帝又下诏准备四征高句丽。但此时隋帝国的局势已恶化至极，绝无可能再出兵征伐异国。[78]615年夏，隋炀帝巡游北塞，在雁门城遭到与隋为敌的东突厥围困达一个月之久。此事令隋炀帝的威望再次遭到毁灭性打击。616年，随着北方乱局愈演愈烈，隋炀帝避居长江流域的江都。618年春，就是在江都，隋炀帝命丧于心怀不满的骁果之手。

隋炀帝落得如此下场，与高句丽之役密切相关。征伐高句丽，给本已横遭洪水、干旱、饥荒和瘟疫的各地再添重负，从而激起了民变、盗匪和起义。隋炀帝执迷于用兵高句丽，让官府根本无力平乱。招抚之道，要义有二：一是用兵征剿，一是开仓放粮。然而，举国将士大多年复一年从征高句丽；水运网络关节处的巨型官仓中囤满了粟米，专供远征东北的大军食用。然而，最具破坏性者，或为对隋炀帝威望的打击。中国皇帝很少御驾亲征。君王筹划如此大规模的军事征伐，并亲自率军上阵，就绝不能失败。一旦战败，便是向天下所有心怀异志者发出信号：朕已虚弱无力，天命不再，注定身死国灭。正因为如此，不止一位官员试图劝阻隋炀帝随军出征。[79]

史家指出，隋朝兵败高句丽有诸多原因，[80]其中最主要的原因，是中国东北地区南部适于作战的季节短。10月至3月天寒地冻，出兵作战断无可能。7月和8月大雨滂沱，也无法用兵。在短短大约四个月的时间里，隋军必须进占数百公里，攻克高句丽置于辽河东岸的坚城。各路隋军相隔遥远，协调配合也是一个严重的问题。尤其是在612年，隋军陆师和水师未能在平壤附近取得联系。隋军规模庞大，这既是优势也是劣势。隋军因此而行动速度缓慢，军令指挥困难重重，后勤系统的负担也增至临界点。[81]

后勤保障不足是隋军失败的主要原因。612年进攻平壤之所以功败垂成，并不是因为隋军完全无法突破辽河以东的要塞屏障，而是因为隋军一旦深入高句丽腹地，定会断粮。就地取粮杯水车薪，或者干脆一无所获（高句丽人会将粮食集中到城池要塞）。隋军与粮栈之间，有山川、敌国百姓以及数百公里的崎岖道路相隔。上阵不论时间长短，将士们都无法携带足够的粮食维生。隋朝谋划出兵大计者似乎一再低估进军的路程，同时一再高估进军的速度和运粮的上限。[82]举一典型例子：611年，数千辆两人推的独轮车（即“鹿车”）从涿郡出发，奉命运粮至辽河附近的前方粮栈。每辆车运粮一百八十升，可供两名鹿车夫吃七十五天。远赴六百公里之外的辽河，一路上地势高低起伏，乡野人烟稀少。鹿车夫花费的时间比预期的长得多。许多人最后将自己运的粮食吃掉了大部分，或者干脆吃光。畏罪而逃亡，他们纷纷落草为寇，绿林好汉的势力日益壮大。[83]在这种情况下，误判局势不仅导致隋朝兵败高句丽，而且为各地民变火上浇油。没有中原统治者自信能降服高句丽，除非等到掌握了合理的手段，能解决劳师远征所面临的后勤难题。

1 有关隋文帝巩固大一统和意识形态合法性的努力，见Arthur F. Wright(芮沃寿), "The Formation of Sui Ideology, 581–604," in John K. Fairbank(费正清)(ed.), *Chinese Thought and Institutions* (Chicago: University of Chicago Press, 1957), pp. 71–104, and idem, *The Sui Dynasty*, chs. 4 and 5。

2 《隋书》，第2卷，第34—35页。

3 《隋书》，第2卷，第39页，第43页；Wright(芮沃寿), "The Sui Dynasty," p. 102。

4 该研究沿用谷霁光：《府兵制度考释》，第99页，第104—107页。

5 谷霁光：《府兵制度考释》，第111—112页，第114—115页。

6 Kikuchi Hideo(菊池英夫), "Fuhei seido no tenkai," in *Iwanami kōza: Sekai rekishi*, vol. 5 (Tokyo: Iwanami shoten, 1970), pp. 415–16。

7 张国刚：《唐代府兵渊源与番役》，《历史研究》，1989年，第6期，第150—151页。

8 谷霁光：《府兵制度考释》，第110页，第119页。

9 有关拜占庭的军区制，见Haldon, *Warfare, State, and Society in the Byzantine World, 565–1204*, pp. 71–85, and Treadgold, *Byzantium and Its Army, 284–1081*, pp. 21–7。

10 Kegasawa Yasunori(气贺泽保规), "Zui Yōdai ki no fuhei sei o meguru ichi kōsatsu," in *Ritsuryō- sei: Chūgoku, Chōsen no hō to kokka* (Tokyo: Kyūko shoin, 1986), pp. 453–5, 470.

11 《隋书》，第28卷，第793—794页；Kikuchi Hideo(菊池英夫), "Tō setsushōfu no bunpu mondai ni kansuru ichi kaishaku," pp. 148–9。

12 谷霁光：《府兵制度考释》，第117—118页。

13 Kegasawa(气贺泽保规), "Zui Yōdai ki no fuhei sei o meguru ichi kōsatsu," pp. 473–5.

14 《隋书》，第64卷，第1518—1519页。

15 谷霁光：《府兵制度考释》，第102页。

16 《隋书》，第64卷，第1520页。

17 《隋书》，第64卷，第1509页。

18 司马光：《资治通鉴》，第166卷，第5130页；李百药：《北齐书》，第4卷，第63页。关东政权早就修筑长城抵御柔然（《北齐书》，第4卷，第56页），西魏亦然（《北齐书》，第4卷，第56页）。5世纪上半叶北魏也曾修筑长城，见《魏书》，第3卷，第63页；及第4卷上，第101页。

19 Waldron(林蔚), *The Great Wall of China: From History to Myth*, pp. 26–7。该书挑战了一个根深蒂固的观念，即从公元前3世纪至今，一道单一、巨大的长城一直存在。

20 《隋书》，第84卷，第1865页。

21 司马光：《资治通鉴》，第175卷，第5458—5459页；《隋书》，第84卷，第1866页。

22 司马光：《资治通鉴》，第175卷，第5463页，第5466页。

23 《隋书》，第1卷，第15页，第23页，第25页。

24 Barfield, *The Perilous Frontier*, p. 133.

25 《隋书》，第84卷，第1868—1869页；Sinor, "The Establishment and Dissolution of the Türk Empire," pp. 305–6。

26 《隋书》，第84卷，第1872—1873页。

27 司马光：《资治通鉴》，第180卷，第5621—5622页。

28 有关中国甲骑具装的更多研究，见Albert E. Dien(丁爱博), "A Study of Early Chinese Armor," *Artibus Asiae*, 43 (1982), pp. 5–66; 杨泓：《中国古兵器论丛》，尤见第103—112页。

29 有关草原民族后勤补给的研究，见John Masson Smith, Jr., "Ayn Jālūt: Mamlūk Success or Mongol Failure?" *Harvard Journal of Asiatic Studies*, 44.2 (December 1984), 尤其是pp. 331–9。

30 司马光:《资治通鉴》, 第178卷, 第5564页; 又见第175卷, 第5463页。

31 司马光:《资治通鉴》, 第180卷, 第5631页。

32 Wright(芮沃寿), "The Sui Dynasty," pp. 107, 109。

33 司马光:《资治通鉴》, 第180卷, 第5619页。

34 从传统上说, 朝鲜史书里将三国的建立时间提前了数个世纪, 但现代学者将它们的建立时间追溯到4世纪。见Gina L. Barnes, *The Rise of Civilization in East Asia: The Archaeology of China, Korea and Japan* (London: Thames and Hudson, 1999), p. 222, and Gari Ledyard(雷德雅), "Galloping Along with the Horseriders: Looking for the Founders of Japan," *Journal of Japanese Studies*, 1.2 (Spring 1975), pp. 217–54。

35 司马光:《资治通鉴》, 第178卷, 第5560—5562页。

36 陈寅恪:《唐代政治史述论稿》(北京: 生活·读书·新知三联书店, 1956年), 第140页。沈阳年降雨量为711毫米, 将近一半集中在7月和8月这两个月。见*People's Republic of China Atlas* (N.p.: U.S. Central Intelligence Agency, 1971), pp. 54–5。

37 Wright(芮沃寿), "The Sui Dynasty," p. 142.

38 司马光:《资治通鉴》, 第181卷, 第5653—5654页;《隋书》, 第24卷, 第686—687页。

39 有关隋朝大运河体系的更多史料, 见Wright(芮沃寿), "The Sui Dynasty," pp. 134–7, 144。

40 司马光:《资治通鉴》, 第181卷, 第5654—5656页。有关这两处军镇的位置, 见谭其骧等编:《中国历史地图集》, 第5卷, 图19—20。

41 Needham(李约瑟), *Science and Civilisation in China*, vol. 4: *Physics and Physical Technology, Pt.2: Mechanical Engineering*, pp. 260–3; 引文来自第270—第271页。

42 Asami Naoichiro(浅见直一郎) 强调征发之兵的比重, 见氏著 "Yōdai no dai ichi ji Kōkuri enseigun: sono kibo to heishu," *Tōyōshi kenkyū*, 44.1 (June 1985), pp. 23–44, Kegasawa Yasunori(气贺泽保规) 则强调府兵居于中心地位, 见氏著 "Gyōkasei kō," *Ōryō shigaku*, 11 (1986), pp. 61–63。有关新置军府, 见司马光:《资治通鉴》, 第181卷, 第5655页;《隋书》, 第24卷, 第686页。

43 司马光:《资治通鉴》, 第181卷, 第5658页。

44 《隋书》, 第8卷, 第160—161页; 司马光:《资治通鉴》, 第181卷, 第5659—5660页。浅见直一郎指出, 步兵每队二百人, 但仅为猜测 ("Yōdai no dai ichi ji Kōkuri enseigun," p. 27)。

45 《隋书》, 第8卷, 第162页; 司马光:《资治通鉴》, 第181卷, 第5652页, 第5660页。

46 《隋书》, 第8卷, 第160页。Albert E. Dien(丁爱博) 认为明光铠是用脱碳钢制成的铠甲, 见氏著 "Study of Early Chinese Armor," p. 16。然而, 中国考古学家倾向于将这一术语与另一种类型的铠甲联系起来, 丁爱博则更倾向于认为那是札甲。

47 《隋书》, 第8卷, 第160—161页。甲胄之下, 隋军戎服的标准服色为黄色。见Peter A. Boodberg(卜弼德), "Marginalia to the History of the Northern Dynasties," in *Selected Works of Peter A. Boodberg*, comp. Alvin P. Cohen(柯文) (Berkeley and Los Angeles: University of California Press, 1979), p. 268。

48 《隋书》, 第4卷, 第81页。

49 根据步兵每队二百人的假设, 并重点强调一处史料中称两军共五万人, 外加水师五万人, 浅见直一郎得出了全军共七十五万人的结论。但这仍然远远低于113.38万人。见氏著 "Yōdai no dai ichi ji Kōkuri enseigun," pp. 27–8。

50 《隋书》, 第29卷, 第808页。

51 Contamine(康塔明), *War in the Middle Ages*, pp. 12, 117, 307。有关 "军事参与率" (MPR) 的定义, 见Stanislav Andreski(斯坦尼斯拉夫·安德烈斯基), *Military Organization and Society* (Berkeley and Los Angeles: University of California Press, 1971), p. 33。

52 见Wright(芮沃寿),“Sui Yang-Ti: Personality and Stereotype,” pp. 47–76。

53 有关这些问题的进一步探讨，见Graff, “Early T' ang Generalship and the Textual Tradition,” pp. 46–9。

54 司马光:《资治通鉴》, 第181卷, 第5659页。

55 这些记载皆见《隋书》, 第8卷, 第160页。

56 这与8世纪上半叶的一部唐代礼书中所记载的祭祀上帝的仪式非常相似。见Howard J. Wechsler(魏侯玮), *Offerings of Jade and Silk: Ritual and Symbol in the Legitimation of the T'ang Dynasty* (New Haven: Yale University Press, 1985), pp. 118–20。

57 有关“马祖”, 见Morohashi Tetsuji(诸桥辙次), *Dai Kan Wa jiten* (Tokyo: Taishūkan, 1966)。“天驷星”即房宿，中国传统天文学中二十八星宿第四宿的别名；见Joseph Needham(李约瑟), *Science and Civilisation in China*, vol. 3: *Mathematics and the Sciences of the Heavens and the Earth* (Cambridge: Cambridge University Press, 1959), p. 235 and fig. 94 opposite p. 250。

58 《隋书》, 第8卷, 第159—160页。皇帝离京御驾亲征, 战事结束班师凯旋, 都要祭告宗庙。

59 司马光:《资治通鉴》, 第181卷, 第5661—5663页。

60 司马光:《资治通鉴》, 第181卷, 第5663—5664页。

61 司马光:《资治通鉴》, 第181卷, 第5664—5666页。有关原计划隋军水师运粮至平壤附近接济陆师, 见《隋书》, 第24卷, 第687—688页。

62 司马光:《资治通鉴》, 第181卷, 第5666页。

63 司马光:《资治通鉴》, 第181卷, 第5654页, 第5656页, 第5657页;《隋书》, 第24卷, 第688页。

64 黄惠贤:《隋末农民起义武装浅析》, 收入《唐史研究会论文集》(西安: 陕西人民出版社, 1983年), 第175—176页。

65 刘昫等:《旧唐书》, 第54卷, 第2234—2235页; 欧阳修:《新唐书》, 第85卷, 第3696—3697页; 司马光:《资治通鉴》, 第181卷, 第5656—5667页; 胡如雷:《略论李密》, 收入《中国农民战争史研究》, 第2辑 (上海: 上海人民出版社, 1982年), 第55页。

66 司马光:《资治通鉴》, 第182卷, 第5669—5670页; Woodbridge Bingham(宾板桥), *The Founding of the T'ang Dynasty* (rpt. New York: Octagon Books, 1970), pp. 43, 130–1。

67 司马光:《资治通鉴》, 第181卷, 第5666页; 第182卷, 第5668页。

68 司马光:《资治通鉴》, 第181卷, 第5662页; 第182卷, 第5671页。

69 有关“骁果”，见气贺泽保规，“Gyōkasei kō”，尤其见第64—67页和第75—77页。气贺泽保规相信，“骁果”总兵力最终达十万至十五万人。

70 《隋书》，第24卷，第688页。

71 司马光：《资治通鉴》，第182卷，第5669—5672页。

72 司马光：《资治通鉴》，第182卷，第5671页，第5672页，第5676—5677页。

73 司马光：《资治通鉴》，第182卷，第5672—5673页。

74 司马光：《资治通鉴》，第182卷，第5676—5678页。

75 司马光：《资治通鉴》，第182卷，第5678—5681页。

76 Bingham（宾板桥），*The Founding of the T'ang Dynasty,* pp. 45, 131–2.

77 司马光：《资治通鉴》，第182卷，第5689—5691页。

78 司马光：《资治通鉴》，第182卷，第5691—5692页；Wright（芮沃寿），“The Sui Dynasty,” p. 146。

79 司马光：《资治通鉴》，第181卷，第5659页。

80 有关原因的总结，见Wright（芮沃寿），“The Sui Dynasty,” pp. 145–7和John Charles Jamieson, “The Samguk Sagi and the Unification Wars” (Ph.D. dissertation, University of California at Berkeley, 1969), pp. 33–4。有关深入的研究，见陈寅恪：《唐代政治史述论稿》，第140页；李则芬：《隋唐五代历史论文集》，第217页，第227—228页。

81 作为一名前军官，李则芬对人数众多的不利因素尤为敏感，见氏著《隋唐五代历史论文集》，第217页。有关人数影响速度和机动性的总体探讨，见德尔布吕克（Delbrück），*Numbers in History;* 有关前现代战争中的后勤补给，见Donald W. Engels, *Alexander the Great and the Logistics of the Macedonian Army* (Berkeley and Los Angeles: University of California Press, 1978), 尤其见pp. 18–22, 以及Walter E. Kaegi 和 Bernard S. Bachrach 的论文, John A. Lynn (ed.), *Feeding Mars: Logistics in Western Warfare from the Middle Ages to the Present* (Boulder, Colo.: Westview Press, 1993), pp. 39–78。

82 司马光：《资治通鉴》，第182卷，第5669页。

83 司马光：《资治通鉴》，第181卷，第5656页。据一部8世纪的兵书，粮食消耗以每人每天两升（约1.2公升）的速度计算，此即标准口粮；见李筌：《太白阴经》，第556页，第558页。六百公里为直线距离，据唐代史料表明，从辽河的新城到涿郡，有一千一百多公里的路程。见《旧唐书》，第39卷，第1516页，第1526—1527页。

Chapter 8
Li Shimin and the military consolidation of the Tang dynasty

第八章
李世民与大唐一统

从西晋灭亡到隋朝重新统一中国的近三个世纪里，南北双方纷纷涌现的诸多政权令人眼花缭乱。朝代更替如走马灯，有时是凭借内部军事叛乱或政变（南方的常见套路）实现，有时则是通过政权间的相互攻灭（北方更为常见）来完成。隋亡唐兴所遵循的脚本却完全不同。公元前3世纪末这一剧本首次上演，即西汉代秦。类似隋唐的情形，早在1世纪就出现了：彼时短命的王莽政权被东汉所取代。东汉灭亡的过程中，也能发现部分此类因素——即使在这种情况下，代汉而兴的统一政权的出现也用了将近一个世纪。唐朝开国后，这种模式至少又重复了两次，即唐宋之交和元明之交（明清更替也表现出许多相同的特征）。典型的顺序是自然灾害（水旱）与官府压榨相结合，刺激底层“农民”起义（有时带有宗教性质），推翻旧王朝，从而产生一些地区性的军阀政权。最终，其中一个政权成功扫平敌手，建元开国，并一统天下。隋唐之交，从首度爆发反隋起义到消灭挑战新朝权威的最后一个严重的军事威胁，这一过程持续了十多年。唐朝的成功，很大程度上归功于外交努力以及对礼制仪轨、祥瑞天兆和其他历史悠久的政治合法性象征的巧妙运用。[1]这也有助于唐代的开国之君从关陇士族中脱颖而出。关陇士族构成了隋朝政治精英的核心，因此在吸引同一阶层其他成员的支持方面享有巨大优势。然而最重要的是，唐代的初步统一是一个征战的过程，唐代开国皇帝之所以获得支持，是因为能够在沙场上战胜对手。本章将考察唐代开国皇帝的次子、后自行登上帝位的李世民用兵征战的过程和他在其中发挥的作用。李世民是唐军至关重要的统帅，也是中国历史上最著名的军事家之一。

612年后，隋朝政权迅速衰落，与之相伴的是地方层面的战乱激增。乘势而起者可分为三类：活动具有“掠夺性”的盗贼或义军、举兵保护乡里免遭盗贼掠夺的地方精英，以及因中央权力薄弱而一反常态拥有了行动自由的隋朝地方官员。[2]第一类人以亡命草莽起家，逃入山林大泽躲避官府的追捕。随着人数的增加，他们冒险出击，劫掠城镇。一般而言，其首领并非普通农民，而是地方下级官吏或乡里有实力者。举义高鸡泊、虎踞河北中部的义军领袖窦建德，出身相对富裕的农家，当过里长。黄河以南的瓦岗军首领翟让，曾为东郡法曹。不过，两人都与官府势成水火。窦建德仰慕夏禹之风，敬佩历代对抗官府、行侠仗义的地方豪强和江湖好汉。窦建德曾因犯法而被迫逃亡，后遇大赦得以回家。翟让也是因犯法该当处死而落草为寇。[3]他们的活动使城乡百姓更难以活命。其中最为恶贯满盈者名叫朱粲，曾任县中佐吏，后成贼酋，其所部将河南南部和汉水流域蹂躏得不见人烟：

> 粲所克州县，皆发其藏粟以充食，迁徙无常，

> 去辄焚余赀，毁城郭，又不务稼穑，以劫掠为业。于是百姓大馁，死者如积，人多相食。[4]

有一段时间，仅在河北一地就有二三十路贼军活动。[5]

为保护自己和乡里免遭盗贼侵害，地方精英将亲族乡邻组织成乡兵。许多人还遵循另一种历史悠久的应对乱世之道，即迁入筑于山顶或其他易守难攻之地的坞堡。[6]举兵自保的首领如卢祖尚，淮南弋阳郡乐安人。此人是隋朝将领之子，家境富裕，名闻乡里，年不及弱冠便招募“壮士”捕盗，不久便令盗贼畏惧而不敢入内。卢祖尚后来自据本州而成刺史。[7]又有河北中部信都郡苏邕，率乡闾数千人击讨义军，扶保隋朝。苏邕死后，郡守令其子接替父亲领兵。[8]在许多地方，当地权力仍然掌握于隋朝的命官之手。但这些地方官往往与上峰断绝了联系，依靠自己的资源维持自卫力量。如岭南始安郡（今桂林）郡丞李袭志，用家财募兵三千守卫郡城。[9]即使618年春隋炀帝遭弑后，这些人中不少表面上仍坚持奉隋室正朔，但实际上已经成为独立自主的政治主体。

经过数载，令人眼花缭乱的各地战乱演变成套路相对简单的少数主要军阀各据一方、相互攻伐。事实证明，一些地方的权力竞逐者比其他对手更具备雄才大略。他们能够将众多形形色色的武装团体收编进自己的军政组织，凭借这些壮大的兵力开疆拓土，控制的地盘远超一两郡。在这些新的一方霸主中，既有群盗之首，又有隋朝官员。那些以落草为寇起家者，表现出通过建立或大或小稳定的区域性政权来满足举兵自保者利益的意愿。实现了这一点，就很容易获得地方精英的支持。因为这些地方精英通常更关心如何保护自己的财富和权力，而不是拱卫隋朝。[10]地方精英和隋朝官员建立区域性政权，以起兵反隋作为赢得贼帅支持的基础。[11]617—618年，新兴的一方首领大多自立为帝，用皇室仪轨给重要的部属封官赐爵，以此宣示自己为全中国之主。

到618年夏天，主要的权力竞逐者共有九人。出身草莽的窦建德踞河北中部，617年自封“长乐王”。他很快将势力向南扩展至黄河，改称“夏王”。彼时河南、河北其他众多义军领袖对隋朝官员和一般读书人不加分别一律镇压（如济阴孟海公，凡遇引经据典者皆杀之）。如窦建德者为数不多，他认识到这些人有用，于是对其努力安抚并将他们招揽到自己麾下。大批隋朝官员开始投奔窦建德，并带去整套州郡体制。在这些人的帮助下，窦建德开始创建正规的政权架构。[12]

义军领袖李密则雄踞河南。李密是关陇士族之俊彦，曾于613年参与杨玄感之乱，后投靠翟让的义军。刚开始翟让将李密推到前台当摆设，但李密逐渐掌握了实权。通过617年底的一场血腥政变，李密诛灭了翟让。[13]李密的部下既有农民起义军，又有投诚的隋军，局面并不稳固。李密的兵力在很大程度上取决于他对洛水、黄河交汇处隋朝大型粮仓的控制，这使他能够养活大量部下，并有助于吸引河南、山东的其他义军领袖来投。[14]李密号“魏公”，相对谦逊，但我们只要看一下他于617年6月6日发布的檄文，便可知此人无疑觊觎皇位。[15]李密的主要对手是据守洛阳的隋军将领王世充。王世充是隋朝官员之子，但出身较之李密低微。王世充之父显然是来自遥远西北、讲伊朗语的粟特人（即西域胡人）。王世充起初听命于洛阳辅政的隋朝“七贵”，但618年8月11日一场政变后，他成为洛阳的实际统治者——名义上仍然忠于隋朝。李密在与王世充的大战中占据了上风。从618年初春起，李密大军占据洛阳城外要地，以断粮相威胁，欲迫使洛阳城投降。[16]

再往南，江淮之间，最为兵强马壮者当数杜伏威。杜伏威出身贫苦农家，年少时落草为寇，起兵于今山东省黄河以南的齐郡长白山。他率部南渡淮河以避隋军重兵，进而占据该地区，并开始将势力扩展到长江以南。[17]杜伏威不曾建号称帝，其志向似乎远不及其他众多义军领袖。南方另一位主要的义军领袖萧铣的做法便截然不同。萧铣在隋朝曾任县令，更重要的是他身为梁朝皇族之后，而梁朝灭亡仅六十年。起初湖南北部巴陵郡一伙鹰扬府的中层将校共谋起兵，将萧铣推到前台。萧铣却巧妙地将自己运作成一个真正的统治者，而不是傀儡。他迁都江陵，基本控制了长江以南的全部地区，并于618年自立为帝，恢复了梁朝政权。[18]

西北重要的权力竞逐者有薛举。薛举出身金城郡（今兰州）地方精英，任当地鹰扬府校尉。617年5月13日，薛举起兵收捕当地隋朝官员，打开官仓赈济穷苦，自号“西秦霸王”。不久，薛举将整个陇西东部置于自己的控制之下，并建号称帝。[19]617年春，另有两名隋朝鹰扬府将校也在北方边境的不同地点夺取了政权。梁师都出身河套南缘朔方郡豪族，曾任鹰扬府郎将。他从本郡官员手中夺取了权力，建国号“梁”，自立为帝。[20]仅一周之后，鹰扬府校尉刘武周杀马邑郡（今山西省大同西南）太守，同样开仓放粮，攻占周围地盘，并自称皇帝。刘武周和梁师都皆得到了东突厥始毕可汗的大力支持。始毕可汗急于对正在崩溃的隋帝国分而治之。[21]

在金城、朔方和马邑，隋朝府兵制度中掌握兵权的地方精英能够将当地府兵“私兵化”。然而，与直接掌管山西北部和中部五个郡的隋朝太原留守李渊相比，这些人真是小巫见大巫。李渊出身关陇豪门，其家族世代与北周皇室、隋朝皇室通婚，祖父是一代雄主宇文泰的密友。所以，617年夏李渊与隋炀帝反目，能够凭借自己统辖下的诸鹰扬府组建起一支强大的军队，并辅之以从太原郡大量人口中招募

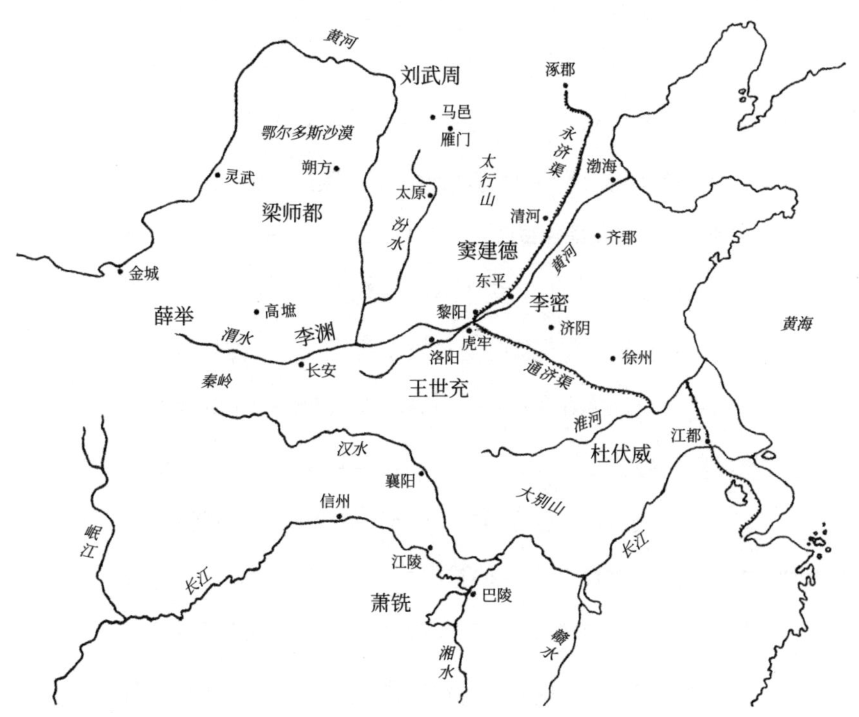

618 年逐鹿中原的各方势力

的数千兵士。[22]李渊大军于617年夏秋直捣隋朝国都大兴城(后改名长安)，途中连败两路隋军，年底左右攻下该城。[23]此举使李渊控制了渭水流域和今山西省最富庶、人口最多的地区，从而使他成为帝国权力的主要竞逐者。起初李渊假扮隋朝的忠臣，立隋炀帝的孙子为傀儡皇帝，后来放弃了这一伪装，于618年6月18日登基践祚，成为唐朝的开国之君。

618年夏末，新崛起的地方势力中最强大者，正是河南李密、河北窦建德的夏政权，以及据关中、山西的李唐。此时各地首领大多主要致力于巩固地盘，而设法避免与邻近势力刀兵相见，但最终还是爆发了两场大战，因为多方强大的势力恰好争夺同一地理位置。在西北，薛举的势力直接威胁到唐朝对渭水流域的控制。李渊接连遣使，争取关东平原作壁上观的各方势力。618年，唐军主力西进陇西。关东方向，大战主要发生在李密和王世充之间。王世充战而求生，李密则只有消灭隋军残部、攻占洛阳才能巩固自己对河南的统治。这一战利害关系重大，因为胜者将拥有隋帝国人口最稠密的地区，并有望将众多规模较小的武装势力招至麾下。

到618年初秋，洛阳守军面临断粮的情况。王世充决意出征，与李密交战，希望能重创李密，打破李密对洛阳的钳制，如有可能干脆将李密逐出洛水河口的粮仓。王世充从规模庞大的洛阳守军中选出“精勇”两万人编为劲旅，其中有近一千骑兵。即便不是全部，这些将士也大多募自淮南，随王世充对抗各路义军已有数载。[24]为了激发军心战意，王世充为公元前11世纪建洛阳城的古贤周公立祠，让巫师代周公宣告：若将士出战李密，定得大功；若敢避战，将士皆死于瘟疫[25]（王世充热衷占卜，喜好神力，其麾下一员大将曾抱怨王世充"好为咒誓，乃巫师老妪耳"[26]）。如此，王世充的策略似乎达到了预期的效果。618年10月4日，王世充率精锐部队自洛阳开拔。王世充所部沿洛水南岸东进，绕过李密的前沿据点，渡河至北岸，再沿着平行于洛水的运河通济渠继续前进，以保护自己的左翼。10月5日下午，隋军在距洛阳约三十公里的偃师西南扎营。隋军北面正前方便是通济渠。隋军右边，通济渠在偃师上方汇入洛水。隋军左边，洛水和通济渠之间的土地如堤道般一路延伸到洛阳。再往北，在几公里宽的平原的另一边，矗立着邙山长长的山脊。邙山是秦岭山脉的余脉，从洛阳以北一路绵延至洛水河口。隋军身后就是洛水，王世充和部下深入义军战线背后，一旦失败，断无可能逃生。[27]

10月4日隋军自洛阳开拔时，李密和麾下主力驻于洛阳城东约十公里的金墉城。他留下一员大将驻守金墉城，亲率精锐约四万人东进至偃师。李密在邙山的山顶上扎营，召集众将商议军机。[28]讨论集中在一个问题上：是与王世充大军交战，还是设法避战？李密认为应该避战。王世充所部是精锐之师，已深入敌境，定会舍命死战。此外，王世充所部的粮草即将耗尽，这迫使他必须速战速决。李密坚称，此种情况下义军所要做的就是避其锋芒。王世充已陷入无路可退的境地，粮草眼看就要用完。但这一计划并没有得到李密麾下多数将领的支持。他们认为，王世充所部精锐甚少，且由于屡战屡败而士气低落，己方在兵力上占优势。这些将领一部分出身绿林贼帅，还有一部分是隋军叛将，全都是听调不听宣的军阀，部下都只对他们忠心耿耿。尽管心存疑虑，但李密别无选择，只能向多数意见妥协。[29]

义军显然决定等待王世充走第一步棋。李密仍留驻邙山上的主营，麾下大将单雄信则在偃师城北的平原上另立一营。李密的部署宜守而不宜攻。他的两座营垒距离很近，能够互为掎角之势，可以想象宛如一个倒转的字母“L”，沿着邙山向东，然后向南急转，过平原而至偃师。如果王世充愚不可及，敢攻打邙山上的李密大营，单雄信马上击其右翼和后方；如果王世充攻打单雄信，李密自可从左翼如法炮制。依靠这些部署和占据山顶之地利，李密没有再费心修建壁垒。如果王世充率军横渡通济渠，李密还可以居高临下杀入平原，将其一举击溃。[30]

两军之间的第一场交锋发生在10月5日深夜。王世充派数百骑兵渡过通济渠，攻打单雄信的营垒。李密派兵增援单雄信。战斗很快在黑暗中结束，交战双方都回到各自的营寨。王世充进攻李密战线的东端，可能意在将对手的注意力从另一侧引开。在夜幕的掩护下，王世充派二百余骑潜入邙山，藏身于李密大营背后的山谷之中。[31]

王世充早已在通济渠上架起数座桥梁。在10月6日黎明前的黑暗中，王世充率主力渡至通济渠对岸，设法逼近敌营列阵。李密的岗哨形同虚设，未能发现隋军到来。直到天亮，义军才意识到已身陷险境。义军开始从不曾设垒的大营中涌出，列阵备战。但为时已晚，未等义军列阵完成，王世充大军便冲杀而至。单凭这一点就足以定胜负。不过，王世充还有二度出其不意的杀着。两军刚刚交战，按照王世充事先的谋划，埋伏在李密背后的二百余骑便从北面冲入李密大营，开始纵火焚烧帐篷庐舍。义军看到大营中火焰翻腾，顷刻间崩溃瓦解。李密麾下几路大军于阵前归降，李密率一万余人落荒而逃。[32]此战标志着李密势力的崩塌。李密的部下仍多有兵强马壮者，但他再也不能指望这些人忠心耿耿。李密没有试图再次集结军队，而是西逃关中投奔李渊。李密的军队和地盘，大部分迅即归降王世充，王世充成为河南新主。据史书记载，王世充“悉收其众。而东尽于海，南至于江，悉来归附”[33]。

王世充在偃师大败李密，很好地说明了一场重大战役的结果可能会导致相关人物政治命运的迅速逆转。下属将领可以马上改换门庭，投奔如今天命所归的胜者。这一事件也凸显出天下分崩之时，争雄逐鹿的各派军政势力之脆弱。觊觎皇帝宝座的各地首领领导着形形色色的联盟。这些联盟皆由一众实力更小的首领组成，出身从隋朝官员到绿林草莽，不一而足。部属一时归附于这些首领，而首领多通过与最终一统天下者结盟来保障自己的财富、权力和地位。统兵御下很大程度上其实是联盟内部的外交问题，下属有时可以推翻自己的首领。比如在李密麾下众将中，一个心怀不满的部属便可能在危急关头造成决定性的影响。10月6日晨隋军将领攻打义军主营时，李密的大将单雄信占据要地，本可以对王世充侧翼发动毁灭性的打击，但史书中并无此类反击的记载。或许单雄信的部下和李密亲自指挥的主力一样措手不及，无法做出有效的反应。另一种可能则是，单雄信袖手旁观，有意坐观成败。单雄信早年追随翟让落草为寇，翟让遭谋害后，他与李密的关系非常紧张。惨败于偃师后不过数日，单雄信便率部投奔了王世充。[34]

偃师之战也表明，战略和心理因素在中国传统战争中占有中心地位。史书里关于中国中古时期战争的记载，满篇设伏、诈败和各种各样的奇袭、诡计以及陷阱。这些文献表明，将领在战斗中的目标不仅仅是战胜对手，而且是以某种方式实现一种心理效应，从而引发对方军队的溃败奔逃。[35]这些方法为上古兵书和历代史书，如司马迁的《史记》和班固的《汉书》中记载的众多先例所荐。李密和王世充皆饱学之士，自当对这类文献典籍有所了解。[36]他们的行动似乎证明了这一点。王世充只要出洛阳城门，片刻便能至金墉城，即可与李密决战，但他选择往洛阳城东移动三十多公里，背水而战。一旦失利，绝无可能逃生。他的用兵方略与公元前205年汉代大将韩信在井陉之战中所用的策略非常相似，此事为司马迁所记载。彼时韩信军队与赵军兵力相差悬殊，且赵军据井陉口而筑坚垒。韩信率军出井陉口，面朝赵军大营背靠河水列阵。赵军将士一拥而上攻打汉军主力，韩信却暗中事先派两千骑兵潜入赵军背后的山间。这支骑兵趁机杀入空虚无备的赵军大营，拔下赵军旗帜，换上汉军战旗。这种情况导致赵军立时溃败。[37]大获全胜之后，韩信解释了自己行险的排兵布阵。他指出，这是为了鼓舞士气，并引用了托名孙子所作的上古兵法中关于巧借地形、险中求胜的论述："投之无所往，死且不北。死焉不得，士人尽力。兵士甚陷则不惧。"[38]有意置之"死地"可视为一种心理触发因素，将领可以借此将那些原本只是平凡将士的凶悍胆魄激发出来。王世充和李密都深谙此法。这有助于解释王世充为何会做出如此奇怪的部署，以及李密为何不愿与他一战。[39]

王世充大败李密的同时，唐军主力正在渭水流域西北部与薛氏大军长期对峙。此战的焦点是争夺渭水支流泾水的上游地区，该地现位于陕西、甘肃两省的交界处。唐朝开国皇帝李渊派次子李世民领兵迎战薛军。彼时李世民年仅十九岁，却已经几番在战场上初露锋芒，在617年唐军进兵长安的后半程中更是自领一路主力。[40]尽管李世民肯定不是大唐开国的主导者，但是根据626年李世民夺取皇位后编纂的史料所撰的史书宣称，李世民虽年少，却是一位文韬武略卓绝的雄主。与同一阶层的其他子弟一样，李世民既修习治国理政所需的文学，又苦练领兵作战所需的武艺。他文化素养颇高，熟悉史书和儒家经典，也是一位技艺高超（即便并不出色）的诗人和书法家。[41]另一方面，李世民修习骑射和剑术，惯于在近身格斗中奋力拼杀，直杀到剑锋残缺，流血满袖。[42]父亲任隋朝太原留守期间，李世民有充分的机会熟悉治政之道和用兵之术。然而，李世民的功业如此之大，难以仅仅归因于其出身背景。就李世民而言，用“天纵之才”一词来形容似乎毫不为过。

李世民的西北之战开局并不顺利。618年8月6日第一次浅水原之战，唐军惨败于薛举之手。虽然并不完全清楚此次失败的责任是在李世民本人，还是因为下属没有听从李世民的指示，但结果是唐军一路退回长安。[43]9月，李世民率军重返泾水，遇到了新的对手。薛举刚刚去世，显然是自然原因。西秦军队的指挥权转移到薛举之子薛仁杲手中。这一次，李世民在高墌城附近扎下坚垒。他派兵与敌人零星交锋，但坚决拒绝投入主力决战。对峙达六十多天后，薛仁杲大军缺粮，军心越发浮动——几员大将索性率部降唐。眼见敌军陷入颓势的迹象已明，李世民出兵两路，一先一后，诱薛仁杲发动进攻。薛仁杲大军攻打这些诱敌之兵，打到筋疲力尽。李世民率唐军主力出其不意，在11月29日的第二次浅水原之战中取得决定性的胜利。李世民又率骑兵迅猛追击，追至敌军城下，逼得薛仁杲于11月30日出降。[44]

李世民的下一场大战发生在河东（今山西）。李世民奉命往河东讨伐刘武周势力。619年晚秋，刘武周与麾下义军出身的大将宋金刚率军从根据地马邑南进，迫使唐军放弃太原，后基本横扫汾水流域。619年底，李世民率军踏过冰封的黄河进入河东，第一步是在柏壁（今山西新绛西南约十公里）扎下坚垒，避免大战，坐等敌军自衰。李世民分析形势：宋金刚大军有一个严重的弱点，即粮道漫长，严重依赖于劫掠乡村以自给。因此，速战速决有利于宋金刚，而李世民决定不给宋金刚这个机会。但即使唐军主力坚守不战，唐军将校仍率偏师出击落单的敌军各部。李世民还派兵迂回绕路，袭扰敌军从太原沿汾水流域而下的粮道。620年5月中旬，经过五个多月的对峙，宋金刚终于粮秣断绝，只好北撤马邑。此时宋金刚大军沿着道路一字排开而行，李世民终于发动了反击。5月21日至6月1日，宋金刚大军被唐军追上，在沿太原以南汾水的连番大战中被唐军分割歼灭。[45]就像浅水原之战战后一样（只是规模更大），李世民将骑兵追击推向了极致，不给对手收拢集结的机会。宋金刚的主公刘武周弃太原而逃，投奔幕后的突厥。

此战唐朝收复山西，消灭了一个重大威胁。此战也让唐军得以腾出手来，东进河南平原。此时王世充已弑杀自己所立的隋朝傀儡皇帝，自封为大郑皇帝。620年8月初，李世民率五万大军直趋王世充盘踞的洛阳。8月底，李世民据邙山各峰，立连营坚垒，扼制洛阳城内外交通。[46]同时，其麾下各路唐军进一步攻占洛阳南北的地盘。初秋，唐军攻取洛阳城东约四十公里的战略要地嵩山轘辕关。[47]唐军连连告捷，一大批先前依附于王世充的地方首领纷纷叛投唐营。到年底，河南中部的地方豪强、统兵将领和绿林首领基本全部转奔唐营，李唐掌握的广阔地盘相当于隋朝的荥阳郡、汝南郡、淮安郡、南阳郡、颍川郡、淮阳郡、谯郡、邯郸郡以及梁郡、东平郡的部分地区。[48]王世充不仅是东面的粮道被有效切断，而且基本失去了全部根据地，只剩下襄阳和徐州两座当时完全孤立的遥远据点。

王世充在洛阳城外与李世民数次交战，均被击败。外有唐军围城，王世充坐困洛阳迟早死路一条。到621年春天，洛阳城居民饱受煎熬，局面甚至比李密围城时还要糟糕：

> 仓粟日尽，城中人相食。或握土置瓮中，用水淘汰，沙石沉下，取其上浮泥，投以米屑，作饼饵而食之。[49]

王世充试图从自己控制的几座边镇运粮到洛阳，但困难至极，大批唐军在该地巡弋。[50]621年3月11日，洛阳城下又一场交锋，王世充折损数千人。除了寄希望于河北军阀窦建德火速来援，王世充再也无计可施。窦建德早先有承诺，一定出兵相助。[51]

620年底，窦建德听从谋士刘彬之言，答应了王世充的出师援救之请。刘彬指出：李世民进兵洛阳之前，唐得关中、郑得河南、窦夏政权得河北，成三足鼎立之势。然而现如今唐强郑弱，一旦郑亡，夏恐怕难以独存。刘彬借古语云："唇亡齿寒。"[52]因此，窦建德决意出兵救王世充，核心考量正是维护势力的平衡。不过，他对新盟友的态度自然也另藏玄机。刘彬劝窦建德与王世充结盟时还指出，唐郑相争两败俱伤，这将为窦建德以后吞并遭严重削弱的王郑创造条件。此种"渔翁得利"之道，在中国的多方内战里反复出现，或许有助于解释为何窦建德要先降服黄河以南的当地诸绿林首领，出兵救洛阳拖了几个月之久。[53]直到621年4月，窦建德才出兵洛阳，史载兵力十万人。夏军沿黄河南岸西进，船只满载粮草一路相随。[54]

随着窦建德大军逼近洛阳，李世民拒绝了放弃围城、退回关中的建议。相反，他留下唐军主力继续围城，自己则亲率一路轻骑赶赴洛阳以东约一百公里的战略要地虎牢关，阻挡窦建德。[55]20世纪30年代初曾探访虎牢关战场的一位西方汉学家形容这里是“中国的温泉关”：

> 洛阳以东八十公里处有一片地形复杂的黄土丘陵，它从陕北开始沿着黄河南岸向东延伸，直到汜水之滨戛然而止。汜水在大约一公里半宽的平坦山谷中缓缓流过，它西邻黄土丘陵，丘陵的尽头则是一段陡坡。往东，在过去的年代里，这条河冲刷出一个低矮、垂直的悬崖，而大平原就是从这里开始的。平原地势坦荡，一马平川，村庄之中点缀着一些树丛。随着时间的推移，河流从悬崖上往后退移，现今水流在凹陷的河谷中央流淌着，两岸延伸出一片平坦的陆地。通往东部的道路，与通向洛阳、陕西的道路，它们的地势都一直下降延伸到河谷之中，两条道路穿过河流，到达“汜水城”。这座小城位于悬崖峭壁间狭窄的进入黄土丘陵区之前的通道上。① [56]

4月22日进驻汜水城和关口上方的高丘之后，李世民便拒绝率军出城与夏军大战。占据地利，这便决定了战与不战的主动权掌握在李世民手中。而李世民没有理由冒险当

---

① 本段文字采用现有中译本并略作修改，见〔英〕费子智（C. P. Fitzgerald）著，童岭译：《天之子李世民：唐王朝的奠基者》，北京：社会科学文献出版社，2022年，第84页。——译者注

即作出决断，因为每过去一天，饥肠辘辘的洛阳守军就离投降更近一步。窦建德大军在虎牢关以东约十六公里的平原上扎营。夏军在那里停留了一个多月。窦建德没有试图或北或南绕过虎牢关，也许是因为如此用兵会让军队远离粮船和水道。[57]5月底，唐军统帅李世民一步一步引窦建德到虎牢关前决战。他派骑兵突袭夏军粮道，同时将军队摆在虎牢关，制造出此地守御不严的假象。[58]史料并未言及，李世民为何选择在这一特定时机诱窦建德来战。可能是他认为窦建德部下已士气涣散，更有可能是他不想让送上门来的夏军在洛阳城陷后退回河北。在河南与窦建德一战定乾坤，可以免去唐军日后平定河北的麻烦。我们可以肯定，李世民心中一清二楚：虎牢关前的地形正是夏军潜在的死亡陷阱。

且不管李世民发动此战的原因为何，对手最终如他所愿地咬住了他放出的诱饵。5月28日凌晨，窦建德令夏军大部经平原开赴虎牢关。窦建德大军兵分数路进抵汜水谷地，沿汜水东岸列阵。夏军的战阵北到黄河，南至鹊山（汜水东岸陡崖之高点），长约两到三公里。夏军面前对岸便是汜水城，该城据守着通往虎牢关的狭长山径入口。[59]夏军定然已由此发现，汜水城和城后陡峻高山守御森严，远超此前之所料。

唐军统帅李世民并未立即在汜水对岸与窦建德针锋相对地列阵，而是先坚守阵地。他登上一处高丘观察夏军，然后向诸将解释自己的用兵之策：唐军取守势，按兵不动。敌军列阵久等多时而徒劳无功，饥饿疲惫之下自然开始后退。唐军抓住时机，果断出击，向士气低落、阵列不整的夏军发起猛攻。在这种情况下，李世民言：“必破之矣。”[60]僵局从早上七八点钟夏军首度列阵完毕一直持续到中午，中间双方不时有小股骑兵交锋。夏军将士饥渴倦怠，争相饮水。大批士卒索性在阵列中坐了下来，或者在一片混乱中辗转迟疑。李世民察觉到敌阵散乱不整，于是令三百骑兵沿敌阵疾驰而过，以试探敌军的反应。夏军动摇后退，李世民下令部分骑兵向南机动，再折向东，扑向敌军左翼。[61]左翼暴露在外，威胁不断逼近，窦建德试图将大军从狭窄的汜水谷地撤回到汜水东岸陡崖上的易守难攻之处。[62]但这一举动破坏了夏军的阵列行伍，从而为李世民的第二步进攻提供了战机。李世民亲率一路强大的轻骑，冲过汜水，切入撤退的夏军。唐军主力紧随其后，一波波杀来。[63]混战之中，眼见李世民的堂弟李道玄竟从夏军战阵中杀开一条血路，从阵前直杀到阵后，又从同一条路杀了回来，几番进出。厮杀到尾声时，只见李道玄的甲胄上扎满了箭矢，使他看起来恍如刺猬。[64]大部分传世文献称，李世民率一小队骑兵冲上汜水东岸的陡崖之巅，展开唐军旌旗昭示四方，夏军最终崩溃。唐军侧翼一路从南边赶到，应助了一臂之力。[65]

夏军彻底崩溃。窦建德的三千将士或战死沙场，或命丧追击。据史书记载，另有五万夏军被俘。夏军大部必然沦为唐军的阶下囚，因为逃生之路为汜水东岸的悬崖峭壁所阻。窦建德本人也落入唐军之手。他在战斗中被长矛刺伤，欲借道黄河中一小洲逃命，被两名唐军将领截获。[66]唐军追出十六公里，一直追到夏军营垒。6月3日，窦建德和其他于虎牢关被俘的高官大将一起被押到洛阳城下游行。王世充意识到自己的胜利无望，第二天便投降了。[67]窦建德的夫人及近臣密友逃离黄河上的营垒，在一小队骑兵的护送下逃回河北。部分夏国官员想立窦建德的养子即位，继续与唐军相抗。但在大部分夏国高官看来，唐军之大胜唯有一种解释——李渊天命在身，再违抗天命是徒劳的。6月10日，夏国官员以窦建德的核心州县投献唐军。短短几天内，余下的所有夏国地盘亦全部降唐。[68]

李世民在虎牢关取得胜利，其用兵方略与此前战胜薛仁杲、刘武周基本相同。三场大战，李世民都是占据防御要地或立下坚壁营垒，同时遣偏师骚扰敌军或袭敌粮道，避免决战。只有在敌军颓势已显，或敌军因开始后退而暴露弱点之时，他才会动用主力发动猛攻。李世民的目标不仅仅是在战场上击败对手，更是彻底消灭敌人的政权。他的做法是用骑兵穷追不舍，直至大功告成。他亲自排兵布阵的大战，多以此种模式为特点。可以说，此乃李世民的招牌谋略。[69]敌军长途跋涉，与李世民对阵时粮道漫长而脆弱，这往往助了李世民一臂之力。至于李世民这边，粮道较短或至少较为安全。

虽然唐代史书并未明言李世民年少时曾学习古代兵法，但他的用兵风格非常契合《孙子兵法》的原则。[70]《孙子兵法》的作者似乎深知，拖延和避免一战决胜负，往往是免于顷刻落败的最佳手段，如此便保住了最终获胜的可能性："昔之善战者，先为不可胜，以待敌之可胜。"[71]谋略的第二步，是观察机会，等待敌人疲惫懈怠或出现失误，抓住敌人最虚弱的时机，猛烈进攻。"故善战者，立于不败之地，而不失敌之败也。先胜而后求战。"[72]当然，有意示怯示弱，是希冀诱使敌人放松警惕，从而为决定性的一击创造机会："是故始如处女，敌人开户；后如脱兔，敌不及拒。"[73]众多军事家都熟稔这些教导，但李世民（假设他真的熟悉）在将这些相当抽象的教条转化为具体的用兵谋略方面，做得比大多数人好得多。李世民的成功不可能全然从纸上得来。李世民在晚年将自己料敌虚实强弱（这是决定何时进攻的重要因素）的卓越能力归因于自己长在军旅，饱经战事历练。[74]

李世民的军事艺术实践，除了精心确保大战在自己选择的时间和条件下进行之外，还有特色鲜明的战术模式。他通常先用步兵或骑兵去攻击和牵制敌人的战阵各部，为总攻铺平道路。总攻即发动骑兵冲锋，从相对狭窄的前沿插入敌军阵列，再从敌阵背后攻击，从而让敌阵彻底崩溃。620年6月1日，李世民在介休（太原以南）大战宋金刚，便是先派兵攻打敌人阵列的南北两端，然后亲率精锐骑兵从中央突破，予以决定性的打击。621年3月11日，李世民于洛阳城外大战王世充，先派五千步兵与王世充的军队交战，然后亲率骑兵从北山冲下来。[75]虎牢关一战，正如我们所见，李世民首先派骑兵南下威胁夏军左翼，然后才率主力大举进攻。细节可能有所不同，但基本模式很少变化。

在李世民的用兵谋略中，有两个要素值得注意。其一，是李世民本人在战场上的角色。虽然李世民用兵极为谨慎，但他在战斗中的个人表现截然相反。626年即皇帝位（并开启治国理政的新气象）之前，李世民每一次身临沙场，都亲率骑兵发动最后的决胜冲锋，并在短兵相接的肉搏厮杀中发挥非常积极的作用。虎牢关一战，李世民率轻骑冲向窦建德动摇不定的本阵，然后率领一小队骑兵直接冲过重重敌阵，在敌阵之后的山顶上展开唐军旌旗。李世民晚年称，自己戎马一生，亲手杀敌千余人。[76]李世民在这方面或许有些狂放不羁，但绝非独一无二。李密就曾两度中箭负伤。另有史书记载，义军首领杜伏威曾冲入敌阵，擒获刚刚用箭射中自己的人。[77]窦建德也在虎牢关之战中被长矛刺伤。而613年起兵反叛隋炀帝的高官杨玄感，“骁勇多力，每战亲运长矛，身先士卒”[78]。这一时期的军队统帅都精习箭矢刀矛，一旦亲临沙场，往往身先士卒，将自己暴露于危险之中，扮演“激励”而不是“协调”的角色。军队统帅若行事不当，则有可能失去部下的忠心。[79]

其二，是骑兵在李世民统兵作战中的作用。在农耕文明的中国，马匹和熟练的骑兵往往供不应求。在大多数隋唐时期的军队中，骑兵数量明显偏少。[80]虽然骑兵数量相对较少，但在中国中古时期的战场上，骑兵通常起着决定性作用。骑兵优越的机动性使之能够机动攻击敌军侧翼或后方，或者快速把握敌军阵列中出现的任何机会。骑兵在高度上有优势，很容易恐吓对方的步兵。骑兵突然一个冲锋就能将对方的步兵吓得惊慌失措，掉头就跑。骑兵更可以冲进密集的步兵方阵，直接穿阵而过。交战之前，需要骑兵实施侦察，袭击敌人的粮草辎重。战斗结束后，骑兵更是有效追击敌人的关键力量。[81]李世民一生所亲历的全部大战，决定性的打击基本都是由骑兵实施的。他亲率一千皂衣玄甲的精锐骑兵，冲锋陷阵时一马当先。[82]与隋朝和更早时期的重甲骑兵相比，李世民和其他唐军将领指挥的骑兵一般被描述为“轻骑”——这意味着骑手仍有甲胄，而战马则无。[83]出现这种变化，可能是由于唐军的前身是隋朝的边军，曾与具有高度机动性的东突厥轻骑兵作战。早在投身于群雄争霸之前，唐朝开国皇帝李渊就从部下骑兵中精选两千人，衣甲战具效法突厥样式，教之以突厥人的方式作战。[84]无论轻骑兵的历史渊源如何，李世民的突袭和追击屡屡得手，都可归功于唐军轻骑兵出色的速度和机动性。

虎牢关大捷是隋末群雄逐鹿中最具决定性的一战，成为隋朝覆灭与大唐一统的分水岭。李世民一举消灭了唐朝最危险的两个对手，巩固了唐朝对河南的统治，并将河北也收入囊中（即便仅为一时）。虎牢关之战后，群雄逐鹿的最终结局再无悬念。不过，尽管李世民战功赫赫，也未能让战火立时平息。唐朝的其他劲敌仍然活跃在草原边境和南方，唐军继续多线作战。李世民不可能同时出现在每一个地方。其他将领同样战功卓著，其中最突出的两位当数李孝恭和李靖。

李孝恭是李世民的堂兄。李渊617年底攻克长安后，任用众多亲族领兵作战或出使外交，李孝恭正是其中之一。李孝恭奉命前往巴蜀，那里没有爆发大规模起义，隋朝官员仍控制着通都大邑。618年，当地隋朝官员依唐朝使节之言降附。控制巴蜀为唐朝提供了战略根据地，从这里可以出兵进攻萧铣。萧铣自据长江中游地区和岭南，恢复了梁朝国祚。619年，李孝恭拜夔州（今重庆东南部）总管。翌年，他受命建造战船，教习水战，准备效法588—589年杨素平陈之战，率军沿长江三峡而下。[85]由于李孝恭此前没有军旅经验，另一员大将李靖遂被任命为行军长史。李靖之父为隋朝太守，叔叔乃隋朝名将韩擒虎，而韩擒虎正是589年平陈的功臣之一。史载李靖年少时才智超群，熟读兵书。降唐之前，李靖当过隋朝的郡丞。显然是李靖定计，唐军于621年秋出兵征伐萧铣。彼时长江江水暴涨，梁主萧铣深信唐军不会在三峡最难通航的季节来攻，于是暂将大部分将士遣回休整。[86]在清江口大战中，二李指挥唐朝水军全歼长江上游的萧铣水军，又迅速顺流而下，抢在分散各地的梁军奉诏来保卫都城之前攻下江陵。萧铣惨败于江陵城下，手下官兵尽亡，只能于621年11月10日出降。随后数载，李孝恭和李靖不断扩大和巩固唐朝对遥远南方广大地区的统治，范围包括今湖南、贵州、广西和广东诸省以及越南北部。[87]

至于华北平原，虎牢关之战后零星战事又持续了近两年。621年6月底，窦建德被斩于长安闹市。这激起一批窦建德的旧将起兵反唐，他们认为自己也难逃同样的命运。他们共推窦建德麾下骑兵大将刘黑闼为新首领。山东义军首领徐圆朗从前降唐，如今转而投靠义军。[88]这个新的反唐联盟迅速收复了窦建德统治过的地盘。直到622年底，唐军又打了三场大战，河北才最终平定。623年春天，徐圆朗方败死。在南方，最后一场大战发生于624年春天的长江下游。杜伏威的副手辅公祏于前一年秋天起兵反唐，李孝恭和李靖将其一举消灭。在北方边境，部分反唐势力由于得到东突厥的大力支持，坚持的时间更长。直到628年6月3日，盘踞黄河以南河套地区的朔方之主梁师都才被消灭。梁师都败亡，标志着汉地本土对唐朝政权的公开武装反抗至此结束。不过，修复隋唐之交的战乱所造成的破坏，则需要更长的时间。

1 有关这一问题，见Howard J. Wechsler(魏侯玮), *Mirror to the Son of Heaven: Wei Cheng at the Court of T'ang T'ai-tsung* (New Haven: Yale University Press, 1974), pp. 31–2, and idem, *Offerings of Jade and Silk*, pp. 55, 68–9。

2 Elizabeth J. Perry(裴宜理) 曾指出，19世纪和20世纪中国农村地区有"掠夺性"和"自保性"策略之分，见氏著*Rebels and Revolutionaries in North China, 1845–1945* (Stanford, Ca.: Stanford University Press, 1980), pp. 3–4。谷川道雄 (Tanigawa Michio) 采用的分类法与裴宜理的基本相同，见氏著，"Zui matsu no nairan to minshū: hyōraku to jiei," *Tōyōshi kenkyū*, 53.4 (1995), pp. 173–92。

3 有关窦建德，见《旧唐书》，第54卷，第2234页；《新唐书》，第85卷，第3696页；司马光：《资治通鉴》，第181卷，第5656—5657页；胡如雷：《略论李密》，第55页。有关翟让，见《旧唐书》，第67卷，第2483页；《资治通鉴》，第183卷，第5707页。

4 《旧唐书》，第56卷，第2275页。

5 臧嵘：《论窦建德的成功与失败》，收入《中国农民战争史研究集刊》，第3辑（上海：上海人民出版社，1983年），第69页。

6 有关这些举兵自保的地方力量，更多研究见黄惠贤：《论隋末唐初的"山东豪杰"》，收入《中国农民战争史论丛》，第5辑（北京：中国社会科学出版社，1987年），第61—77页；黄惠贤：《隋末农民起义武装浅析》，第190页，第196页。

7 《旧唐书》，第69卷，第2521页。

8 《旧唐书》，第83卷，第2777页。

9 《旧唐书》，第59卷，第2330—2331页。

10 黄惠贤：《论隋末唐初的"山东豪杰"》，第116页。

11 漆侠：《有关隋末农民起义的几个问题》，收入李光璧等编：《中国农民起义论集》（北京：生活·读书·新知三联书店，1958年），第109页。

12 有关窦建德，见《旧唐书》，第54卷，第2236—2237页；司马光：《资治通鉴》，第183卷，第5715页，以及第185卷，第5804—5805页；臧嵘：《论窦建德的成功与失败》，第69页。有关孟海公，见《资治通鉴》，第182卷，第5669页。

13 见《隋书·李密传》，第70卷，第1624—1632页；《旧唐书》，第53卷，第2207—2224页；《新唐书》，第84卷，第3677—3684页。有关李密政治军事组织发展的详细情况，见Graff, "Early T' ang Generalship and the Textual Tradition," pp. 245–60 and 269–80。

14 司马光：《资治通鉴》，第183卷，第5722页。

15 司马光：《资治通鉴》，第183卷，第5727页。李密的檄文全文，见《旧唐书》，第53卷，第2212—2218页。

16 有关王世充的背景和早年生平，见《隋书》，第85卷，第1894页；《旧唐书》，第54卷，第2227页。有关李密与王世充麾下隋军交战的详细情况，见Graff, "Early T' ang Generalship and the Textual Tradition," pp. 260–80。

17 《旧唐书》，第56卷，第2266—2268页；又见漆侠：《有关隋末农民起义的几个问题》，第103—105页。

18 《旧唐书》，第56卷，第2263—2265页。

19 《旧唐书》，第55卷，第2245—2246页；Bingham(宾板桥), *The Founding of the T'ang Dynasty*, p. 139。

20 《旧唐书》，第56卷，第2280页。

21 《旧唐书》，第55卷，第2252—2253页，第2280页；Bingham(宾板桥), *The Founding of the T'ang Dynasty*, p. 138。

22 见Nunome Chōfū(布目潮沨), "Ri En no kigi," in idem, *Zui Tō shi kenkyū* (Kyoto: Tōyōshi kenkyūkai, Kyoto University, 1968), pp. 101–49, 尤其是pp. 112, 125, 132, 141。

23 其中一场战斗的研究见David A. Graff, "The Battle of Huo-i," *Asia Major* (third series) 5.1 (1992), pp. 33–55。

24 沿用《隋书》，第85卷，第1897页。部分史料如司马光：《资治通鉴》，第186卷，第5809页，载骑兵两千。考虑到洛阳城内缺粮，较小的数字似乎更为合理。

25 又沿用《隋书》，第85卷，第1897页。更详细的版本见《新唐书》，第85卷，第3692页，以及司马光：《资治通鉴》，第186卷，第5809页。

26 《旧唐书》，第68卷，第2503页；又见《隋书》，第85卷，第1894页。

27 有关王世充出战，见《隋书》，第85卷，第1897页；《旧唐书》，第54卷，第2230页；司马光：《资治通鉴》，第186卷，第5809页。有关通济渠，见徐松：《唐两京城坊考》，第5卷，第40页下，收入Hiraoka Takeo (ed.), *Tōdai no Chōan to Rakuyō* (Kyoto: Jimbunkagaku kenkyūsho, Kyoto University, 1956)，以及顾祖禹：《读史方舆纪要》〔光绪五年（1879年）四川桐华书屋版，台北：新兴书局翻印，1967年〕，第48卷，第16页下，第27页下。

28 《隋书》，第70卷，第1632页；《资治通鉴》，第186卷，第5809页。有关李密大军规模的研究，见Graff, "Early T' ang Generalship and the Textual Tradition," pp. 298–9。

29 有关众将商议军机，见《隋书》，第70卷，第1633—1634页；《资治通鉴》，第186卷，第5809—5810页。

30 《隋书》，第70卷，第1632页；第85卷，第1897页；《旧唐书》，第68卷，第2503页；《资治通鉴》，第186卷，第5810页。

31 《资治通鉴》，第186卷，第5810—5811页。

32 战况记载依据《资治通鉴》，第186卷，第5810—5811页，又与时间最早的文献记录相参照，见《隋书》，第70卷，第1632页；第85卷，第1897页。《资治通鉴》载王世充又生一计：他将一相貌酷似李密者捆缚，在战况最激烈时押赴阵前，让部下相信李密已束手就擒。这一故事不太可信，《隋书》未载。对史料更彻底的搜检，见Graff, "Early T' ang Generalship and the Textual Tradition," pp. 306–12。

33 《隋书》，第85卷，第1898页。

34 《隋书》，第70卷，第1632页；《资治通鉴》，第186卷，第5812页。现代历史学家汪篯指出，李密领导团队内部的紧张关系是理解其失败的关键。见《汪篯隋唐史论稿》，唐长孺等编（北京：中国社会科学出版社，1983年），第245—246页，第265—267页。

35 Peter A. Boodberg（卜弼德）, "The Art of War in Ancient China" (Ph.D. dissertation, University of California, 1930), pp. xix–xx.

36 《隋书》，第70卷，第1624页；第85卷，第1894页；《旧唐书》，第54卷，第2227页。

37 司马迁：《史记》，第92卷，第2615—2617页，译自John DeFrancis（德范客）, "Biography of the Marquis of Huai-yin," *Harvard Journal of Asiatic Studies*, 10.2 (Sept. 1947), pp. 189–94。有关此战的进一步研究，见Kierman, "Phases and Modes of Combat in Early China," p. 56 ff。

38 《孙子校释》，吴九龙等（北京：军事科学出版社，1990年），第197页。引文出自《孙子兵法》第十一篇《九地篇》。就本处及其他各处而言，笔者对这部经典作品的解读受到了早期译者，如翟林奈（Lionel Giles）、拉尔夫·索耶（Ralph Sawyer）和苏德恺（Kidder Smith）的丹马翻译小组的影响。

39 有关这些问题更广泛的探讨，见Graff, "Early T' ang Generalship and the Textual Tradition," pp. 317–41。

40 有关李世民的年龄，见Bingham（宾板桥）, *The Founding of the Tang Dynasty*, p. 124；有关李世民在617年所起的作用，见司马光：《资治通鉴》，第184卷，第5756页，及Graff, "The Battle of Huo-i"。

41 有关李世民年少读书的探讨，见黄永年：《唐太宗李世民》（上海：上海人民出版社，1987年），第6页。有关夸大李世民在唐朝开国中的功绩及其原因的探讨，见Wechsler(魏侯玮), *Mirror to the Son of Heaven*, pp. 8–32。

42 Graff, "The Battle of Huo-i"，尤其是第51—52页; 司马光:《资治通鉴》，第184卷，第5748页; 第188卷，第5902—5903页。另有许多其他事例。

43 司马光:《资治通鉴》，第185卷，第5801页。基本上所有的传统说法都将责任归于李世民的下属，但部分现代学者怀疑这是一种掩饰; 见黄永年:《唐太宗李世民》，第17—18页。

44 司马光:《资治通鉴》，第186卷，第5820—5822页; 杜佑:《通典》，第155卷，第3972页。

45 此战见司马光:《资治通鉴》，第188卷，第5872—5875页，第5880—5881页。又见汪篯:《汪篯隋唐史论稿》，第253页等。

46 司马光:《资治通鉴》，第188卷，第5885—5888页。

47 司马光:《资治通鉴》，第188卷，第5889页，第5895—5896页; 王钦若等:《册府元龟》(台北: 台湾中华书局，1967年)，第19卷，第10页下—11页上。

48 这一概述是对史料内容的整合，见司马光:《资治通鉴》，第188卷，第5888—5891页，第5893—5895页，第5897页;《旧唐书》，第2卷，第26页;《册府元龟》，第19卷，第11页上—12页上，以及第164卷，第11页下—12页上; 李昉等:《太平御览》，第109卷，第3页上，收入《国学基本丛书》(台北: 新兴书局，1959年)。

49 《旧唐书》，第54卷，第2233页。

50 司马光:《资治通鉴》，第188卷，第5902页;《新唐书》，第92卷，第3808页; 第94卷，第3837页。

51 此战见司马光:《资治通鉴》，第188卷，第5902—5903页。

52 司马光:《资治通鉴》，第188卷，第5896—5897页。

53 黄永年:《唐太宗李世民》，第28页; 又见Harro von Senger(胜雅律), *The Book of Stratagems* (New York: Viking Penguin, 1991), pp. 125, 130。

54 司马光:《资治通鉴》，第188卷，第5905页; 第189卷，第5908页;《旧唐书》，第54卷，第2241页。

55 司马光:《资治通鉴》，第189卷，第5909—5910页; 有关对李世民决策的研究，见Graff, "Early T' ang Generalship and the Textual Tradition," pp. 372–81。

56 C. P. Fitzgerald(费子智), *Son of Heaven: A Biography of Li Shih-min, Founder of the T'ang Dynasty* (Cambridge: Cambridge University Press, 1933), p. 80。1993年5月，笔者曾亲访汜水。对于费子智那令人钦佩的描述仅有一点纠正，即东岸的悬崖即使在最低点也有二十余米，笔者并不感觉有些"低矮"。

57 窦建德的营寨距离永济渠从河北汇入黄河之处非常近。有关后勤补给影响窦建德决策的探讨，见Graff, "Early T' ang Generalship and the Textual Tradition," pp. 387–95。

58 有关出兵突袭，见《旧唐书》，第54卷，第2241页; 司马光:《资治通鉴》，第189卷，第5913页;《册府元龟》，第420卷，第19页上。关于李世民有意识示弱，见《旧唐书》，第2卷，第23页;《通典》，第159卷，第4084页; 赵英祚等修:《汜水县志》(台北: 崇文出版社翻印，1968年)，第10卷，第4页上，该县志中录有树立在战场上的唐碑碑文。

59 对窦军部署的复原皆依据史料，见Graff, "Early T' ang Generalship and the Textual Tradition," pp. 402–5。此战记载见司马光:《资治通鉴》，第189卷，第5913—5915页;《旧唐书》，第2卷，第27页; 第54卷，第2242页;《新唐书》，第85卷，第3702页;《册府元龟》，第19卷，第12页下—13页上;《通典》，第155卷，第3978页; 第159卷，第4084页;《太平御览》，第107卷，第12页上，以及第109卷，第4页上、下; 第289卷，第3页下—4页下; 第331卷，第11页上、下; 659年的碑文见赵英祚等修:《汜水县志》，第10卷，第3页上—5页上。

60 《旧唐书》，第2卷，第27页。

61 笔者在此沿用《通典》，第155卷，第3978页; 659年的碑文见《汜水县志》，第10卷，第4页下。

62 沿用《通典》，第155卷，第3978页；《太平御览》，第289卷，第4页上；《册府元龟》，第19卷，第13页上；《旧唐书》，第2卷，第27页。

63 《旧唐书》，第2卷，第27页；《通典》，第155卷，第3978页；《册府元龟》，第19卷，第13页上；《太平御览》，第289卷，第4页上。

64 《旧唐书》，第60卷，第2353页；《新唐书》，第78卷，第3518页。

65 659年的碑文暗示南路唐军加入了战团，见《汜水县志》，第10卷，第4页下。

66 司马光：《资治通鉴》，第189卷，第5914页；《旧唐书》，第54卷，第2242页；《新唐书》，第85卷，第3702页。

67 司马光：《资治通鉴》，第189卷，第5915—5916页。

68 《旧唐书》，第54卷，第2242页；第63卷，第2408页；司马光：《资治通鉴》，第189卷，第5918—5920页。

69 英雄所见略同。最早提出者或为南宋史家胡三省（见司马光：《资治通鉴》，第188卷，第5882页）。对胡三省的补充，可见C. P. Fitzgerald（费子智），*Son of Heaven*, pp. 83, 101; 史苏苑：《从三大战役看杰出军事家李世民》，《人文杂志》，1982年，第3期，第97页；万钧：《唐太宗》（上海：学习生活出版社，1955年），第17—18页；赵克尧、许道勋：《唐太宗传》（北京：人民出版社，1984年），第55—56页。

70 626年即帝位之后，李世民确实曾经引用了兵法。有关这一史料更详细的研究，见Graff, "Early T' ang Generalship and the Textual Tradition," pp. 424–9。

71 《孙子校释》，第53页。引文出自《孙子兵法》第四篇《形篇》。

72 《孙子校释》，第60—61页。引文出自《孙子兵法》第四篇《形篇》。这一观点在该书他处亦有表述，如见第十一篇《九地篇》，第214页："敌人开阖，必亟入之。"

73 《孙子校释》，第216页。引文出自《孙子兵法》第十一篇《九地篇》。

74 司马光：《资治通鉴》，第198卷，第6253页。

75 有关这些战事，见《旧唐书》，第2卷，第25页；司马光：《资治通鉴》，第188卷，第5902—

5903页。

76 董诰编:《全唐文》(台北: 经纬书局, 1965年), 第4卷, 第25页上。

77 李昉:《太平广记》(北京: 人民文学出版社, 1959年), 第191卷, 第1431页。

78 《隋书》, 第70卷, 第1618页。

79 有关"激励"和"协调"之间的差别, 见Martin van Creveld, *Command in War* (Cambridge, Mass.: Harvard University Press, 1985), p. 43。约翰·基根认为, 军队指挥官的效力, 很大程度上取决于他们发挥部下所期望的文化决定作用的能力, 见*The Mask of Command* (New York: Viking, 1987)。王世充是否亲自上阵参战不得而知, 但大批部下对其不满。见《新唐书》, 第54卷, 第2231—2233页; 第68卷, 第2503页。

80 Graff, "Early T' ang Generalship and the Textual Tradition," pp. 170–5.

81 有关唐朝骑兵诸多功能作用的探索, 见李树桐:《唐代之军事与马》, 见氏著《唐史研究》(台北: 台湾商务印书馆, 1979年), 第231—276页。

82 司马光:《资治通鉴》, 第188卷, 第5901页。

83 见杨泓:《中国古兵器论丛》, 第58—59页; 同上,《古代兵器史话》(上海: 上海科学技术出版社, 1988年), 第144—145页, 第153—155页。

84 见温大雅:《大唐创业起居注》(上海: 上海古籍出版社, 1983年), 第1卷, 第2页;Dien(丁爱博), "A Study of Early Chinese Armor," p. 41; and David A. Graff, "Strategy and Contingency in the Tang Defeat of the Eastern Turks, 629–630" (forthcoming)。

85 《旧唐书》, 第60卷, 第2347—2348页。

86 《旧唐书》, 第67卷, 第2475—2476页。

87 《旧唐书》, 第67卷, 第2476—2477页; 司马光:《资治通鉴》, 第189卷, 第5934—5935页。

88 《旧唐书》, 第55卷, 第2258页, 第2261页。

Chapter 9
The early Tang military and the expeditionary armies
第九章
唐初军事与行军

将隋政府记录的人口数字与唐初的人口数字相对比，结果令人震惊。609年，隋炀帝征伐高句丽和天下反王四起之前，隋帝国的官方户籍人口为8907546户，46019956人。过了近三十年，634—643年之间的某一年，唐帝国的官方户籍人口仅为2874249户，约1200万人。[1]在唐朝最后的强敌被击败后很长一段时间内，中国多地依然贼寇猖獗。据史书记载，天下满目疮痍，大片土地荒无人烟。河南本是中国人口最稠密的地区之一，632年唐朝大臣魏徵却这样描述河南的情况："今自伊、洛之东，暨乎海、岱，萑莽巨泽，茫茫千里，人烟断绝，鸡犬不闻。"[2]不过，这其实是甚为夸张之辞。在政治舆论的背景下，魏徵是为了达到最佳的修辞效果才如此精心措辞。即便将中间这些年洪水、旱灾、饥荒、盗匪和战乱造成的损失都算在内，中国的实际人口也不可能减少近四分之三。一般情况下，世人认为隋代和唐初人口数字的差异，反映的不是大量人口死亡，而是国家失去了对百姓的行政控制。[3]在之前的战乱中，大量人口逃离故乡，各地官府的档案文书肯定多毁于战火。无论如何，将这一片混乱重新厘清必然困难重重，而且由于初唐时期朝廷权力尚不能到达所有地方层面，因此情况变得更加复杂。

在与其他各路皇权竞逐者争斗的过程中，唐朝的创立者发现，与地方豪强携手合作不仅是权宜之计，而且是必要的。无论是义军首领、地方精英还是前朝官员，这些地方豪强降附唐朝基本都得授官爵，唐廷允许他们继续控制现有地盘和军队。必要的时候，唐朝开国皇帝李渊甚至创设新的地方行政建制，以容纳新附者。结果，史载唐初的州县数量是隋朝的两倍。[4]大批得授官爵的渠帅，在唐朝统一后仍多年把持地方权力。他们身居其位，能够阻止所辖人口被重新造册入籍（从而使财赋收入掌握在自己手中，否则就会被中央朝廷收走）。他们还有能力在自己的地盘上征发兵士。河南、河北的情况当然如此，这两个地区在群雄逐鹿中战事最为激烈。早在626年，随着李世民与长兄李建成（皇位继承人）之间的权力斗争愈演愈烈，李世民派亲信前往洛阳，用大量金帛收买当地渠帅。这些地方实力派即所谓“山东豪杰”。[5]及至7世纪后半叶，这些地方渠帅仍然可能是朝廷顺利获取地方资源的障碍。[6]出于种种原因，中央朝廷容忍他们继续存在。所有这些地方实力派都承认唐朝统治的合法性，仅极少数（如果真有）有足够的实力对新朝举兵相抗。此外，容忍姑息促进了经济和社会秩序的恢复，即便只是因为这种做法避免了再动刀兵。

7世纪20年代，唐朝通过各种手段一一削平势力最大的地方渠帅。有的地方渠帅因谋逆大罪被处死，有的因起兵作乱而伏诛。另有大批地方实力派被调到家乡以外的地方任官。他们脱离了旧的势力根基，总的来说从此对新朝忠心耿耿。其中一些人出身寒微，代表着唐朝士族统治精英的新生力量。张士贵即为其中的典型。张士贵本为河南最西隅啸聚山林的义军首领，618年归附唐朝，得授家乡虢州刺史。唐军攻略洛阳，张士贵在途中为唐军供应粮草。他很快奉诏入朝，出任禁军将领。张士贵后被派往四川任刺史，平定长江上游山区的土著，最终官拜幽州（今北京）都督和扬州（长江下游通都大邑）都督府长史。[7]张士贵的文化水平显然远低于士族的标准。有一次宫中赐宴赋诗，张士贵所吟颇为不俗，众人便多认定他请人捉刀了。[8]比张士贵更有分量的人物是李世勣。李世勣原名徐世勣，出身河南东部的富裕农家，但不曾受过诗礼之教。他早年是义军首领翟让和李密的副手。618年李密兵败，他以一座重要的粮仓和一些地盘归顺唐朝，获赐李唐国姓。李世勣继续为唐朝一统天下而东征西讨，居功甚伟。后任并州大都督府长史十六年，密切监视草原诸部的崛起动向。李世勣虽不知书，却历仕唐朝三位皇帝，最终卒于相位。[9]

626年，李世民通过政变登基。他诛杀了自己的两个兄弟（包括皇位继承人李建成），强迫父亲李渊退位。然后，他采取措施削弱剩余的地方实力派。627年春，新皇李世民（即唐太宗）下诏重组行政建制，废除大量新设州县。这些州县都是为容纳打天下时归附唐朝的地方豪强而设的。[10]数载之前滥封的官职如今被一一收回。刺史降为县令，县令降为白身。从那时起，中央朝廷开始对地方官员的选任进行更为严格的管理。[11]史载无人起兵造反，由此可见新朝的军事控制达到何等程度，或又可解读为国家继续对地方豪强在次官僚层面行使非正式权力视而不见。

唐太宗一面努力修复战乱对帝国中央集权体制所造成的破坏，一面采取措施治愈战乱造成的精神和心理创伤。尽管中古中国的百姓普遍信仰佛教，但佛教教义中的非暴力、禁杀戮的主张并未减轻战事的惨烈程度。事实上，这一时期的部分起义正是由佛教僧侣所领导的。据史料记载，至少有一些僧侣曾亲自参战。[12]不过一旦战乱结束，国家就要借重宗教信仰来为乱世彻底画上句号。628年三月，新皇李世民下诏为死难者举办法会。629年底，应明瞻法师之请，唐太宗下诏在自己亲历的七场大战的旧战场修建寺院，以便僧侣为死者超度。[13]在虎牢关之战的战场上所立的寺院，取名“等慈寺”。这一寺名即明示唐太宗对双方阵亡者一视同仁，如此有助于弥合战乱造成的分歧。

然而，大唐帝国做不到刀枪入库、马放南山。尽管域内一时太平无事，边疆依然战事不断。旧战场上修建寺庙的同时，唐军出重兵击讨东突厥。早在617年，东突厥始毕可汗暗中帮助多位义军领袖，有意让中原保持虚弱和分裂，比如曾经为李渊进军隋都提供过两千匹战马。[14]眼见李渊实力增强，渐有君临天下之相，突厥转而支持唐朝的敌手，比如山西的刘武周（619年）、河北的刘黑闼（622年）。唐朝扫平了中原的主要对手之后，突厥便亲自出手。此时突厥统治者已是始毕可汗之弟颉利可汗。623—626年，颉利可汗每年派兵大肆劫掠山西和关中北部边缘，或希望激起反唐叛乱。[15]626年颉利可汗亲率大军入寇，一路进逼至距长安仅二十公里的渭水北岸。9月23日，三周前才登上皇位的李世民，亲自骑马出城与颉利可汗谈判。李世民大设疑兵之计，但可能也只好送给突厥大量金帛，以确保突厥退兵。[16]渭水对峙一结束，新皇李世民马上在帝都加紧操练禁军。年底前李世民又下诏，秋收后农闲时要进行军事操演。他还垂问，是否有可能通过拣选未成年男丁作为士兵来扩大军队规模。[17]

最后，唐太宗之所以能对突厥发动复仇之战，与其说是因为自己的筹划准备，倒不如说是一系列事件让突厥汗国的所有弱点暴露无遗。颉利可汗626年进攻中原，虽掳掠所得丰厚，却未能在中原激起叛乱。这可能损害了颉利可汗在臣民之中，尤其是在下属各部之中的威望。[18]627年10月中旬前的某个时候，也可能是那一年的春天或初秋，蒙古草原上出现了异常恶劣的天气，让局面雪上加霜。暴雪厚达一米，牧民无法放牧，造成牲畜大量死亡。目前尚不清楚彼时是否已有反对颉利可汗的部落起兵谋叛，但自然灾害无疑导致了突厥汗国的政局动荡。据中原的史料记载，颉利可汗本人的牧群损失惨重，这促使颉利可汗向处境艰难的下属各部再加征敛，结果导致饥寒交迫的游牧民揭竿而起。[19]无论这些事情究竟孰前孰后，627年的暴雪和饥荒显著表明：即使是最强大的草原帝国，也有其生态脆弱性。因为草原帝国依赖于牧群的生存，无法像农耕中国那样做到年年有余。

628年夏，突厥汗国下属各部纷纷公然造反，其中薛延陀对颉利可汗构成的威胁尤为严重。生活在戈壁沙碛以北的突厥铁勒各部中，以薛延陀部最为强大。由于无法镇压起义，统治突厥的阿史那一族内部出现了致命的分裂。颉利可汗派侄子突利可汗（统治蒙古草原东部和中国东北地区西南诸部的“小可汗”）去镇压叛乱，结果大败而归。颉利可汗将突利可汗囚禁十天，并施以鞭笞。等到下一次颉利可汗想从部下那里征兵时，突利可汗拒绝提供军队。颉利可汗震怒不已，于628年春发兵攻打突利可汗。由于突厥模棱两可的继承制度，阿史那一族内部隐患重重，甚至多次出现自相残杀。突厥汗国的统治权通常是兄终弟及，下一代子弟竞逐汗位没有明确的标准可供裁决。突利可汗身为颉利可汗之兄、突厥汗国前任统治者始毕可汗的儿子，可以凭借“族中居长一系的代表、现已成年”来要求继承大可汗之位。[20]而且，突利可汗有资本挑战颉利可汗，因为突厥设“小可汗”之位，使他以总督身份统治突厥汗国的大片地区，这一做法正是为了安抚前突厥汗国大可汗的后人。而大汗之位本该世代相承。[21]唐朝皇帝显然对突厥汗国的分裂特性一清二楚，自然没有错失推波助澜和操纵利用的机会。628年四月，突利可汗向唐太宗求援。唐太宗派一员边将直接出兵为突利可汗助战，并另遣一员大将赴太原，开始筹备大举征伐颉利可汗。[22]

到629年秋，准备工作基本完成。与雄踞戈壁沙碛北部的薛延陀遣使往来，可能也对唐太宗的征伐工作起了推动作用。9月11日，唐太宗任命兵部尚书李靖为行军总管，统率征伐突厥的军队。12月13日，唐太宗下诏出兵。[23]唐军六路并进，最东一路和最西一路之间相距至少一千一百公里。六路唐军大部分应是用来牵制各地突厥首领的，使他们不能出兵相助颉利可汗。主要打击力量是李靖亲率的中央一路，与李世勣率领的另一路密切配合。[24]李靖从马邑北进，至边城定襄。彼时颉利可汗正率部驻于定襄附近。李靖率三千轻骑占据了定襄以南的一座山峰，此举完全出乎突厥人的意料。唐军夜袭定襄，一举攻入城内。颉利可汗仓皇北撤，逃入铁山。颉利可汗之所以决定放弃定襄，可能是受李世勣一路唐军从东面逼近的影响。这路唐军威胁到了颉利可汗的退路。[25]

李靖和李世勣在定襄与铁山之间的白道关会师。由于颉利可汗求和，战事一时陷入僵局。唐太宗自长安遣使赴突厥大营，商讨颉利可汗请降事宜。[26]在此期间，眼见突厥松懈无备，李靖和李世勣临时起意，欲发动突袭。两人既未请君命（距唐太宗直线距离也有九百多公里），也不想将计划告知唐朝使节。[27]李靖亲率一万骑兵，杀向突厥大营。李世勣则自率一路唐军，封锁了突厥人穿越沙碛北逃的必经之路。630年3月27日，李靖率军逼近颉利可汗的大营。大雾隐藏了唐军的行踪，直到离“猎物”只有咫尺之遥。最终突厥人发觉自己身处险境，组织有效防御为时已晚。唐军先锋径直冲向颉利可汗的牙帐，一路砍倒突厥兵将数十人，整个突厥大营顿时陷入混乱。颉利可汗骑快马逃生，仅有数名部下相随。他彻底失去了反抗的希望。铁山之战简直是一边倒的屠戮。据中原史书记载，一万多突厥人被杀，男女十余万口向胜利者请降。[28]这些活下来的人中，大部分应是在穿越戈壁道路南端时遭遇李世勣率军把守，遂投降唐军。[29]李靖后来因允许军队劫掠突厥大营而遭劾奏，却并未因发兵作战（此举显然有违唐太宗的圣意）而受到惩罚，毕竟当时谈判尚在进行。[30]无论采取了何种手段，唐太宗无疑都对结果甚感开怀。同样值得注意的是，唐朝大败东突厥，靠的是快速机动的轻骑兵。这些轻骑兵与突厥的轻骑兵颇为相似。如果汉人依赖数量上占优势的步兵，则根本不可能做到偷袭突厥、一击得手和阻敌外逃。

铁山之战标志着东突厥汗国的终结，也是中原统治蒙古草原半个世纪的开端。余下的突厥首领大多随即归降唐朝，其中一人于630年5月12日将逃亡的颉利可汗交到了唐朝官员手里。[31]少数几部东突厥人继续在遥远的西北地区顽抗，但戈壁北部的霸主如今已是唐太宗的盟友薛延陀可汗。经过激烈的争论，唐廷决定将归降的突厥人众沿北方边塞的边缘地带安置，唐廷大部分显然集中在黄河河曲以南的河套地区。[32]归降的突厥人得到唐廷的优待。虽然在中原的行政体系之内，部落名义上被划分为州和都护府，但实际上仍由突厥人自己的首领管辖。这些首领接受皇帝封赐的官爵和其他荣誉。“其酋首至者，皆拜为将军、中郎将等官，布列朝廷，五品以上百余人，因而入居长安者数千家。”[33]这些人入居长安，对大唐帝都的异域情调和世界性风格大有裨益。而大唐帝都正是以聚集亚洲各地的人员、商品和风尚而闻名于世。[34]这些突厥人还对唐代中国的军事力量做出了重大贡献。后来一些突厥首领得授禁军将领，指挥唐军作战，西征北讨立下大功。他们指挥的军队中，就有大批突厥部众。[35]

关于击败东突厥人的唐朝军队的编组建制，史料并未给出大量细节，但其中肯定有大量征自各军府的府兵。[36]作为北周和隋朝的军事支柱，府兵制随着隋朝的灭亡而崩溃。各方权力竞逐者都将自己手下的军队“私兵化”。但唐朝的创立者早在619年就开始在关中重建府兵制，然后将府兵制推广到其他地区。至7世纪30年代初，目标基本达到。唐代府兵制或许与隋炀帝时期的府兵制差别不大，但后世对唐朝制度的运作了解得更多。[37]府兵体制由数百个军府组成，每个军府约八百人，驻在指定的州，兵源来自当地。名称屡经变更之后，这些在隋炀帝时期名为“鹰扬府”的军府，最终于636年定名为“折冲府”。军府主官称“折冲都尉”。每个军府皆隶属京城禁军十二卫中的一卫。按照复杂的番期安排，每个军府的兵士每年都要番上宿卫一个月。军府离都城越远，分配轮番的班次就越多，因此每个兵士轮番的次数就越少。例如距京师五百里以内的军府五番，五百里到一千里的军府七番。①无论何时，宿卫京师的卫士都在五万人左右。[38]卫士也可奉派戍边，时间或长达三年。但戍边没有轮番宿卫京师那样普遍和制度化。[39]

兵士不番上不参战时，要种地养活自己。作为有限免除赋税劳役的交换，士兵要自备全部口粮和大部分装具。男丁二十一岁被征点为府兵，一直服役到六十岁。地方官府每三年从乡里合格男丁中拣选新兵，依据的是财产、勇力和家中男丁数量三项标准。显然，官府的意图是想将服兵役的负担交给那些最能负担得起的人。然而，有的州军府太多，如果不招收贫家子弟从军，就无法填满兵额。从西北边塞敦煌地区保存下来的唐人户籍可见，出身社会经济最

---

① 五番是指一个折冲府的士兵分作五组，轮流上番；七番则是分作七组，轮流上番。——译者注

底层的兵士，人数远远超过出身富家者。[40]尽管如此，从军为府兵，对于胸怀大志的富家子弟而言，必然有一定的吸引力。在天子御前担任卫士，能给自己在家乡带来名望和地位。他们更有机会在战场上获得军功，得授勋官。身为勋官，便有权获得比"均田制"下通常授田份额更多的土地。[41]

由于是兵役与农耕相结合，西方史家有时将府兵描述为"民兵"。而由于"民兵"兵员质量差、战斗力低（尤其是暗含与"专业"的士兵相比），将"民兵"一词与府兵相联系，就有相当大的误导性。考虑到终身服役和训练，把府兵视为特殊类型的专业士兵，其实更为准确。[42]每名府兵皆须全副武装，戎具包括甲胄、弓箭和刀矛。府兵每天都要练习特定的军事技能，比如射箭。每年冬天农闲时，每名府兵都要和同袍一起，进行集中的有组织操演。操演期间，都尉指挥兵士列成战阵，进行模拟战斗。都尉还率府兵进行田猎，教授府兵协同配合。[43]毫无疑问，7世纪的府兵战斗力非常强。[44]

军府的数量随着时间的推移而变化。8世纪初，府兵制已然衰落，彼时军府共633个（兵士约六十万人），数量达到顶峰。一位研究府兵制的现代权威人士认为，636年仅置军府353个。[45]这些军府大部分集中在京畿地区，而中国中部、东部和南方大片地区几无军府。353个军府中，261个以上位于关中。其余92个多位于附近地区，如唐朝开国皇帝李渊的龙兴之地河东。构成唐帝国的320多个州，三分之二以上连一个军府也没有。而有军府的州，则往往是大量军府聚集。关中尤其如此，长安周边的京兆府最后有131个折冲府，其他邻近数州同样负担极为沉重。[46]即使军府相对较少的地区，那些军府也趋于在地理上集中。比如河南所有军府都位于洛阳或邻近的州，东部平原上则没有军府。因此，兵役负担的分配极不均衡。没有军府的州，居民从来不曾被征点充任府兵。而西北一些军事化程度较高的州，几乎所有体格健全的成年男丁都是军人。[47]

我们从唐代史料中找不到府兵分布极不均衡的明确理由。现代学者给出的解释，包括必须保护通往都城的交通要道，需要确保在合理距离内有足够的军队可供使用，从而能提供充足兵员以维持番上宿卫制度。[48]也有人认为，这种模式只是唐政权起自西北的历史遗产。最初唐军将士大都来自关中和河东，故在其家乡设军府，让他们战后有家可归。[49]然而数十年后此种模式竟仍在继续，这表明唐朝的创立者——关陇士族和6世纪宇文泰关中政权的政治继承人——根本不信任东部平原的百姓。[50]东部和南方基本不置军府，进一步加深了这种印象。平定东部和南方期间，军府的位置与早期支持唐创业开国的中心地区（或曰唐地方总管府）有非常高的相关性。[51]换言之，这些才是相对忠诚可靠的前方根据地，从这些忠诚可靠之地出发，便可以统治和监控不置军府的周边地区。

这并不是唐初军事制度强调控制的唯一方面。轮番宿卫机制本身就确保了禁军十二卫将领没有机会与一个月匆匆来去的番上卫士建立持久的个人关系，因此也就无法对王朝构成威胁。唐廷还创建了其他监察和保障制度，确保地方势力不会利用当地军府对抗中央。从一个折冲府征发和调遣军队，通常需要从京师发出兵符。兵符为铜制，形似鱼，上面刻有该军府和上级禁军卫府的名称。兵符的一半由门下省符宝郎保管，另一半由军府保管。兵符从京师送达，折冲都尉和本州刺史都要在场。亲眼见证京师的兵符与当地的另一半相契合后，折冲都尉才能依照相应的圣旨发兵。折冲都尉未经允许，仅擅自调遣十人，就会被处以徒一年的刑罚。若折冲都尉调动整个军府上千人，可能会被处以绞刑。[52]

组建战时军队的办法，可以防止将领把麾下军队变成自己的私家军。当形势需要时，朝廷即从各地军府和各种其他兵源渠道临时组建“行军”，由长安的禁军十二卫派将军指挥。战事结束后，军队各回本州，将领自返京师。[53]行军规模从近三千人到十万人以上不等，具体取决于任务的难度。最大规模的行军由数路大军组成，每一路都有各自的行军总管。其中一人授行军大总管，全权协调各位同僚的行动（629年李靖正是授行军大总管，击讨东突厥）。[54]行军的将士有多种来源，折冲府是其中之一，但征发府兵过多会扰乱番期，削弱京师的宿卫之军。因此，府兵经常得到短期征兵的补充。这些部队名为“兵募”，通常是从那些没有军府的州里征调的，如此有助于在人口中更加平均地分摊兵役负担。与府兵相比，兵募是一种灵活得多的军事力量。因为无论要多少人，兵募都可以征发到。兵募通常来自离战区最近的地方，且只在战时服役。[55]行军的第三个主要兵力来源，是各部落盟军和辅助部队，包括归降的东突厥人。这些武士由自己的首领统率参战，保留自己的组织编制，自行负担装具和口粮。[56]与其他草原民族作战时，这些部队特别宝贵，甚至是必不可少的。在有的行军中，这种部队占了绝大多数。比如651年，唐朝征发三万汉兵、五万回纥部落兵，击讨西突厥可汗。[57]

雄才伟略的李靖留有著作，是关于行军运作和唐初总体军事实践的珍贵史料。此书已无全本，却因内容被《通典》大量摘引而得以存世。《通典》是一部典章制度史的百科全书，由学者杜佑于8世纪后半叶编纂。[58]这份文献涉及的内容，并不局限于7世纪上半叶后期。因为基本可以肯定，李靖描述了大量在他的时代并不新鲜的做法。这些做法在此后很长一段时间内得以继续沿用。李靖著作的现存部分，内容包括对用兵策略的一般性建议。他大量引用上古兵书的原文和疏注，似乎一举一动皆在孙子建立的知识框架之内。比如把重点放在确定敌人何时最脆弱，以便能够选择合适的时机与敌人决战。更有趣的是，由于李靖著作的独特性和史料的权威性，这些篇章段落提供了有关军队建制、实战操演、临战列阵、侦察联络、基本战术、行进秩序和扎营布局的详细信息。

据李靖所书，典型的行军或由两万人组成，分七军，每军两千六百人到四千人不等。各军只有约三分之二的士兵（全军一万四千人）是战兵，其余的守护营垒和辎重。各军全都编有相同兵种，配备同样类型的兵器，包括弓手（总计二千二百人）、弩手（两千人）和骑兵（四千人）。从李靖对步兵操演的描述中我们可见，剩余部队应是手持长矛的步兵。[59]两万人的总兵力中，披甲率可达60%。[60]在李靖写作兵书的时代，一个军府下辖三至五个团，每团二百人。每团分两旅，每旅一百人；又分四队，每队五十人；又分二十火，每火十人。[61]据李靖所书，这些编制里唯一有效发挥战术作用的是队。这表明，府兵的编制层级（包括军府本身）主要用于人员管理，而非战场指挥和控制。

对李靖来说，五十人为一队，这是所有部署和灵活行动的基础，不可缩减。每队满编五名军官（即押官、队头、执旗副队头和两名傔旗），是配备军旗的最小单位。每队有固定的阵型，纵深五排，每个人都有自己固定的位置。在军旗的引领下，每队作为整体前进、后退和灵活行动。[62]虽能独立行动，但一队步兵显然力量太小，无法有效单独作战。因此，各队组合在一起，沙场上就形成了更大的阵型。李靖标准的操练阵型，是各队以松散的棋盘格形式列成两行。他也会下令数量不等的队组合更加紧密，形成一百五十人、二百五十人、四百五十人乃至五百人的更大的作战单位。[63]六队可组成一个三百人的作战单位，名为“统”。一队守辎重，其余五队可列成数种不同阵型，并随时根据情况承担不同的作战任务。[64]全军列成标准的战阵时，步兵分为两列或兵力相等的数列，骑兵负责掩护侧翼。[65]据李靖所书，骑兵是全军的“耳目”，也可用来追击逃敌、打开缺口和冲散敌军。步兵则是骑兵实施机动任务的稳定核心。[66]

战术命令通过鼓、角、金钲和旗号传达给部队。如同上古时代一样，击鼓前进，鸣金收兵。李靖在描写实战操演时提供了以下信号示例：

> 第四声绝，诸队一时笼枪跪膝坐，目看大总管处大黄旗，耳听鼓声。黄旗向前亚，鼓声动，齐唱“呜呼！呜呼！”齐向前，至中界……闻金钲动，即须息叫却行，膊上架枪。[67]

唐代行军大总管应有五面旗帜，以五色代表五方，指挥部队行动。比如两旗交叉时，各队要依令而行，组成更大的阵型。[68]

李靖的兵书，部分内容涉及禁令和惩罚。这些禁令和惩罚极为严厉，许多违反军法的行为都以斩首论处。唐代行军严禁士兵传播谶语谣言，严禁将妇女带进军营，违者处死。旗头竖旌旗不正，有损士气，要明正典刑。号令已发，兵士有逡巡不肯前进者，后列立时斩杀之。破敌之后率先劫掠者，同样难逃一死。[69]最后一条禁令与李靖在兵书中多次重申的担忧相符，即军队切不可放松警惕，绝不能将自身暴露于奇袭、埋伏或措手不及的反击之中。临阵交战，军队通常分为两队。一队负责攻敌，另一队则负责后撤，一旦进攻失利还能维持守势。敌军败退，唐军步兵只允许向前推进一小段距离。如果敌军看起来真是败退，而非使诈，统帅便会下令骑兵继续追击。[70]唐代行军深入敌境作战，前后和左右两厢都要派出骑兵探候。每个方向，五里处有两骑，十里处再加两骑，以此类推直至三十里。[71]这些游骑哨探用旗帜来表示敌人逼近。这种方法在北方和西部的广阔草原上相当有效。唐初多次行军便是在这些地方大战突厥、吐谷浑和薛延陀等诸部。

李靖的兵书上所述的内容，与我们在拜占庭的军事著作，比如传统上认为是莫里斯皇帝（582—602年在位）所著的《战略》（*Strategikon*）和利奥六世皇帝（886—912年在位）所著的《战术》（*Tactica*）中发现的内容非常相似。据信，《战略》一书的作者可能是莫里斯或其密友。该书作于592年至610年之间，与李靖的兵书基本同时代。[72]该书同样关注作战阵型、行军秩序、扎营布局、侦察探候和军法军纪。有些规定几乎完全相同。比如李靖和《战略》一书的作者都建议处死扰乱行伍、从事劫掠的士兵。[73]同样值得注意的是作战的总体方式。与李靖及其先贤一样，《战略》一书的作者竭力主张：决定是否参战，须谨慎思考。“若只是在开阔地面上与敌军面对面地短兵相接，以此压倒对方，即使你获得了胜利，也仍是一种非常冒险的行动，而且可能会带来惨重的损失。”① [74]相反，奇袭、伏击以及各种各样的诡计和谋略则值得推荐。《战略》一书的拜占庭作者比李靖更为谨慎。他建议，如果目标可以通过其他方式实现，则应该完全避免战事。[75] 286

630年击败东突厥后的数十年间，唐代行军连战连捷。635年，李靖统率数路唐军击破吐谷浑。吐谷浑是兼有鲜卑和吐蕃血统的游牧民族，居于青藏高原东北隅，即今青海省。[76]641年，因唐太宗计划将归降的东突厥人遣回广阔草原，唐帝国和薛延陀关系破裂。李世勣在诺真水之战中对前盟邦予以重创。[77]645—646年战事又起，薛延陀可汗败逃，最终横死。其继任者降唐。648年，突厥将领阿史那社尔率唐朝行军攻灭了塔里木盆地的绿洲王国龟兹，它的居

① 该处采用现有中译本。见〔拜占庭〕莫里斯一世著，王子午译：《战略：拜占庭时代的战术、战法和将道》，北京：台海出版社，2019年，第60页。——译者注

民是印度—伊朗语族。[78]7世纪50年代，唐朝用兵的重心转移到北部和西部，即西突厥、伊犁河谷和伊塞克湖附近地区。657年，唐军在这些地方大败西突厥沙钵罗可汗的军队。其后至少数年时间里，唐朝将统治范围扩展到中亚，远及波斯东北部边境。[79]这些战事大多距中原边塞万里之遥，游牧民族的盟军、辅助部队与唐军一同参战。唐代行军通常会对战败的草原民族首领进行毫不留情的长途追击，将他逼到身死名灭或者从人间消失，让他绝无机会东山再起。这些战事一般时间短且具有决定性，因此非常适合行军建制的临时特性。

只有在东北，唐军才遭受了重挫。其他战场告捷，帝国从内战的破坏中恢复了元气。无疑在两者的推动下，641年，唐太宗开始考虑征伐高句丽。唐太宗给出的理由，即高句丽的国土曾是汉帝国不可分割的一部分。正如历史学家魏侯玮(Howard Wechsler)所言，唐太宗征伐高句丽的动机可能要复杂得多：或有雄心壮志，要远迈隋炀帝；或有现实隐忧，不能坐视高句丽统治朝鲜半岛，从而对中国东北地区构成威胁；甚至可能是年迈的皇帝希冀通过重拾马上生活和重温年轻时的辉煌战绩来逃避宫廷纷乱。[80]次年，高句丽权贵渊盖苏文杀害国王，另立宗室为傀儡。唐太宗有了出兵征伐的正当借口。644年，大举出兵的准备工作正式开始。唐朝在东南沿海和长江沿岸打造了一支有五百艘船的庞大水师，可将征发的四万将士和三千兵募（来自两京长安和洛阳的精英）从山东半岛渡海运送至朝鲜半岛。与此同时，六万唐军和兵力不详的游牧民族辅助部队集结于东北边境的幽州。李世勣率领这路大军，从陆路向辽河进军。唐太宗亲率近一万重甲骑兵，以加强李世勣一路的主力。[81]这些兵力规模相对较小，从史料可见陆海两路不过十一万三千人。这表明，唐代的兵家已从隋炀帝的失误中吸取了教训，不愿再让出动的兵力超过运粮供给的承受能力，从而招致灾难。不过，前面的路并不比三十年前更容易走。唐军不仅面临着当初让隋军无法全力施展的障碍，同样是气候、天气和地形，而且辽河以东的人造防御工事比之从前更为强大。因为高句丽花费近十年的时间，沿着扶余城（今四平）到辽东半岛数百公里的前线，构建了一条新的坚城堡垒带。[82]

645年4月，李世勣率军从营城（今朝阳）的前方根据地出发。5月1日，李世勣率大军渡辽河。此举比敌军所料更为靠北，让对手大吃一惊。李世勣的第一个目标是盖牟城，5月16日开始攻城，十一天后即攻陷，获二万余口、粮十余万石（六百万升）。随后李世勣转往西南方向，挥师辽东城。在612年和613年，这座坚城曾让隋炀帝止步不前。6月7日，李世勣大败高句丽援军四万。几天之后，唐太宗率禁军骑兵与李世勣会合。与盖牟城一样，唐军出人意料地轻取辽东城。6月16日，攻城的唐军顺风放火，延烧至全城，为顺

7 世纪的辽河流域和朝鲜半岛

利登城打开了通道。随后唐军向辽东城以东不远的白岩城挺进，6月27日兵临城下。守将献城请降。唐太宗拒绝纵兵洗劫此城，掳掠民众。太宗麾下将领心有不平，认为此举有违军事惯例。唐太宗允诺自掏腰包重赏有功将士。7月18日，唐太宗南下进抵下一座重镇安市城。[83]次日，唐太宗得知高句丽、靺鞨联军以重兵来援安市城。他令李世勣率一万五千人充当诱饵，引高句丽军队上钩，同时以相当兵力隐藏在可抄敌军后路的位置。7月20日双方爆发大战，唐太宗大破敌军。高句丽军队残部退至附近一处山顶，被唐军团团包围。第二天，高句丽三万六千八百人归降唐太宗。唐军还缴获马五万匹、牛五万头和铁甲一万领。在这些俘虏中，三千五百名官员和首领被迁入中国，三千三百名靺鞨人被处死。其余普通高句丽士兵全部被释放，唐太宗准其返回家乡。[84]

然而，这场大胜之后，唐军在战事进展上便开始遭遇困难。安市城死守之顽强，超过唐太宗从前攻打的所有城池。随着时间的推移，适宜作战的季节临近尾声。唐太宗数次考虑有无可能绕过坚城，寻找更容易突破的目标，或者深入高句丽境内。每次计划均被否决，因为绕过的据点会威胁唐军后方，更威胁唐军与辽东城存粮之间的粮道。[85]唐太宗似乎要为出兵规模相对较小而付出代价。与隋炀帝不同，唐太宗无法在深入敌境的同时有效威慑这些边境重镇。在此紧要关头，从海路征伐高句丽的唐军也未能帮上大忙。这一路主将于6月1日攻占辽东半岛的卑沙城，并威胁沿岸数地，但主将既未与陆师有效配合，也没有直捣平壤。[86]围攻安市城的唐军最终孤注一掷，筑起巨大的土山，在城墙东南隅居高临下。守军突然出击，夺占了土山。唐军狂攻三日，未能将其逐走。10月13日，唐太宗决定下诏班师。班师恰逢其时，唐军将士已饱受寒冷天气的折磨，辽东城的存粮基本消耗殆尽。史料未提及唐军折损的兵力。但唐军拖到适宜作战的季节末尾才班师，经历了严酷的磨难。唐军只得用柴捆填路，甚至将辎重车辆沉入水中，才能通过水涝的辽泽泥潦。10月底风雪大作，夺去了唐军大批将士的生命。[87]

这场惨败之后，唐太宗暂时采取了新的策略：即派将领率偏师袭扰高句丽边境，目的是迫使敌人始终保持高度的防御和警惕，从而使其疲弱。647年春夏，此法颇见成效。彼时一万唐军乘船走海路，威胁高句丽沿海。李世勣则率军渡辽河。[88]次年，唐太宗下旨，准备再度大举出兵征伐高句丽。然而唐太宗于649年六月猝然驾崩，准备工作随即中断。[89]

这并不标志着战事的结束。7世纪50年代，唐帝国与高句丽继续剑拔弩张。654年冬，生活在中国东北地区南部、彼时归附于唐朝的契丹，遭高句丽与靺鞨攻打。次年春，唐军渡辽河，在新城附近击败守军。658年和659年，辽河边境烽烟再起。然而660年，局势发生了变化。唐朝再次大举出兵朝鲜半岛，以期发动决定乾坤的一击。新罗向唐朝求援则推动了此次出兵。新罗居于朝鲜半岛的东南部，刚刚因高句丽和百济（朝鲜半岛上的第三个国家）入侵而失去了部分边境地盘。[90]唐军的进攻首先针对位于朝鲜半岛西岸、力量较弱的高句丽盟邦百济。630年曾率唐军先锋杀入颉利可汗大营的唐将苏定方，于660年八月率大军渡黄海至百济。苏定方在熊津江口①大败百济军队，溯江而上攻克百济都城（今韩国公州附近），俘获百济王族。百济王国三十七郡、二百城、七十六万户，被分置为五都督府，归属大唐帝国。[91]

接下来，唐朝的兵锋直指高句丽。高句丽如今四面楚歌。唐廷从华北平原六十七州募兵四万四千余人，将这些兵士运送过海，再归苏定方统辖，直捣高句丽的心脏地带。661年七月，苏定方溯大同江而上，围攻平壤。与此同时，另一路唐军从辽河沿陆路挺进。身兼唐朝将领和铁勒首领双重身份的契苾何力指挥这路唐军深入鸭绿江，于九月大败高句丽军队。苏定方围攻平壤直至662年春。当时唐军一路偏师兵败，迫使苏定方撤围，从敌境班师。[92]

这边苏定方全力要制伏高句丽，那边留镇百济的唐军也陷入了困境。百济国百姓尚未屈从唐朝的统治。660—661年冬，反对唐军占领的大规模起义②爆发。率军留镇百济的唐朝都护刘仁愿被围困于都城。其同僚刘仁轨率唐朝镇守军和

---

① 即白江口。——译者注

② 即百济复国运动。——译者注

新罗军队组成的联军，攻破百济复国军为扼守熊津江口而立的营栅，方使刘仁愿脱困。唐军据守部分城池，百济复国军则控制众多其他城镇，双方从661年春一直对峙到663年秋。在此期间，双方都力结外援。刘仁愿自新罗得到了更多兵力，又从山东沿海各州征兵七千。百济君臣则遣使至岛国倭国（彼时对日本的称呼），请求出兵相助。663年秋，唐军和新罗军队大举进攻百济君臣的主要根据地周留城。新罗国王亲征，大军主力从陆路挺进。刘仁轨率唐朝水军和粮船进至熊津江口。刘仁轨与倭国水军遭遇，一连数战，完败倭国水军。史载唐军击沉倭国船只四百余艘。到663年10月14日，周留城落入唐军之手，百济复国运动显然被镇压。[93]

666年，唐朝再度准备集中精力征服高句丽。此时，战略形势已大不相同。不仅唐朝（以及新罗）军队能从南北两面威胁高句丽，独揽大权的渊盖苏文也在这年夏初去世。渊盖苏文诸子立即自相残杀，从而给唐朝的兵家创造了理想的施展环境。666年夏秋，唐军开始进攻辽河边境。667年初，年迈的李世勣得授辽东道行军大总管，遂大举进兵。李世勣先攻新城。10月6日，士气低落的守军献城归降。此战既胜，李世勣又挥军连下十六城。连连攻城拔寨，加之高句丽内部一派势力相助，使李世勣能够在辽河东岸供养和屯驻大军过冬。这一壮举在从前征伐高句丽时是绝对无法实现的。668年春，由于李世勣占据中国东北地区东南部的突出位置，所以他得以挺进高句丽的心脏地带。二月，唐军攻克重镇扶余城，其他众多城镇不战而降。围攻一个多月之后，守军中的内应开门献城，平壤于10月22日落入李世勣之手。高句丽落到与百济同样的命运，也被划分为几个都督府，从此归属大唐帝国。[94]

自599年起，隋唐两朝征伐高句丽连战连败，唐朝之所以能在668年高歌奏凯，主要原因是渊盖苏文死后高句丽内乱。不仅唐朝能在分裂的高句丽内部找到大批愿意合作者，而且从前死战不降的各城守军似乎普遍士气低落。唐朝取胜的另一个重要因素，是从7世纪50年代末开始，唐军不仅可以从海上和辽河边境（传统的进军路线）向高句丽施加压力，而且可以沿朝鲜半岛上高句丽南部的陆地边界出兵。一定程度上这是由于唐朝扩大了战事范围，包括平定百济，更重要的是与新罗结盟。征服百济之前，唐朝已经与这个位于朝鲜半岛东南部的国度进行了军事合作。新罗提供附近的粮栈，投入了大量的兵力，才使唐朝征服百济成为可能。如果没有新罗出兵支援，留镇的唐军有可能在661年百济复国运动中被杀得片甲不留。新罗军队也直接向高句丽施加压力，并在为661—662年围攻平壤的唐军提供给养方面发挥了重要作用。[95]

但是，就长远而言，唐朝和新罗的目标并不一致。正如7世纪60年代发生的事件所表明的那样，唐朝的目标是将朝鲜半岛变成唐帝国不可分割的组成部分——尽管新罗国王显然将获准享有地方自治权，类似其他蒙唐朝授官赐爵的藩属首领。而新罗则怀有野心，欲将整个朝鲜半岛统一在自己治下。最终，新罗如愿以偿。

669年，刚刚平定的高句丽故地很快爆发了动乱和起义。唐朝将数万高句丽百姓迁入中国，只不过是火上浇油。[96]7世纪70年代初，唐将高偘屡败高句丽叛军。叛军首领索性躲入新罗，重整旗鼓后便回来与唐军再战。672年底，新罗直接出兵参战，公开支持高句丽叛军。到674年初，新罗已攻占了从前属百济的全部地盘。[97]674年和675年，刘仁轨率唐军征讨新罗。据中国史书记载，刘仁轨大获全胜，迫使新罗国王求和。而古代朝鲜史家则记载唐军战败。[98] 676年初的数月间，唐朝将设在朝鲜半岛的数座都督府内迁至辽河流域。这一事实表明，朝鲜史家的版本可能更接近历史的真实。[99]新罗毫无争议地基本控制了整个朝鲜半岛。唐廷并没有大举出兵收复。当初攻取何其艰难，如今失去却是何其迅速。唐朝决定从朝鲜半岛收兵，肯定是受到其他地区出现的严重威胁的影响。670年，唐朝大军在今属青海省的大非川畔惨败于吐蕃之手。679年，东突厥起兵反抗唐朝统治，在蒙古草原上复国。这些事态的发展，要求唐帝国硬着头皮采取守势，并开始对军事制度和帝国战略进行重大变革。

1 609年的人口数见《隋书》，第29卷，第808页；经逐郡统计户数，得出的数字为9075791户，见同书（第831页，表4）。有关唐初的数字，见E. G. Pulleyblank(蒲立本), "Registration of Population in China in the Sui and T' ang Periods," *Journal of the Economic and Social History of the Orient*, 4 (1961), pp. 290, 293。 296

2 吴兢:《贞观政要》(上海：上海古籍出版社，1978年)，第70页。有关其他同类型的当代文献，见吴枫:《隋唐五代史》(北京：人民出版社，1958年)，第59—60页。盗贼问题见司马光:《资治通鉴》，第192卷，第6025页。

3 Pulleyblank(蒲立本), "Registration of Population in China in the Sui and T' ang Periods," pp. 292–5.

4 《旧唐书》，第38卷，第1384页。有关唐廷如何对待地方实力派，见司马光:《资治通鉴》，第188卷，第5890页；Wechsler(魏侯玮), *Mirror to the Son of Heaven*, p. 32。

5 司马光:《资治通鉴》，第191卷，第6004页。

6 Robert M. Somers, "Time, Space, and Structure in the Consolidation of the T' ang Dynasty (AD 617–700)," *Journal of Asian Studies*, 45.5 (1986), pp. 971–94.

7 见《旧唐书·张士贵传》，第83卷，第2786页；张士贵的墓志铭，见毛汉光:《唐代墓志铭汇编附考》，第4卷，第141页。

8 《册府元龟》，第388卷，第11页上。

9 有关李世勣的生平，见《旧唐书》第67卷，第2483页；《新唐书》，第93卷，第3817页。对李世勣出身的探讨，见黄惠贤:《隋末农民起义武装浅析》，第186—187页。有关李世勣不通文墨，见《册府元龟》，第320卷，第11页上；李昉:《太平广记》，第176卷，第1309页。

10 司马光:《资治通鉴》，第192卷，第6033页。

11 有关官员选任的新情况，见《旧唐书》，第2卷，第35页；司马光:《资治通鉴》，第192卷，第6043页，第6044页，第6054—6055页，以及第193卷，第6058页，第6061页。

12 Paul Demiéville(戴密微) 的 "Le Bouddhisme et la guerre"〔收入*Choix d'études bouddhiques* (1929–1970) (Leiden: E. J. Brill, 1973)〕, pp. 261–99, 探讨了佛教徒为上阵参战找到的合理依据，并论及僧侣的起兵叛乱(pp. 274–5)和军事活动(pp. 276–7)。

13 Weinstein, *Buddhism under the T'ang*, pp. 12–13.

14 司马光:《资治通鉴》，第184卷，第5749页。

15 Andrew Eisenberg(艾安迪), "Warfare and Political Stability in Medieval North Asian Regimes," *T'oung Pao*(《通报》), 83 (1997), pp. 320–1.

16 见Graff, "Early T' ang Generalship and the Textual Tradition," pp. 451–4。

17 《旧唐书》，第2卷，第30—31页；宋敏求等编:《唐大诏令集》(北京：商务印书馆，1959年)，第107卷，第552页；司马光:《资治通鉴》，第192卷，第6026—6027页。

18 Eisenberg(艾安迪), "Warfare and Political Stability in Medieval North Asian Regimes," pp. 323–4.

19 司马光:《资治通鉴》，第192卷，第6037页。另外两处文献（《旧唐书》，第194卷上，第5158页；《资治通鉴》，第192卷，第6045—6046页，则记载叛乱爆发于暴雪来临之前。

20 Barfield, *The Perilous Frontier*, p. 143; 又见 p. 133。

21 见Michael R. Drompp, "Supernumerary Sovereigns: Superfluity and Mutability in the Elite Power Structure of the Early Türks," in Gary Seaman and Daniel Marks (eds.), *Rulers from*

the Steppe: State Formation on the Eurasian Periphery (Los Angeles: Ethnographics Press, 1991), pp. 92–115。

22 司马光:《资治通鉴》，第192卷，第6049页;《旧唐书》，第194卷上，第5158页。

23 司马光:《资治通鉴》，第193卷，第6065—6066页。

24 有关这些部署，见《旧唐书》，第194卷上，第5159页；司马光:《资治通鉴》，第193卷，第6066页。

25 有关这些事件的详细复原和对史料的探讨，见Graff, "Early T' ang Generalship and the Textual Tradition," pp. 489–92。

26 司马光:《资治通鉴》，第193卷，第6072页。

27 究竟是哪位将领最先提出这一计划的，史料中说法不一。见《旧唐书》，第67卷，第2479页，第2485页。笔者试图对这些自相矛盾的史料加以调和，见"Early T' ang Generalship and the Textual Tradition," pp. 494–7。

28 司马光:《资治通鉴》，第193卷，第6072—6073页。

29 《旧唐书》，第67卷，第2485—2486页。

30 见司马光:《资治通鉴》，第193卷，第6078页;《旧唐书》，第67卷，第2480页;《新唐书》，第93卷，第3814页。

31 司马光:《资治通鉴》，第193卷，第6074页。

32 见司马光:《资治通鉴》，第193卷，第6075—6077页。对这一争论的总结见Pan Yihong(潘以红)，*Son of Heaven and Heavenly Qaghan* (Bellingham, Wash.: Western Washington University, 1997), pp. 183–7。

33 《旧唐书》，第194卷上，第5163页。

34 见Edward H. Schafer(薛爱华)，*The Golden Peaches of Samarkand: A Study of T'ang Exotics* (Berkeley: University of California Press, 1963)。

35 有关唐军使用突厥和其他游牧民族辅助部队的情况，见康乐:《唐代前期的边防》(台北：台湾大学，1979年)，第38页，第47页，第52页。

36 率骑兵在铁山冲破颉利可汗大营的苏定方，正是长安一军府的折冲都尉。见《新唐书》，第111卷，第4137页。

37 下文对唐初府兵制的描述，主要依据《新唐书》，第50卷，第1324—1326页，Robert des Rotours(戴何都) 注译为*Traité des fonctionnaires et Traité de l'armée* (Leiden: E. J. Brill, 1947)。经典研究如滨口重国 (Hamaguchi Shigekuni) 的 "Fuhei seido yori shin heisei e," *Shigaku zasshi*, 41 (1930), pp. 1255–95, 1439–1507，以及谷霁光的《府兵制度考释》。英文著作中研究最全面者，见Swee Fo Lai(赖瑞和)，"The Military and Defense System under the T' ang Dynasty" (Ph.D. dissertation, Princeton University, 1986)第一章。

38 张国刚:《唐代政治制度研究论集》(台北：文津出版社，1994年)，第23—24页。

39 Hamaguchi(滨口重国)，"Fuhei seido yori shin heisei e," p. 1462.

40 谷霁光:《府兵制度考释》，第167—168页，第188—189页，第217—218页。

41 谷霁光:《府兵制度考释》，第215—216页。

42 Lai(赖瑞和)，"The Military and Defense System under the T' ang Dynasty," pp. 1, 54–5.

43 《新唐书》，第50卷，第1325—1326页;《旧唐书》，第43卷，第1834页。

44 谷霁光:《府兵制度考释》，第175页。

45 谷霁光:《府兵制度考释》, 第148—150页。

46 谷霁光:《府兵制度考释》, 第155—157页; 又见Hamaguchi(滨口重国), "Fuhei seido yori shin heisei e," pp. 1265, 1440–1, 以及《新唐书》, 第37卷, 第961页。

47 Kikuchi Hideo(菊池英夫), "Tō setsushōfu no bunpu mondai ni kansuru ichi kaishaku," *Tōyōshi kenkyū*, 27 (1968), p. 128.

48 张国刚:《唐代政治制度研究论集》, 第23—24页。

49 岑仲勉:《府兵制度研究》(上海: 上海人民出版社, 1957年), 第59页。

50 Edwin G. Pulleyblank(蒲立本), *The Background of the Rebellion of An Lu-shan* (London: Oxford University Press, 1955), pp. 75–80.

51 Kikuchi(菊池英夫), *"Tō setsushōfu no bunpu mondai,"* pp. 135–6.

52 《唐律疏议》(上海: 商务印书馆, 1933年), 第3册, 第16卷, 第25页。有关发兵流程和确保措施的探讨, 见谷霁光:《府兵制度考释》, 第163—164页; Hamaguchi(滨口重国), "Fuhei seido yori shin heisei e," pp. 1282–3。

53 《新唐书》, 第50卷, 第1328页。

54 孙继民对两类行军总管的区别进行了探讨, 见氏著《唐代行军制度研究》, 第141—147页。

55 有关兵募的更多情况, 见Kikuchi Hideo(菊池英夫), "Tōdai heibo no seikaku to meishō to ni tsuite," Shien, 68 (May 1956), pp. 75–98; 唐耕耦:《唐代前期的兵募》,《历史研究》, 1981年, 第4期, 第159—172页; 张国刚:《唐代政治制度研究论集》, 第29—53页。

56 孙继民:《唐代行军制度研究》, 第114页, 第115页; 张国刚:《唐代政治制度研究论集》, 第97—98页, 第100—101页; 章群:《唐代蕃将研究》(台北: 联经出版事业公司, 1986年), 第96页。

57 司马光:《资治通鉴》, 第199卷, 第6274—6275页。

58 李靖所著的兵法残篇已被缀合为方便的现代注释版, 见邓泽宗:《李靖兵法辑本注译》(北京: 解放军出版社, 1990年)。

59 杜佑:《通典》, 第148卷, 第3792—3793页; 第149卷, 第3813页。

60 杜佑:《通典》, 第148卷, 第3794页。

61 谷霁光:《府兵制度考释》, 第166页; Lai(赖瑞和), "The Military and Defense System under the T' ang Dynasty," p. 32。

62 《通典》, 第148卷, 第3794页; 第149卷, 第3812页; 第157卷, 第4026页和第4035页。

63 《通典》, 第149卷, 第3813—3814页; 第157卷, 第4033页。

64 《通典》, 第149卷, 第3812页; 第157卷, 第4026页。谷霁光指出, "统"是唐代前期军队中最重要的一级作战编制, 而非"队"; 见氏著《府兵制度考释》, 第166页。

65 《通典》, 第157卷, 第4033页。

66 《通典》, 第148卷, 第3789页。

67 《通典》, 第149卷, 第3813页。

68 《通典》, 第149卷, 第3812页, 第3814页。

69 《通典》, 第149卷, 第3824页。

70 《通典》, 第149卷, 第3813页; 又见邓泽宗:《李靖兵法辑本注译》, 第64页, 第74页。

71 《通典》, 第157卷, 第4029页。

72 George T. Dennis (trans.), *Maurice's Strategikon: Handbook of Byzantine Military Strategy*

(Philadelphia: University of Pennsylvania Press, 1984), pp. xvi–xvii.

73 *Maurice's Strategikon*, pp. 19–20.

74 *Maurice's Strategikon*, p. 65.

75 *Maurice's Strategikon*, pp. 23, 80, 83, 87–8。这种态度上的差异，可能是由于东罗马帝国资源更为有限，且战略位置尴尬。见Walter Emil Kaegi, Jr., *Some Thoughts on Byzantine Military Strategy* (Brookline, Mass.: Hellenic College Press, 1983), p. 5 and passim。

76 司马光:《资治通鉴》，第194卷，第6110—6113页;《旧唐书》，第67卷，第2481页。

77 司马光:《资治通鉴》，第196卷，第6170—6172页。

78 司马光:《资治通鉴》，第199卷，第6262—6264页。

79 司马光:《资治通鉴》，第200卷，第6306—6307页。

80 司马光:《资治通鉴》，第196卷，第6169—6170页。Howard J. Wechsler(魏侯玮)，"T' aitsung (reign 626–49) the Consolidator," in Denis Twitchett(杜希德) (ed.), *The Cambridge History of China,* vol. 3: *Sui and T'ang China, 589–906,* Pt. 1 (Cambridge: Cambridge University Press, 1979), pp. 233–4。

81 有关这些准备工作，见司马光:《资治通鉴》，第197卷，第6214页;《旧唐书》，第199卷上，第5322—5323页。

82 《旧唐书》，第199卷上，第5321页。

83 这些史实见司马光:《资治通鉴》，第197卷，第6218—6221页；第198卷，第6222—6223页；《旧唐书》，第199卷上，第5323—5324页。

84 司马光:《资治通鉴》，第198卷，第6224—6226页;《旧唐书》，第199卷上，第5324页。

85 司马光:《资治通鉴》，第198卷，第6228—6229页;《旧唐书》，第199卷上，第5325—5326页。

86 司马光:《资治通鉴》，第197卷，第6220页;《旧唐书》，第199卷上，第5325页。

87 司马光:《资治通鉴》，第198卷，第6230页;《旧唐书》，第199卷上，第5325—5326页。

88 司马光:《资治通鉴》，第198卷，第6245—6248页。

89 《旧唐书》，第199卷上，第5326页。

90 司马光:《资治通鉴》，第200卷，第6320页;《新唐书》，第220卷，第6195页。

91 司马光:《资治通鉴》，第200卷，第6321页。

92 《新唐书》，第220卷，第6195—6196页；司马光:《资治通鉴》，第200卷，第6323—6326页。

93 有关这些史实，见《新唐书》，第220卷，第6200—6201页;《旧唐书》，第199卷上，第5331—5333页；司马光:《资治通鉴》，第200卷，第6323—6324页，第6329—6330页；第201卷，第6336—6338页。

94 《新唐书》，第220卷，第6196—6197页；司马光:《资治通鉴》，第201卷，第6352—6357页。

95 John Charles Jamieson, "The Samguk Sagi and the Unification Wars" (Ph.D. dissertation, University of California, Berkeley, 1969), pp. 95–6, 115–16.

96 司马光:《资治通鉴》，第201卷，第6359页;《新唐书》，第220卷，第6197页。

97 《新唐书》，第220卷，第6198页；司马光:《资治通鉴》，第201卷，第6364页；第202卷，第6367页，第6370页，第6372页。

98 司马光:《资治通鉴》，第202卷，第6372页，第6375页;Jamieson, "The Samguk Sagi and the Unification Wars," pp. 68–70, 74, 158, 162。

99 司马光:《资治通鉴》，第202卷，第6378页。

Chapter 10 The price of professionalism

第十章 职业化的代价

664年，率唐军镇守新附之国百济的都督刘仁轨上书唐高宗，言及麾下兵士的士气极度低落。最迫在眉睫的问题是，军队只携带了够一年所用的衣装，而如今这些将士已在朝鲜半岛上镇守了两年（显然，将士们未料到竟会羁留海外如此之久）。但将士们所不满者，远不止衣装不足。从军服役所得到的勋赏，远不及从前的惯例优厚。曾服役参战、得授勋官者，竟又被送回沙场服役。“牵挽辛苦，与白丁无别。”从前，人们是踊跃自愿从征。后来反复征发兵士派往朝鲜半岛（加之勋劳受赏不公），导致人们对从军服役感到厌恶。出身富家、少且壮者，利用自己的影响力逃避征兵。那些家无钱财、苦无官府门路者，即使年老体弱，仍被征发服役。为免于乘船渡海前往朝鲜半岛，一些人不惜逃亡，更有甚者自残自伤。[1]

刘仁轨上书，是唐太宗时期运转良好的行军制度陷入崩溃的早期征兆。临时的行军由短期服役的兵募和兵农合一的府兵组成，非常适合在有限的时间内速战速决，以完胜击垮敌人。629—630年李靖击破东突厥，就是此类战事的典范。然而，7世纪中叶之后，唐帝国与距离遥远、组织严密、军事实力强大的政权之间爆发战事越发频繁。对付这些政权，根本无法毕其功于一役。高句丽便是这样的对手，新罗亦然。在西面，松赞干布建立的吐蕃帝国迅速崛起，与唐朝分庭抗礼。7世纪60年代初，唐朝军队攻占朝鲜半岛时，吐蕃军队则攻占了今属青海省的吐谷浑国土。665年，吐蕃开始挑战唐朝对塔里木盆地绿洲诸国的控制权。670年春夏，吐蕃军队攻陷龟兹治所，基本将唐朝军队从天山到青藏高原北缘之间的广阔沙漠地区全部逐出。670年八月，薛仁贵率大军南下，进攻吐谷浑故地。薛仁贵留下辎重及行动缓慢的各部，亲率机动的精锐向青海湖挺进。结果吐蕃军队趁机夺其辎重，然后在大非川之战中击溃薛仁贵麾下轻装上阵的唐军。[2]678年，另一路唐军同样在青海地区惨败于吐蕃之手。680年，吐蕃军队攻占位于四川西北部边地山区的重镇安戎。[3]在所有这些战事中，唐军发现自己转战于偏远险峻、荒无人烟之地，对手吐蕃则占尽地利。而位于雅鲁藏布江流域的吐蕃政权中心地带则有众多地理屏障保护，完全免于唐军的进袭。

679年，西北军情进一步恶化。东突厥自630年以来一直归附于唐朝，彼时却在河东北部边境举兵造反。681年，东突厥的首次起兵被唐军平定。然而次年底，颉利可汗的后人骨咄禄可汗再度举兵作乱，声势更大。复兴的东突厥汗国此后统治蒙古草原达五十余年。北方添一强敌，原本用于西线对付吐蕃的唐军需要调往北线。东突厥谋叛也削弱了唐代行军的战斗力。唐代行军从前得益于游牧民族辅助部队的速度、机动性和凶猛剽悍。

唐朝与其北部、西部邻国之间军事力量对比的改变，标志着行军制度的终结。

行军再也无法对敌人一战而竟全功，并在合理的时间内班师回朝。由于无法犁庭扫穴，未被彻底打垮的敌人仍威胁边州，唐军断不能在此时班师。于是，越来越多的行军只能驻营戍守，逐渐演变为固定的军镇。比如677年，唐朝在吐蕃边境设置数处军镇。刘仁轨奉命指挥西北边军以备吐蕃，所授官职为“洮河道行军镇守大使”。如此，标志着军队的定位发生了变化。[4]长镇边军制度最初因抵御吐蕃而创设，它的建立是一个循序渐进的过程，直到8世纪才完成。一军或在一地镇守数载，然后重新转为行军，移驻他处，并镇守该地。[5]史书中关于特意组建行军出征的最后记载是在732年，彼时行军旧制早已转为军镇多年。[6]

这些行军转为军镇之初，并无法令规定军中府兵和兵募要轮番更代或除役返乡。男丁当初被征入伍时，本以为征战期较短，离乡不过数载而已。[7]长期服役对士气的负面影响，必然与7世纪60年代初刘仁轨在朝鲜半岛所见大抵相同，大大打击了精英和平民对于从军服役的热情。7世纪70年代，一连数载战场上屡屡受挫，其间轮番更代制度便建立起来，供府兵和兵募定期自军镇进出轮换。[8]戍边的标准期限是两到三年。[9] 685—688年，府兵兵力大幅增长，最小的军府兵额从六百人扩编到八百人，最大的军府兵额从一千人扩编到一千二百人。这可能并非巧合。因为现有的府兵兵力无法维持强大的长镇边军，除非破坏番上宿卫制度，或者让兵士长期远离故土。除了加强现有的府兵力量，唐廷还在靠近北方边塞的地区新置了相当数量的军府。[10]如此做法可将每年数万军队出入边塞的后勤成本降到最低。新置军府似乎免于番上宿卫之责，从而得以专注于戍边。

尽管采取了各种措施来增加边塞地区的总兵力，比如在边塞地区设置新军府，但有充分的证据表明，到7世纪的最后几年，府兵制度已经陷入困境。比如有史料记载，695年长安附近关中地区的大批府兵为逃避兵役而离乡逃亡。次年，唐廷认为有必要组建一支全新的乡兵武装，以帮助抵御东北游牧的契丹人入侵河北地区。[11]除了“戍边”这一新的负担压在府兵的肩头之外，均田制的衰落也对府兵制产生了负面影响。整套体制是基于这样一种假设：兵农一体，军人不仅能在不服役时养活自己，甚至能在服役时自备资装。理论上，均田制应分给每个成年男丁土地一百亩，养活一个普通家庭绰绰有余。[12]然而，实际的土地分配并不总是符合田令所规定的标准。尤其是在人口稠密的地区，如关中，集中了大量军府。随着时间的推移，这个问题越来越严重。豪富之家通过各种合法或非法的手段扩大土地占有，可分给普通农民的土地越来越少。到7世纪末，这一问题已经变得非常严重。这有助于解释，为何大批关中地区的府兵逃离家乡故土以摆脱军事义务。[13]府兵制的衰败是一个逐渐的过程，持续达数十年之久。但一般认为，到749年府兵制度已完全崩溃。这一年，由于再也无兵可发，向各军府下发鱼符（即发兵令符）的工作被叫停。[14]

8世纪初，限期轮番的戍边兵募成为军镇最重要的兵力来源。但是，征募制度并不适合维持边防。大量人员在内地和边塞之间不断流动，产生了巨大的成本。限期轮番也意味着最有经验的部队不断被新兵所代替。[15]延长番期，加大边境附近地区的征兵力度，并没有解决根本问题。717年，唐朝官府试图通过给予物质上的好处，劝兵募番期期满后继续留在军中。[16]随着均田制的崩溃，土地集中于富户之手，浮浪现象随之兴起——所有这些趋势在8世纪上半叶都非常明显。因此，负担沉重的农民对官府给予的好处积极响应，人数想必不会少。[17]选择留戍边塞者，被称为“健儿”。这一名号原指兵募之中的精锐。[18]737年，政策发生了决定性转变，唐廷要组建一支自愿应募、常年戍守边塞的职业军队。同年6月12日，唐廷颁布诏令，要求边军将领计算各自的兵力所需，拟定兵额，以征招现役兵募和移民子弟充任“长征健儿”。作为好处，官府给予“加常例给赐”的物质补偿，永久免征赋税和徭役，并为随兵士前往边塞的家属提供田地和屋宅。[19]官府的优待显然取得了巨大的成效。738年的第一个月，兵额就几乎被填满了。法令规定，其余仍在边塞服役的兵募可以返乡，从此再无征发戍边之役。[20]

到8世纪中叶，健儿已是边军中最常见和最具特色的组成部分。但边军并非仅由健儿组成。即使738年之后，征自农民的兵募仍继续存在，因为军中并不总能全由自愿应募者来填满兵额。而且事实证明，一旦需要在短时间内集结大量兵力以成征战之师，或应对猝然之变，这支新的职业军队尚不足以担此重任。754年唐军进攻西南的南诏遭遇惨败，数以万计征自农民的兵募不幸付出了生命的代价。755年底安史之乱爆发时，朝廷仍需急召兵募以保卫京城。[21]非汉人部队尤其是至关重要的骑兵，继续在新的边军中发挥突出作用。679年东突厥反叛所造成的损失，在8世纪初得到了弥补。彼时草原上政治动荡，战乱不息，迫使许多部落首领归附唐朝。与7世纪行军制度时代一样，非汉人部队是唐朝军事体系中一个独立的组成部分，但自主权比过去要小，更加紧密地融入了更大的组织框架中。他们的地位不如唐朝的盟邦，更多的是唐朝的臣属。[22]到8世纪中叶，边塞军镇居民成了由汉人和草原诸部共同组成的多语言共同体。

一份据信可追溯到742年的唐朝边军清册显示，从东北的辽河流域到西南的四川，唐朝共有军镇六十余处。[23]此外，还有其他数处军镇位于今越南北部、东南沿海和山东半岛。这些军镇的规模，从数百人到三万人不等，其中绝大多数在一千人到一万人之间。兵士总数将近五十万，其中骑兵应不超过八万。列出的军镇大多名为“军”，部分称“守捉”或“城”，守捉一般（也并非全部）比军要小。这些军镇的地位相当不稳定，守捉可改为军，军也可降为守捉。[24]

截至742年，除少数几处军镇之外，所有军镇都被编成十个军区，每个军区负责边境大片地区的安全。一般而言，这些地区对应的各边州皆归属于733年划定的各“道”。五个最大的军区，各自下辖军队五万五千人至九万一千人不等，防区包括从今北京地区到甘肃河西走廊的北方边塞。较小的军区依托主要防线修墙筑垒，控制东北的辽河流域、西北的塔里木盆地和天山山脉。此外，四川边境和岭南也单独设有相对较小的军区。一个庞大的北地军区通常下辖十余处军和守捉。设置这些军镇，多用于守卫州城和边境沿线的其他要点。大多数军区皆有如此一军，其兵力远超其他各部，驻于军区长官的治所，受军区长官直接指挥。该军能占当地总兵力的45%，大部分为骑兵。有的地方，骑兵可占军区长官治所亲军的一半以上。相比之下，各军镇下辖的骑兵所占比例大多不足10%——如果确有骑兵的话。规模较小的边塞军镇多适合在设防地域采取守势。另一方面，治所亲军为各个地区提供相对机动的打击力量和战略预备队。该军可以迅速支援受威胁的各地。且该军兵力规模大，可以大举出塞进攻和讨伐。从前由唐帝国从内地派遣行军前去执行的战略功能，如今由常驻唐帝国外围的强大军队来负责。

在742年的十个军区中，九个由节度使节制。这些都是位高权重的使职，绝非一般的官职。“节度使”之号或来自“节度”一词，意即“持旌节指挥调度”，在唐朝初期被用来代指行军总管对下属众将行使的权力。[25]这一词源与边军的缘起相符，即行军由于形势变化而被迫改为长期军镇。节度使一职（以及军区本身）似乎是为临时回应某种上级指挥机构的需要而逐渐产生的——若干军镇驻扎在某个特定的地理区域，与同一个对手作战，需要对这些军镇的作战行动进行协调。各种官名混用几十年后，到8世纪30年代初，“节度使”已基本成为军区长官的标准和通用官名。

然而，随着时间的推移，节度使一职的实质内容不断演变，居其位者的权力越来越大。到750年，基本上所有的节度使在奉旨领兵的同时都兼任了当地的支度使和营田使。这些职务直接参与供应边军，但同时让节度使掌握了地方财政和经济大权。而且管辖范围为一道，不再仅局限于少数几个边州。部分节度使还兼任采访使，从而掌握了该道各州的民政大权。[26]节度使自有治所，开始真正具备一道之主的特征。唐廷从前竭力避免此种事态，只因担心强大的地方势力可能会挑战朝廷权威。然而唐玄宗在位期间（712—756年），对于军队战斗力和战果的考量往往胜过其他因素。

设立之初，节度使一职通常交给身居高位的汉人文官。早期出任节度使者，既有历代簪缨的门阀世族子弟，也有科举新途入仕、身份相对寒微的新贵。后者中有著名的政治家和诗人张说，720年左右此人在北方边地数任节度使。[27]这样的人还朝便可拜相。747年，这种模式被改弦更张。彼时大权独揽的宰相李林甫提出一项新法，任用蕃将为边塞要地的节度使，理由是蕃将更为勇猛善战。长期以来，人们一直认为，李林甫的真正动机是防止汉人政治精英以边功作为积累政治资本的手段，从而挑战自己对朝政的掌控。[28]这很可能是真的，但李林甫提出的理由也并非全然无稽。对于众多李林甫的同侪来说，这个理由听起来定然颇为明智。而唐玄宗以好大喜功而闻名，对于外战开边的捷报一向来者不拒。[29]

用人新政的主要受益者是哥舒翰和安禄山。两人都是混血蕃将。哥舒翰的父亲是突厥别部突骑施王族后裔，哥舒翰的母亲是中亚小国于阗的公主。父亲曾为唐朝边将，哥舒翰遂子承父业。他从军河西与陇右，时而亲自上阵与吐蕃军队厮杀。747年，哥舒翰授陇右节度使，753年起兼任邻近的河西节度使。哥舒翰绝非简单的“胡人”武士，其家族豪富，又世代为官。哥舒翰本人受过良好的教育，能读《左传》和班固的《汉书》等经典。[30]安禄山的出身与哥舒翰相似，但性情更为粗野。安禄山的母亲是突厥人，他来自跟后东突厥汗国统治者关系密切的粟特（今属中亚）家族。716年，东突厥汗廷发生血腥政变，迫使安氏家族逃往唐帝国避难。该家族数人进入唐朝边军服役，终成高级将领，安禄山只是其中之一。与哥舒翰相反，安禄山不通文墨，但这似乎并没有妨碍他步步高升。到733年，安禄山已是幽州节度使张守珪的重要副手。742年，安禄山得授平卢节度使，节制中国东北地区西南部。

两年后，安禄山调往下辖兵力更强的幽州（后称范阳）镇，同时保持对平卢镇的全面控制。751年，安禄山再领河东镇。[31]其他蕃将中最出名者当数高句丽人高仙芝和安禄山的亲族安思顺，两人均在这一时期担任节度使。但只有安禄山和哥舒翰奉旨同时兼领多个边镇。

这些节度使的权力因下级军吏的变化而进一步增强。随着军队从轮番服役转为长戍北边，一支新的军吏队伍出现了。府兵的军吏将弁多出自本乡本土的豪强之家，新的边军则倾向于从一般平民出身的健儿行伍中提拔中层武官。文官入仕的吸引力，尤其7世纪后期武则天在位时科举考试制度成为选官的重要便捷法门之后，同样可能导致了选择从军的良家子弟减少。702年，武则天为选拔更优秀的武官阶层，创设了武举制度。应武举者要考较射术箭法和马上枪法，还要考察体力和“材貌言语”。应武举中选且成绩相对优异者，可授禁军武官。[32]实际上，武举对唐代武官队伍的构成并未产生明显的影响。[33]到8世纪中叶，绝大多数各级边军武官或为出身低微的汉人，或为出身草原的胡人。这些人往往是在本镇参加由镇将或节度使主持的当地武举，从而得到拔擢升迁的。[34]节度使在选拔和晋升自己的下属方面有相当大的权力，长安的中央朝廷对其决策用人一般照准。比如755年初，安禄山获准用胡人取代麾下三十二名汉人将领。[35]在边地军镇，武官将领更忠于节度使，而非千里之外的唐廷。

唐玄宗时期出现的新型职业边军虽并非战无不胜，但总体上成功地屏护了边塞。唐廷在汉地北部和西部设置强镇，并向外投射力量，牵制了诸如吐蕃、东北游牧民族契丹等宿敌。696年武则天在位时期，契丹入寇河北。此番唐军败绩之惨，历次汉地遭袭绝无可与之相比者。在遥远的西北，唐军最终得以重建对塔里木盆地和准噶尔盆地的稳固统治，并将唐朝的宗主权扩展至帕米尔高原与中亚河中地区的众多小国。740年唐军收复位于四川边塞山区的安戎城，该城已被吐蕃夺占六十年。747年，归塔里木盆地安西都护府节制的高句丽裔将领高仙芝率一万大军，史诗般南下帕米尔高原，平定了战略位置重要的吐蕃属国小勃律（今吉尔吉特），切断了吐蕃与阿拉伯人、西突厥人的联系。[36]749年，陇右节度使哥舒翰付出巨大代价，夺取了青海湖以东的重镇石堡城。753年，哥舒翰再接再厉，将吐蕃军队逐出黄河上游的九曲之地。在蒙古草原一带，由于内部自相残杀，东突厥汗国于741年解体，很快被回纥所取代。回纥的基本国策是不与唐朝对立，承认唐朝为北方草原霸主。东北边境方面，幽州和平卢节度使与契丹频繁交战，有胜有负，但一般掌握着战略主动权。[37]

唐朝边军遭遇惨败，通常是因为草率出兵，谋划不周。后人论及节度使时而妄开边衅，将这归因于节度使希冀立下战功来获得唐玄宗的封赏。[38]751年，时运尤为不济。春末，剑南（四川）节度使鲜于仲通率军八万，征讨刚刚立国的南诏。

结果一战而完败，损失兵力近四分之三。炙手可热的重臣杨国忠是鲜于仲通在朝中的后台，也是唐玄宗宠妃的堂兄。杨国忠设法隐瞒鲜于仲通的败状，却无补于754年鲜于仲通第二次征讨南诏同样落得惨败的下场。此番南诏国主坚壁不战，直至唐军耗尽粮食，大批将士身染“瘴疫”。南诏军队趁机追击，将唐军杀得片甲不留。[39]严格来说，惨败于遥远的西南地区，并非新型职业军队的过错，因为剑南诸将统率的大军主要由征发的兵募组成，其中大批将士征自中国北方，对南方亚热带的微生物毫无抵抗力。

然而，751年夏末和初秋的另外两次失利，确实是北方边地的职业军队所为。范阳节度使安禄山率军沿吐护真河（今内蒙古老哈河）深入契丹腹地。两军交战之时，追随安禄山大军的一路部落兵马叛投契丹一方。安禄山全军尽溃，死伤惨重。当时天降大雨，安禄山强令部下进攻。然而将士的弓弩筋胶沾水后失去弹性，安禄山未得到半点好处。[40]大约两个月前，在向西三千二百余公里的地方，时任安西节度使的高仙芝率三万唐军在怛罗斯河①畔的阿特拉赫（Artlakh）附近与阿拉伯军队展开决战。彼时当地小国拔汗那（Ferghana）与邻邦石国（Tashkent）相争，高仙芝插手干预，偏袒拔汗那。这一举动促使倭马亚王朝哈里发的撒马尔罕总督齐亚德·本·萨利赫（Ziyad bin Salih）率

① 即Talas River，今译塔拉斯河。——译者注

阿拉伯军队北上助石国。此战的结果与安禄山战契丹大同小异：葛逻禄（Qarluq）联军叛投阿拉伯人，高仙芝麾下军队土崩瓦解，几乎全军覆没。[41]此战是中国和阿拉伯军队之间唯一一场大规模交锋，完全没有任何后续。大唐帝国很快因祸起萧墙而无暇西顾，阿拉伯人也未试图向塔里木盆地和准噶尔盆地扩张。

即便没有草率出兵和间或惨败所带来的额外损失，在边地维持大规模、长期性的军队仍然成本高昂。8世纪中叶，唐帝国的军队规模不比府兵全盛时期小，但军中花销巨大、长期服役的老兵比例很高，不再像从前兵农一体短期服役、对国家资源需求极少。新的职业兵非但不为国库缴纳赋税，反而要支取远超短期征兵所需的衣粮。向职业军队转变，意味着军费开支大幅增加。史载，712年之前，边防支出每年不过二百万贯，742年竟达一千二百万贯，755年更是高达一千四百万至一千五百万贯。[42]有理由质疑，唐帝国的军费在712—755年间是否真的增长了六倍？这种增长一定程度上呈现出的可能是会计变更，因为由中央朝廷下拨资金维持的健儿取代了由各州提供资源支持的兵募。[43]不过，鉴于物质赏赐在吸引和留住男丁服兵役方面日益重要，似乎没有理由怀疑军费开支急剧上升的趋势。唐玄宗时期与其前后两朝一样，军费在国家开支中所占比例最大。[44]在一些地区特别是西北沿边之地，官府试图在军镇附近大量屯田，如此至少可节省长途运粮的部分成本。[45]

在唐帝国的边塞，变革从7世纪70年代开始。到8世纪中叶，由久经沙场的老兵组成的大规模常备军建立。新的边军体系极其强大，成本也越来越高，它对唐廷至高无上的地位构成了潜在的威胁。唐廷自然认识到了这一危险，而且早就创建了若干制度来遏制边军将领的离心倾向。与大多数其他唐朝官员一样，军镇高级将领一职仅任几年，然后要另调他职。[46]一直到8世纪40年代，节度使通常更代频繁。第二项控御机制，是朝廷指派御史（掌管监察的文官）任"监军"。8世纪30年代唐玄宗时期，御史的这一职能被宫里派来的亲信宦官所取代。无论监军御史还是监军宦官，都无权向将领或节度使发号施令。监军的基本职责是"监视刑赏"，揭露谎言，向皇帝报告任何违法或谋反行为。[47]由于监军是因事而任，所以这一制度的效力实际上是受到制约的。747年高仙芝远征小勃律，携监军宦官边令诚随行。但没有证据表明，兵权远大于高仙芝的范阳节度使安禄山曾被迫在治所忍受这等困扰。[48]哥舒翰和安禄山这等宠将，并未照旧规矩办事。到755年秋，安禄山已任范阳节度使十二年。

那时，帝都和国内其他各地不再有任何武装力量能与边军相抗衡。从前的府兵制度已经完全衰亡，长安的禁军也不过是一个空壳。这些禁军是从当初唐朝开国时定居京畿的李渊的元从之军中而来，但编制几经重组，基本未经战阵。到8世

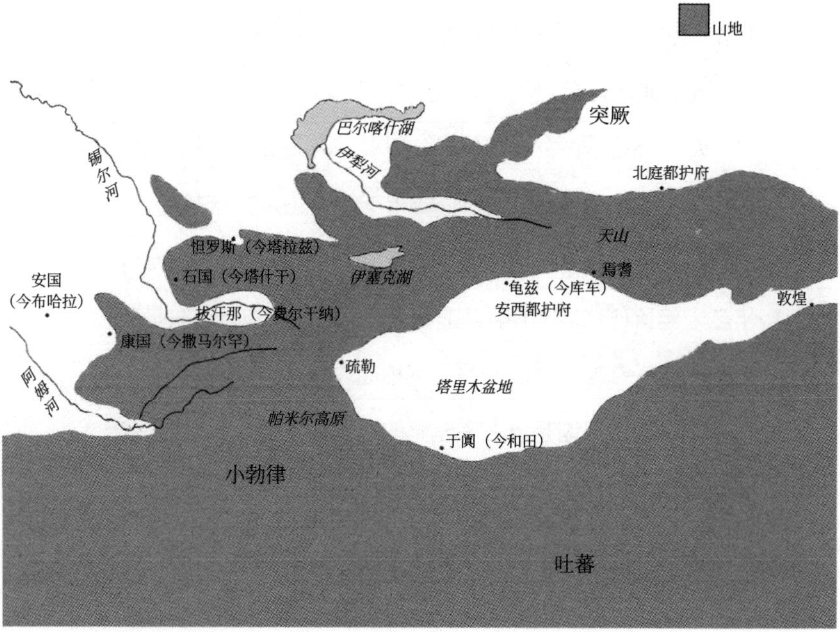

约 750 年的塔里木盆地与中亚河中地区

纪中叶，四支禁军总兵力近六万人。不过，每段时间里实际上仅有一小部分人担任宿卫，禁军的战斗力更是堪忧。大批兵士是京畿在籍百姓，以与府兵基本相同的方式被拣选服役。其他的则为官员亲属、富家子弟乃至商人。这些人认为禁军身份颇有吸引力，因为可免赋税和劳役，更可免戍边的兵役。唐廷似乎对这些人要求不高，遑论让他们组成一支令行禁止、训练有素、枕戈待旦之师。[49]

755年底，安禄山之乱爆发。从736年开始，安禄山便与权相李林甫友善相处，直到752年李林甫去世。李林甫认为安禄山不通文墨，不会威胁到自己在朝中的地位，遂允许他年复一年留任。安禄山则对李林甫充满敬畏。李林甫去世后，杨国忠接任宰相，情况变得大不相同。杨国忠威望不足，此人在朝中掌权只因是唐玄宗宠妃的堂兄。安禄山依然深受唐玄宗信任，但他很快卷入了与杨国忠的权力斗争。杨国忠开始收捕并清除安禄山在京城的支持者，安禄山终于起兵造反。[50]安禄山自称得唐玄宗密旨，令自己除掉杨国忠。755年12月16日，安禄山从根据地范阳率军南下。除了留驻范阳和其他边塞各地的军队，安禄山主力共近十五万人。其中有范阳一镇久经沙场的正规军，也有从塞外征募的同罗、奚、契丹与靺鞨诸部的大批士兵。[51]在这些胡族武士中，近八千人通过泛化的亲属关系依附于安禄山，组成“假子”之军，被安禄山用来控制不太可靠的各部。[52]叛军马匹供应充足，部分原因在于安禄山同时兼任内外闲厩都使，能将西北牧场最好的马匹收入自己麾下。[53]安禄山叛军横扫河北，杀向黄河，平均每天攻城略地近三十公里，一路无人可挡。[54]

安禄山造反的消息传得更快，驿马一天跑一百三十多公里，六天就传到了长安。[55]唐玄宗的应对之策，是派将领到河东和洛阳募兵。久经沙场的边将、高仙芝的旧部封常清很快受命统率集结于洛阳的军队。彼时恰在长安的安禄山长子遭捕杀，安禄山的堂兄安思顺马上被免去掌控黄河防线和京师正北河套地区的朔方节度使一职。与此同时，安禄山于756年1月8日从洛阳东北渡过黄河，杀向东都。仓促间封常清募得兵勇六万，欲在虎牢关阻挡叛军前进。虎牢关正是621年李世民阻遏窦建德的战略要塞。然而，此番地形的优势，不足以弥补双方战斗力上的差距。封常清麾下是未经操练的乌合之众，尽遭安禄山久经战阵的骑兵践踏。通往洛阳途中又经两战，叛军于1月19日进城，封常清率残部西逃陕州。退至陕州，封常清残部与高仙芝麾下官军会合。高仙芝手中共有府兵、边军和用内帑金帛从长安募来的兵士近五万人。高仙芝、封常清很快决定放弃孤立无援的陕州，退往战略要地潼关。但撤退迅即变成惊惶混乱的溃逃。军队退至潼关后恢复了秩序，但两位将军都遭到高仙芝的监军宦官边令诚奏劾，唐玄宗下旨将高仙芝、封常清处死。[56]

高仙芝、封常清残部很快与更可靠的部队合兵一处。哥舒翰麾下驻守河西和陇右的常备军有一半以上近八万人从西北边地被调回，加强潼关防御。史载潼关守军总兵力达二十万，黄河与群山之间的险窄地形几乎不可逾越。哥舒翰身染重疾，唐玄宗仍命他统率大军。[57]756年春至初夏，安禄山没有强攻潼关坚城。2月5日，农历新年的第一天，安禄山撕下一切忠君的伪装，自立为开国皇帝，新朝国号为“燕”。[58]此后一段时间，安禄山忙于在洛阳建立新政权，与范阳的交通也面临严重威胁。756年2月，当初安禄山南下时未敢挡其锋的唐朝地方官员组织百姓起义，攻打安禄山留驻河北中部的军队。为夺回该地区的控制权，安禄山只得分出重兵，交给突厥裔部将史思明。史思明刚刚率军杀到河北，当地的忠唐义军就得到了部分朔方军的增援。朔方军自河东取道太行山的井陉关赶来。常山城下一场大战，史思明率骑兵冲向朔方军阵列。叛军在骑兵方面的优势（通常是唐代战争的决定性因素，自然也是截至此时这场战事的决定性因素）被朔方军将领李光弼的娴熟战术所抵销。李光弼据守常山城，以步兵背靠城墙列阵，用密集的长枪阵拒敌；又将一千弩手分为四队，连番齐射。史思明损失惨重，被迫退兵。[59]5月，新任节度使郭子仪率朔方军主力与李光弼会合，史思明叛军再度败逃，被围困于博陵。

然而时至盛夏，战争的天平再度向叛军一方倾斜。杨国忠担心哥舒翰在潼关拥兵自重，会图谋长安。加之奏报称潼

755年的唐代边镇诸节度使

关以外叛军兵力薄弱且全然无备，杨国忠说服唐玄宗，命哥舒翰率军东进，主动击敌。哥舒翰质疑此举乃自投罗网，其他唐军将领也深感疑惑，但只得遵旨。7月5日，唐军出兵陕州。两天后，唐军在灵宝以西与叛军交战，哥舒翰的担忧随即成真。唐军先锋被诱入路险且窄之地，中了埋伏。唐军拥挤于一处，无法挥戈而战。同罗骑兵抄唐军后路，唐军先锋败逃。惊恐慌乱从先锋蔓延到中军，唐军主力随之溃散。官军的惨败骇人听闻，大批将士想游水逃生，但被活活淹死在黄河之中。叛军随后攻入潼关，大获全胜。哥舒翰被俘，解送洛阳。[60]

京师如今门户洞开，唐玄宗携杨贵妃、杨国忠，在禁军的护送下逃往四川。在长安以西约六十公里的马嵬驿，禁军发动兵变，迫使唐玄宗处死了被指为罪魁祸首的杨家兄妹。唐玄宗最终安全抵达成都，但已然大权旁落。太子逃往西北，在黄河畔的朔方军治所灵武招兵买马，并于8月12日称帝（即唐肃宗）。北方的唐军效忠于肃宗，后来唐玄宗也予以承认。叛军攻陷长安，朔方军放弃了河北，转而西进，以拱卫新君。[61]

攻陷长安和收复河北后，安禄山的势力达到顶峰。此时叛军却停滞不前。叛军在关中又屡败唐军，但无法将控制范围扩大到京畿之外。南下进攻长江下游地区的叛军同样没有取得什么进展。长江下游地区是唐帝国的粮仓，也是赋税和余粮的重要来源。长江下游地区若失，唐朝则无力再战。河南中部的颍川、大运河上的睢阳和汉水畔的南阳等重镇死战不降，彻底挫败了叛军进至长江的努力。在睢阳，进士出身的当地文官张巡主持防务，率军民守城近一年。叛军应是不愿留这样一处强敌据点威胁自己的运河粮道，所以没有试图绕过张巡的坚城。[62]756年夏至757年秋，叛军未获战果，可能也受中枢权力减弱的影响。757年初，身染顽疾、脾气暴戾的安禄山被自己最亲近的一伙同党所杀。这些人拥立安禄山之子安庆绪继大燕皇帝之位，结果就是中枢对各地叛军将领的控制大为减弱。安庆绪在叛军阵营中并无像父亲安禄山那样的威望，弑父自立使大批与安禄山同辈的叛军将领（包括史思明）与之离心离德。[63]

757年秋，唐军开始大举反击。此时，忠唐大业更得盟邦回纥出兵相助。回纥在突厥铁勒诸部中力量最强。8世纪40年代，回纥取代东突厥成为蒙古草原的统治者。铁勒贵族出身的朔方军将领仆固怀恩与回纥谈判结盟，回纥派四千多骑兵赴关中与唐军并肩作战。[64]该军当时由朔方军将领郭子仪指挥，于10月29日开始进兵长安。11月13日，郭子仪在京师以南约十六公里的香积寺附近与叛军展开了一场部署严密的大战。郭子仪率军面朝北列阵，背靠香积寺，左翼倚沣水（渭水往北的一条支流）。叛军最先发动猛攻，唐军阵列被迫后退，并陷入惊乱。然而右翼方面，唐军斥候发现了敌军骑兵。叛军骑兵埋伏在官军后方，伺机而动。仆固怀恩率领尚未投入战斗的回纥骑兵，对叛军伏兵予以毁灭性的打击，然后乘胜前进，猛攻敌军主力的后方。如此雷霆一击，燕军土崩瓦解。翌日，唐军收复长安。[65]叛军在郭子仪大军的追击下退往洛阳。叛军试图在潼关和陕州之间的险窄之地站稳脚跟，一年前哥舒翰正是在那里全军覆没。但是，11月30日，叛军再度被回纥骑兵击溃。[66]12月3日，唐军进入洛阳。安庆绪渡黄河逃往河北南部。

短短数周，两京光复。叛军遭受了一系列重创，无疑元气大伤。然而就在此时，官军的攻势却告一段落。建制、司法和后勤问题亟待解决，唐军阵营的士气似乎趋于松懈（此乃理所当然），不再急于作战。[67]此外，作为官军反击的先锋，回纥人在收复洛阳后便退兵返乡。结果安庆绪获得了喘息的机会，得以在河北南部重新招兵买马。又过了一年，唐军才再度出兵征讨安庆绪。

758年11月，唐军终于再次发动攻势，至少九位节度使各自率军参战。这些节度使中，只有三人属于755年之前设立的边镇，其他人掌握的都是新设军镇。这些军镇都是为了应对叛乱军情而从中国北方内陆划出来的。史载唐军九位节度使的总兵力超过二十万，但指挥权责权不清，意味着各部兵马之合力远不及各部兵马之总和。众将之上不设元帅，而是任命唐肃宗宠信的权宦鱼朝恩为监军，调度协调。史载之所以做出这一安排，是因为兵力最强的两位节度使郭子仪和

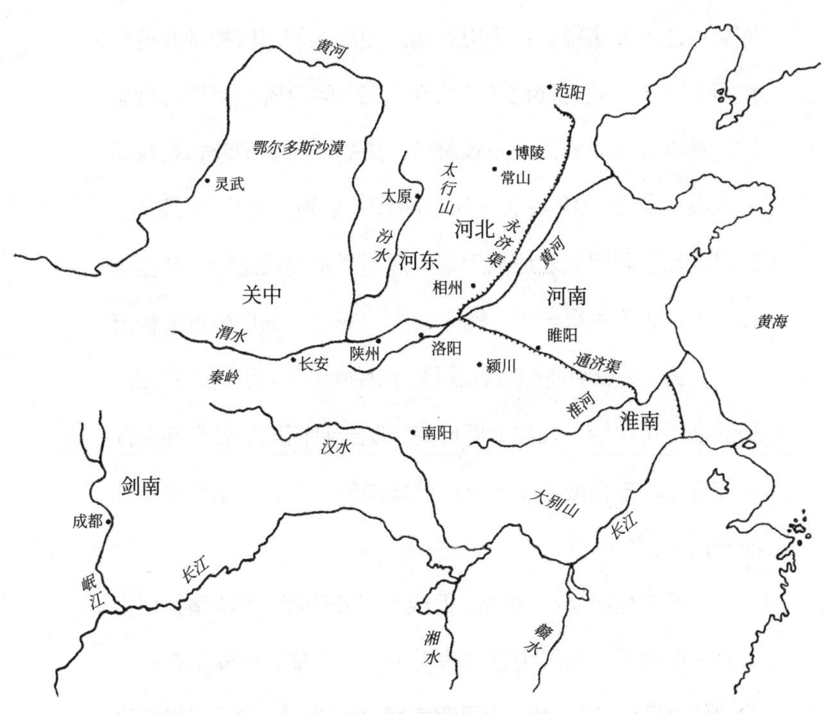

755—763 年安史之乱时期的中国北方

李光弼都不肯听从对方调遣。这也体现出朝廷对将领的不信任，以及一定程度上这些将领可以不受中央之命（尽管还不是独立的军阀）。[68]尽管指挥安排不甚理想，官军还是在战场上击败了安庆绪，包围了安庆绪在河北南部的治所相州（今安阳）。眼下形势危急，安庆绪求救于史思明。史思明的军队控制着范阳和河北北部，此时他已非“大燕皇帝”的臣属，而是自行其政，甚至曾一度名义上归顺唐廷。史思明派偏师赴相州观局势成败，直到759年春天才愿与朝廷大军倾力而战。4月7日，史思明在安阳河以北迎战唐军。然而两军交战之际，沙尘暴骤起，能见度不足一米，两军皆大惊而退。凭借指挥架构统一的优势，史思明能相对较快地约束住部下。至于官军方面，局面则不可收拾。九位节度使的军队一哄而散，各自都选择退往自己的根据地。无人真正信任同僚，也无人愿冒险单独面对叛军。[69]

这场“大战”救了相州，但救不了安庆绪。安庆绪很快为史思明所诛灭，史思明自立为叛军的新领袖。巩固了在河北的地位之后，759年秋，史思明率军南渡黄河。对手李光弼没有坚守东都洛阳，而是选择退往黄河以北的河阳（位于洛阳东北约四十公里），择地筑坚垒，易于从位于今山西的忠顺之地获得粮草和援兵。史思明占领了洛阳，但李光弼据守河阳，对史思明的侧翼和后方构成了潜在的严重威胁，阻止了史思明西进陕州、潼关和长安。[70]

双方在洛阳附近相持了三年。在此期间，叛军经历了又一次领导层的剧烈变动——自757年以来这已是第三次。761年春，史思明被其子史朝义（史思明偏爱史朝义的幼弟，不立史朝义为继承人）所杀。762年秋，军事上的僵局终于被打破，唐廷再度获回纥出兵相助。仆固怀恩和回纥军队随唐军从陕州东进，李光弼从河南中部发兵，其他各路唐军则从晋东南高原南下。11月，洛阳城外爆发决战。叛军被击溃，史朝义率数百轻骑东逃。按照唐廷早先的许诺，回纥军队获准洗劫了洛阳城。据史书记载，平民死者数以万计，大火持续燃烧了数周。其他唐军则以所过皆“贼境”为由，肆意劫掠周边各州达数月之久。[71]

这一次，叛军未能再像759年那样翻盘。眼见兵败洛阳，史朝义麾下各部（即那些控制河北和河南东北部要地的将领）都明白，史朝义和这场叛乱大势已去。这些将领一个接一个倒戈，拒绝收留史朝义。他们一面让这种中国内战中极常见的“墙头草”行径显露无遗，一面试图与获胜一方达成最佳交易。就唐朝而言，为迅速而低成本地结束这场漫长而血腥的叛乱，朝廷乐意招降纳叛。仆固怀恩率唐军追入河北，他允许投诚的叛军将领保留对自己地盘和麾下军队的控制权。这一策略显然得到了朝廷的全力支持，从前的叛将很快被正式任命为唐朝的节度使。此举让史朝义彻底成为孤家寡人。763年初，史朝义被追至河北的北部边境，穷途末路而死。史朝义自杀，标志着安禄山于755年掀起的这场叛乱终告结束。[72]

1 刘仁轨的奏疏见《旧唐书》，第84卷，第2792—2794页。

2 司马光：《资治通鉴》，第201卷，第6364页；又见Christopher I. Beckwith（白桂思），*The Tibetan Empire in Central Asia* (Princeton, N.J.: Princeton University Press, 1987), pp. 35–6。

3 司马光：《资治通鉴》，第202卷，第6385页。

4 《旧唐书》，第84卷，第2795页；《新唐书》，第108卷，第4084页；雷家骥：《从战略发展看唐朝节度体制的创建》，《简牍学报》，1979年11月，第8期，第234—235页，第240页，第249—250页。又见Edwin G. Pulleyblank（蒲立本），*The Background of the Rebellion of An Lu-shan* (London: Oxford University Press, 1955),p. 68；康乐：《唐代前期的边防》，第158页，第175—177页，第191—192页。

5 Kikuchi Hideo（菊池英夫），"Setsudoshisei kakuritsu izen ni okeru 'gun' seido no tenkai," *Tōyō gakuho*, 44 (1961), pp. 62–8.

6 司马光：《资治通鉴》，第213卷，第6797页；《旧唐书》，第199卷下，第5353页。

7 Kikuchi Hideo（菊池英夫），"Fuhei seido no tenkai," p. 426; 唐耕耦：《唐代前期的兵募》，第167页；张国刚：《唐代政治制度研究论集》，第36页。

8 Kikuchi（菊池英夫），"Fuhei seido no tenkai," p. 426; 唐耕耦：《唐代前期的兵募》，第167页；孙继民：《唐代行军制度研究》，第103页。

9 张国刚：《唐代政治制度研究论集》，第37—38页。

10 Kikuchi（菊池英夫），"Fuhei seido no tenkai," p. 435.

11 王溥编：《唐会要》（北京：中华书局，1990年），第85卷，第1560—1561页；司马光：《资治通鉴》，第205卷，第6507页；Hino Kaisaburo（日野开三郎），"Dai Tō fuheisei jidai no danketsu hei ni tsuite," Hōseishi kenkyū, 5 (1954), pp. 79–133。

12 Kurihara Masuo（栗原益男），"Fuheisei no hōkai to shin heishu," *Shigaku zasshi*, 73 (1964), p. 128.

13 D. C. Twitchett（杜希德），*Financial Administration under the T'ang Dynasty*, second edition (Cambridge: Cambridge University Press, 1971), pp. 9–17; Kurihara（栗原益男），"Fuheisei no hōkai to shin heishu," pp. 125–32.

14 《新唐书》，第50卷，第1327页；《唐会要》，第72卷，第1299页；谷霁光：《府兵制度考释》，第230—233页。

15 唐耕耦：《唐代前期的兵募》，第169—170页；《册府元龟》，第124卷，第19页上；《唐大诏令集》，第2卷，第7页。

16 《唐大诏令集》，第107卷，第553页。该诏敕并未指明赏赐的性质或数量。另一条史料告诉我们，府兵选择再戍边三年，可得布帛二十匹；见王应麟：《玉海》，第138卷，第21页下。

17 有关这一时期经济状况的概述，见Pulleyblank（蒲立本），*Background of the Rebellion of An Lu-shan*, ch. 3。

18 张国刚：《唐代的健儿制》，《中国史研究》，1990年，第4期，第100—101页。

19 《册府元龟》，第124卷，第21页下，更多史料见李林甫等：《唐六典》（东京：广池学园出版部，1973年），第5卷，第18页下。

20 司马光：《资治通鉴》，第214卷，第6832页。

21 张国刚：《唐代的健儿制》，第102页；《旧唐书》，第107卷，第3262页；司马光：《资治通鉴》，第216卷，第6906—6907页；第217卷，第6926—6927页。

22 例如，可见张国刚：《唐代政治制度研究论集》，第93—112页；康乐：《唐代前期的边防》，第162—164页；章群：《唐代蕃将研究》，第229页，第235—238页，第243—246页。

23 该清册有多个不同版本，可见《旧唐书》，第38卷，第1385—1389页；司马光：《资治通鉴》，第215卷，第6847—6851页；《通典》，第172卷，第4479—4483页。另见李吉甫编：《元和郡县图志》（北京：中华书局，1983年），第4卷，第92页；第13卷，第361—362页；第34卷，第886页；第39卷，第991—992页；第40卷，第1018页。对诸多细微差异的探讨，见唐长孺：《唐书兵志笺正》（北京：科学出版社，1957年），第34—37页；岑仲勉：《通鉴隋唐纪比事质疑》

(北京：中华书局，1964年)，第210—219页。

24 唐长孺：《唐书兵志笺正》，第33页，第42页。

25 Pulleyblank(蒲立本), *The Background of the Rebellion of An Lu-shan,* pp. 149–52, n. 2.

26 Robert des Rotours(戴何都), "Les Grandes fonctionnaires des provinces en Chine sous la dynastie des T' ang," *T'oung Pao*(《通报》), 25 (1927), pp. 283–5, 297–301.

27 《旧唐书》，第97卷，第3052—3054页；《新唐书》，第125卷，第4407—4409页。

28 《旧唐书》，第106卷，第3239—3240页；Pulleyblank(蒲立本), *Background of the Rebellion of An Lu-shan,* pp. 94–5。

29 有关唐玄宗好军功，见杜佑：《通典》，第148卷，第3780页。

30 《旧唐书》，第104卷，第3211—3213页；又见Pulleyblank(蒲立本), *Background of the Rebellion of An Lu-shan,* p. 11。

31 Pulleyblank(蒲立本), *Background of the Rebellion of An Lu-shan,* pp. 9–13, 18–19, 20–2, 83–4, and 165, n. 62.

32 有关武举的更多记载，见《新唐书》，第44卷，第1170页；Robert des Rotours(戴何都) 译：*Traité des examens* (Paris: Librairie Ernest Leroux, 1932), pp. 209–12; 高明士：《唐代的武举与武庙》，收入《第一届国际唐代学术会议论文集》(台北："中华民国"唐代学者联谊会，1989年)，第1017页，第1020—1024页；奥比恩 (O'Byrne), "Civil–Military Relations During the Middle T' ang: The Career of Kuo Tzu-i," pp. 20–7, 288。创设武举之诏书，见司马光：《资治通鉴》，第207卷，第6558页；《唐会要》，第59卷，第1030页。

33 我们所知的唯一一位武举高第入仕者，即一代名将郭子仪。郭子仪乃刺史之子，安史之乱中升任朔方节度使。见《旧唐书》，第120卷，第3449页；高明士：《唐代的武举与武庙》，第1034页，第1037页。

34 高明士：《唐代的武举与武庙》，第1032页。据奥比恩 ("Civil–Military Relations," pp. 292–4) 统计，755—779年任节度使者，21%为行伍出身，大多为755年之前从军。

35 司马光：《资治通鉴》，第217卷，第6929页；又见《旧唐书》，第200卷上，第5369页。

36 司马光：《资治通鉴》，第215卷，第6884—6886页。又见《旧唐书・高仙芝传》，第104卷，第3203—3205页；Twitchett(杜希德), "Hsüan-tsung (reign 712–56)," pp. 430–3。

37 见Pulleyblank(蒲立本), *Background of the Rebellion of An Lu-shan,* pp. 19–23 和第七章。

38 杜佑，《通典》，第148卷，第3780页。

39 司马光：《资治通鉴》，第216卷，第6906—6907页；第217卷，第6927页。

40 司马光：《资治通鉴》，第216卷，第6908—6909页；Pulleyblank(蒲立本), *Background of the Rebellion of An Lu-shan,* p. 98。

41 有关怛罗斯之战的中文史料，见司马光：《资治通鉴》，第216卷，第6907—6908页。有关此战的阿拉伯文史料，见D. M. Dunlop译, "A New Source of Information on the Battle of Talas or Atlakh," *Ural-Altaische Jahrbücher,* 36 (1964), pp. 326–30。此战确切的战场位置，至今不为人知，但可以肯定距今吉尔吉斯斯坦和哈萨克斯坦南部边境城市江布尔非常近。

42 杜佑，《通典》，第148卷，第3780页。这一时期健儿确切的军饷水平，不见于史料。有史料称，755年以后正规军的标准军饷水平或为每年布帛12匹、粮食7.2石。见李筌：《太白阴经》，第5卷，第558页，第561页。

43 Kikuchi Hideo(菊池英夫), "Tōdai heibo no seikaku to meishō to ni tsuite," Shien, 68 (May 1956), pp. 88, 98.

44 Twitchett(杜希德), *Financial Administration,* p. 86.

45 见Denis Twitchett(杜希德), "Lands under State Cultivation under the T' ang," *Journal of the Economic and Social History of the Orient,* 2 (1959), pp. 152–203。

46 见Jonathan K. Skaff, "Barbarians at the Gates? The Tang Frontier Military and the An Lushan Rebellion," *War and Society,* 18.2 (October 2000), pp. 33–4。

47 张国刚:《唐代监军制度考论》,《中国史研究》, 1981年, 第2期, 第122—124页。

48 《旧唐书》, 第104卷, 第3204页, 第3206页;Pulleyblank(蒲立本), *Background of the Rebellion of An Lu-shan*, p. 74。

49 有关禁军, 见《唐会要》, 第72卷, 第1293页, 第1300页;《旧唐书》, 第50卷, 第1326—1327页;Hamaguchi(滨口重国), "Fuhei seido yori shin heisei e," pp. 1498–500;Pulleyblank(蒲立本), *Background of the Rebellion of An Lu-shan*, p. 67。

50 有关安禄山与李林甫、杨国忠的关系, 以及相关的政治谋略, 见Twitchett(杜希德), "Hsüan-tsung," pp. 427–52。

51 司马光:《资治通鉴》, 第217卷, 第6934—6935页。

52 《新唐书》, 第225卷上, 第6414页;Kurihara Masuo(栗原益男), "Tō Godai no karifushi teki ketsugo no seikaku," *Shigaku zasshi*, 62 (1953), pp. 520–3。

53 Twitchett(杜希德), "Hsüan-tsung," p. 448; 司马光:《资治通鉴》, 第217卷, 第6923—6924页。

54 O' Byrne, "Civil–Military Relations during the Middle T' ang," p. 69.

55 李树桐:《唐代的马与交通》, 见氏著《唐史研究》(台北: 台湾商务印书馆, 1979年), 第326页。

56 有关这些史实, 见司马光:《资治通鉴》, 第217卷, 第6935—6940页, 第6942页;《旧唐书》, 第104卷, 第3206页, 第3209—3211页。

57 司马光:《资治通鉴》, 第217卷, 第6943—6944页;Twitchett(杜希德), "Hsüan-tsung," p. 448。

58 Edwin G. Pulleyblank(蒲立本), "The An Lu-shan Rebellion and the Origins of Chronic Militarism in Late T' ang China," in John Curtis Perry and Bardwell L. Smith (eds.), *Essays on T'ang Society* (Leiden: E. J. Brill, 1976), p. 41.

59 司马光:《资治通鉴》, 第217卷, 第6954—6955页。

60 司马光:《资治通鉴》, 第218卷, 第6966—6969页。

61 有关这些史实的更多记载, 见Twitchett(杜希德), "Hsüan-tsung," pp. 460–1.

62 David A. Graff, “Meritorious Cannibal: Chang Hsün’s Defense of Sui-yang and the Exaltation of Loyalty in an Age of Rebellion,” *Asia Major* (3rd series), 8.1 (1995), pp. 1–15。有关颍川和南阳，见《旧唐书》，第114卷，第3365页。

63 Pulleyblank(蒲立本), “The An Lu-shan Rebellion and the Origins of Chronic Militarism,” p. 43, and Charles A. Peterson(毕德森), “Court and Province in Mid- and Late T’ang,” in Denis Twitchett(杜希德) (ed.) *The Cambridge History of China*, vol. 3, p. 479; 有关安庆绪弑父，见司马光:《资治通鉴》，第219卷，第7011—7012页。

64 司马光:《资治通鉴》，第220卷，第7032页。

65 司马光:《资治通鉴》，第220卷，第7033—7034页。

66 司马光:《资治通鉴》，第220卷，第7040页。

67 有关用兵作战出现这一空当期的解释，见Peterson(毕德森)，“Court and Province,” p. 480, 和Pulleyblank(蒲立本)，“The An Lu-shan Rebellion and the Origins of Chronic Militarism,” pp. 54–5。

68 司马光:《资治通鉴》，第220卷，第7061—7062页；Pulleyblank(蒲立本)，“The An Lu-shan Rebellion and the Origins of Chronic Militarism,” p. 45。

69 司马光:《资治通鉴》，第221卷，第7069—7070页；Pulleyblank(蒲立本)，“The An Lu-shan Rebellion and the Origins of Chronic Militarism,” pp. 45, 55。

70 司马光:《资治通鉴》，第221卷，第7081—7083页；Pulleyblank(蒲立本)，“The An Lu-shan Rebellion and the Origins of Chronic Militarism,” p. 45。

71 司马光:《资治通鉴》，第222卷，第7133—7135页。

72 司马光:《资治通鉴》，第222卷，第7135—7140页；Peterson(毕德森)，“Court and Province,” pp. 483–4; Pulleyblank(蒲立本)，“The An Lu-shan Rebellion and the Origins of Chronic Militarism,” pp. 46–7。

Chapter 11
Consequences of the An Lushan rebellion

第十一章
安史之乱的后果

763年11月，安史之乱结束后不到一年，吐蕃大军突然杀向唐都长安。11月12日，吐蕃军队从西北方向迅速进入渭水流域，在京师以西约五十公里的周至大败唐军一师弱旅。翌日，唐代宗（唐肃宗之子，762年继位为帝）出奔相对安全的陕州避难，该地位于通往洛阳的途中。11月18日，吐蕃军队攻入长安城，立唐代宗的堂兄为帝。吐蕃军队纵兵大掠宫殿市里，所过之处皆付之一炬。逃散的唐军也趁火打劫，大批百姓逃入长安城南的山中避乱。不过，吐蕃军队无法长期盘踞长安。为应对危机，唐廷重新启用卸甲赋闲的大将郭子仪。郭子仪忠心耿耿，在商州收拢了唐军，自东南过武关向长安进发。其他唐军将领则立即率军从各自州镇开赴渭水流域北部。随着唐军合击而来，11月30日吐蕃军队退出长安城，掳走大批士女工匠，丢下在位仅十二天的傀儡皇帝。12月，唐军收复京师。764年初，唐代宗还宫。[1]

长安一度失守是一个鲜明的迹象，可见安史之乱将唐朝的力量削弱到了何等程度。守卫泾水流域的一座重镇叛降吐蕃，直接引发了此次吐蕃进兵长安，但实际上吐蕃处心积虑达数年之久。眼见久经沙场的唐军被从西部边陲召回平叛，野心勃勃的吐蕃赞普赤松德赞随即出兵攻打极度虚弱的汉地边防。年复一年，不断有城镇落入吐蕃之手。陇右地区大部最终为吐蕃所占，吐蕃边境向东移了两百四十多公里。即使763年吐蕃军队退出长安，仍盘踞泾、渭二水之源头，离长安

只有咫尺之遥。[2]整个8世纪60年代和70年代，京师北部和西 332
部地区都时常遭受吐蕃军队的袭扰。直到9世纪中叶吐蕃政权瓦解，威胁才得以解除。

吐蕃的扩张之所以影响重大，不但是由于吐蕃长期威胁京畿地区，而且因为吐蕃吞并了安史之乱前牧养唐代大部分官马的马场。754年，天子群牧共有马三十二万五千七百匹。[3]然而安史之乱后，官军经常缺马。边将多有抱怨，麾下骑兵力量薄弱，数量根本无法与吐蕃军队的相提并论。[4]这是唐代军队衰弱的一个重要而持久的原因。唐军之衰弱，不仅是对吐蕃和其他内亚民族来说，对于安史之乱中得以在唐帝国内地割据和半割据的众多节度使来说同样如此。[5]

对唐帝国来说，总算有一桩幸事：北方草原的霸主回纥（从8世纪40年代即独霸北方草原，直到840年被黠戛斯推翻）对攻取汉人国土毫无兴趣。有时如757年和762年，回纥国主甚至出兵帮助唐廷。但是，回纥的立场并非由真正的友谊所决定，而是由无情的私利所主导。对回纥来说，汉人的农耕经济是一种资源，有待盘剥。这种盘剥采用边贸互市的形式。互市之中，回纥人用马换取汉人的绢帛。回纥人拿出的多为老弱不堪的驽马，要价却极高——一匹马要绢帛四十匹。由于身处下风，汉人别无选择，只能接受这样的交易，并容忍回纥军队在长安频频逞凶作恶。9世纪40年代回鹘①汗国解体之后，唐朝的

---

① 唐德宗贞元四年（788年），回纥上表请改称“回鹘”。后文按照习惯以“回鹘”称之。——译者注

军事力量便转而对付草原边塞的回鹘残余势力。在汉地，受回鹘军队保护而从事贸易的回鹘居民和粟特商人横遭迫害。[6]

从安史之乱到10世纪初唐朝即将覆亡，尽管有吐蕃施加压力，尽管与回鹘偶有摩擦，但中国的军事力量很大程度上还是用于内战。安史之乱之所以有机可乘，正是因为边塞设置了拥兵自重的军区。镇压安史之乱，又将这种边塞模式移植到了唐帝国内地。不仅归降的河北叛军将领获准保留对军队和地盘的控制权，仓促间又新置了大批地方军区，意在将叛乱造反的苗头扼杀在萌芽状态。各军区长官受权从这些地盘上征用人力物力，以供军队作战。[7]安史之乱后，新置藩镇基本仍是政治格局的长期特征。从前的叛将及其继任者把持着相当于割据性质的军阀政权。这些政权自行任命官员，不向中央朝廷上缴赋税，且必须靠屯驻于周边、效忠于本镇的大军进行统治。仅仅因为这个原因，在内地新置军区就变得不可或缺。但是，大批忠于朝廷的藩镇也表现出割据倾向。其中有的藩镇——最出名的即平卢镇（位于今山东省）与淮西镇（位于今河南中南部）——与从前起兵叛乱的河北诸镇几无不同。

755—763年天下板荡，藩镇数量从最初的边塞十节度使增加到近四十个，其中大多位于唐帝国内地。藩镇地盘少则两三州，多则十五州。[8]有些藩镇归节度使掌管。节度使通常兼领“观察使”，掌握一方民政。还有一些藩镇则归民政长官领导。民政长官兼领“团练使”，掌握地方军权。[9]几乎所有藩镇，民政和军事大权都由一人独揽。

在军事化程度和对待唐廷的基本取向上，各个藩镇都有显著差异。其中一端之代表，即从前起兵反叛的河北藩镇。计有黄河以南的魏博镇，位于河北中部井陉口的成德镇，以及治所在北边范阳（从前安禄山老巢）的幽州镇（其实还有第四个叛镇，即位于河北西南隅的昭义镇。因受魏博攻侵，昭义镇失去了大部分地盘，遂于775年转投忠于朝廷的阵营）。河北藩镇武装到牙齿，对朝廷不过是虚与委蛇，坚持节度使之位父死子继。平卢镇本是由安史之乱中扶保朝廷的军队所建，其名称即源于该镇将士最初所在的中国东北地区南部旧边镇。但直到819年被拆分，平卢镇亦为河北藩镇集团的一员。继承了旧边军多民族混合的特征，此类藩镇的节度使有些并非汉人。这种情况在成德镇最为明显。成德镇是由奚人出身的叛军将领李宝臣所建。782年，李宝臣之子被手下契丹裔骑兵大将王武俊推翻。王武俊的后人继续统治该镇至820年。821年，一位出身回鹘的将领夺取成德镇大权，其后人直至10世纪初仍为该镇之主。[10]765—819年，平卢镇由高句丽人出身的家族统治。9世纪下半叶，幽州镇由回鹘裔将领统治了十年。[11]但是，应该指出的是，这些藩镇的普通百姓绝大多数为汉人。成德镇和平卢镇“胡人”统治者的所作所为，与统治魏博的汉人田氏家族子弟的所作所为基本上并无二致。

在山西、河南同这些凶顽难制的藩镇划界相峙者，是一连串忠于唐廷的藩镇。这些忠顺藩镇保持着强大的军事力量，计有河东镇、泽潞镇（昭义镇的残余势力）、汴宋镇和徐州镇。河南藩镇对于唐廷而言尤为重要，因为其扼守汴河。汴河是富饶丰沃的长江下游地区输送贡赋的主要通道，因此是唐廷财政后勤的生命线。这些藩镇通常接受朝廷任命的官员（包括文官和武将）。但有些藩镇特别容易发生兵变哗乱，偶尔还会公然起兵造反，如777年的汴宋镇、9世纪40年代初的泽潞镇，俱是如此。另一类高度军事化的藩镇，位于京师北部和西部。这些藩镇的首要责任，是保护长安免受吐蕃侵袭。吐蕃惯于在春夏牧养之后、秋高马肥之际发动进攻。由于这些藩镇紧邻天子脚下，且依赖从南方运来的补给，运输线路又经都城，所以相对容易控制。直至唐王朝的最后几年，中央禁军才不再控制这些藩镇。与中国北方的情况相反，为皇权提供经济基础的南方富庶藩镇拥兵甚微。这些藩镇的节度使一般为文官，此类地区很少有叛乱发生。[12]

藩镇军队的规模差异巨大。北方藩镇中独立性最强者，掌握的军队规模最大。这些藩镇经济富庶且人口稠密，必然时刻警惕中央权力强行卷土重来。平卢镇在其中力量最为雄厚，拥兵十万。魏博镇紧随其后，拥兵近七万。成德镇亦有军队五万人。[13]北方部分忠于唐廷的藩镇，兵力规模也非常庞大。8世纪末，汴宋军与平卢军相峙，其兵力近十万。[14]至于南方，情况却截然不同。比如859年，浙东节度使手下仅有数百人可供调遣。[15]大多数藩镇都处于这两极之间，8世纪70年代末或各有兵士一万五千人。中央朝廷给各军规定了兵额上限，但这种限制很容易规避，有时甚至可以完全无视。[16]

节度使的军队尤其是北方雄藩巨镇之军，指挥架构复杂，各军以下再分数军。各藩镇的主力军都集中在节度使开府建牙的州城。主力军分为几大部分，各由兵马使统率。这显然是该镇军队的主体，战时构成了该藩镇野战军团的核心。[17]除了主力军，节度使治下还有一些外围军镇。这些军镇被刻意控制在较小规模，兵力很少超过两千，以免对节度使的权力形成威胁。军镇分布是为了保护州城和藩镇的其他战略要点，如关津渡口。还要保护经济要地，如盐池草市。军镇一般大兴土木，要修城墙、造土垒、立营栅。兼之保壁坚垒密布而成网，这便是一些割据藩镇划地自守的关键。[18]归属各州刺史的地方军，是晚唐藩镇军队的第三个组成部分。刺史本是文官，但安史之乱期间被强委以军权。从756年起，刺史兼领团练使成为定制。[19]藩镇主力军和外镇军的兵士，都是如健儿一样全职从军的职业军人。州军则往往由乡兵组成。乡兵靠种地养活自己，冬季农闲时定期操练，短期服兵役以换取豁免赋税和徭役的优待。乡兵从征服役，主要守御乡里。对节度使来说，乡兵为藩镇正规军提供了宝贵的补充，但正规军才是北方各镇强军中规模最大、最为重要的组成部分。[20]

藩镇军队由主力军、外镇军和州军三部分组成，此种架构旨在确保节度使于本镇的权威，而无损其抵御外部威胁的能力。外镇军控制各州，而基本上主力军弹压外镇军叛乱绰绰有余。[21]主力军是节度使权力的根本保证，这也正是该体系的弱点。比之其他各军，主力军将士的军饷更为丰裕，待遇更为优厚。但这并不能确保主力军将士忠心不二。在众多藩镇之中，这些主力军都以骄横跋扈、桀骜不驯而闻名。他们有了古罗马禁卫军的苗头，很容易被居心叵测的将领所利用，经常驱逐不受欢迎的节度使，以自己喜欢的人选取而代之。所有这一切，可以说尤其是各藩镇精锐牙军的真实写照。这些牙军构成了藩镇军队最内部的核心，直接保卫节度使衙署。典型的例子当数魏博牙军。该部精锐由首任魏博节度使田承嗣所建，最初仅五千人，是根据块头和力气拣选出来的。该部将士的赏赐之丰厚，远超本藩镇其他各军。结果魏博牙军的兵士身份成为一种世袭特权，父子相承。魏博牙兵紧紧抓住这种特权不放，到9世纪索性把持了魏博镇的政治。812年、822年、829年、870年、883年和888年，魏博牙兵皆干政，拥立自己中意的人选为节度使。905年，时任魏博节度使的罗绍威从一次未遂的政变中侥幸逃脱。然后，凭借盟友汴州军阀朱全忠派来的重兵相助，罗绍威将魏博牙兵屠灭殆尽。[22]

不过，此种屠灭乃下策。到9世纪中叶，节度使应对牙兵威胁的普遍做法，是新建由私人部曲组成的亲卫军，以此扼制牙兵。此军被称为“私军”“亲军”或“家军”，通常由节度使的家仆和家奴组成，再加上投军避祸的逃犯和其他亡命之徒。这种亲军的规模大小各不相同。784年，史载起兵叛乱的幽州节度使朱滔有亲兵万余，相当于其军队的六分之一。不过，数百人到一两千人不等的亲军更为常见。[23]尽管人数上很少能与牙兵相匹敌，但亲兵让节度使免遭这些跋扈军人的威逼，并让节度使拥有了一支可靠的纠察弹压之军。亲军的忠诚有时通过建立拟亲属关系而得到加强，节度使会将心腹部下乃至全军都收为养子。[24]

节度使用来控制军队和藩镇的手段繁多，拟亲属关系和亲军只是其中两种。节度使还会利用真正的亲属关系，任命近亲担任军中要职，并与重要下属的家族联姻。精明谨慎的节度使对手下军将和本镇正规军厚加赏赐，对精锐牙兵和亲兵的赏赐之丰厚则最为慷慨。胁迫也自有其作用。外镇军将领的家人有时会被扣在节度使衙署为人质，刺探告密大行其道。[25]节度使幕府中最重要的武官之一即都虞侯，司职整肃军纪和查探不忠。[26]对更具割据自立倾向的节度使来说，这些措施对于维护他们的安全至关重要。这些节度使自知无法永享朝廷所授之恩命，而正是朝廷恩命才帮助他们维持了对麾下军队的控制，因此，他们的地位特别脆弱。[27]

正如节度使面临如何掌控军队的问题一样，安史之乱平定后的一个多世纪里，唐廷面临的主要政治军事挑战是加强中央对各藩镇的控制。为了这一目的，唐廷多管齐下。以宫中宦官为监军，安史之乱前只是偶尔为之，如今这一措施得到大力推广并成为定制。监军宦官被定期安置到几乎所有藩镇中。监军宦官任期三年，有自己的掾吏僚属，有的还自带军兵，规模可达数千人。监军与节度使地位相当。节度使行使军权，监军负责随时向朝廷报告军镇动向，并在必要时采取行动平息兵变，以防叛乱。[28]控制藩镇的另一项手段，是在长安及京畿重建并大幅扩编禁军。禁军的核心即神策军。神策军原本是久经沙场的边军，后调往内地与安禄山叛军作战。禁军在军政和军令上迅即为高层宦官所控制，最终发展到规模超过十五万人。[29]守卫西北边塞，抵御吐蕃入侵，震慑心怀不轨之徒，减少朝廷对“忠顺”藩镇军队的危险依赖，禁军皆有功劳。自8世纪60年代设置，到880年在黄巢起义中瓦解，禁军一直是唐朝中央军事力量的中流砥柱，也是唐朝得以存续的重要因素。但与此同时，禁军也使得宦官能够专擅朝政，9世纪上半叶甚至达到操纵皇位继承的程度。[30]

作为藩镇监军和掌握禁军兵权者，宦官的权力和地位不断膨胀。这部分反映出安史之乱后朝廷对武人的不信任。重新确立以文制武，成为唐廷的中心目标之一。军事统帅完全出身于军中者，也饱受唐廷猜忌。在755年后的半个世纪里，朝廷与将领的关系往往颇为紧张。郭子仪忠心彪炳日月，在官军诸将中功劳盖世，但在安史之乱的最后三年，他却被削夺了兵权。郭子仪的朔方军同僚李光弼，在764年去世前不久亦遭朝廷猜忌。来瑱当年死守颍川，安禄山叛军呼之为“来嚼铁”，但763年初竟遭宦官构陷，被迫自尽。同样是763—764年，曾与回纥订盟、纳降河北叛军的仆固怀恩也被一伙与之为敌的藩帅和宦官牵扯进谋反之中。此种套路在8世纪80年代早期的内战中再度上演，彼时猜疑和误会又将朔方军将领李怀光推向叛乱的边缘。[31]

政治上可靠是选任军事统帅考虑的首要因素，所以重兵往往交给文官或宦官，而不是经验丰富的将领。814—815年，裴度成功用兵平定了淮西叛镇。裴度是科举进士出身，授淮西宣慰招讨处置使之前，历任监察御史、起居舍人和同中书门下平章事。[32]只要当地情况允许，朝廷都倾向于任命文官担任节度使。作为对后安史之乱时代唐帝国军事精英权力和自主性增强的回应，出现了士大夫适合统兵的新论。晚唐和随后的五代时期（907—960年），史书中记载了大量文官能够以其人之道还治其人之身，从而让武人甘拜下风的事例。比如王缙，8世纪70年代数任节度使，曾将数名轻慢自己仅是一介儒生的部将断然处斩，让桀骜跋扈的河东镇军从此对自己俯首帖耳。[33]再如辛秘，身为刺史却平定了9世纪初东南的地方叛乱。[34]唐初的用兵思想强调个人在战场上的领导能力，后安史之乱时代则更加注重料事如神和治军有方，并将人际关系也理解为名将的特征：“古所谓名将者，不必蒙轮拔距之材，拉虎批熊之力；要当以义终始，好谋而成。”[35]

派遣监军宦官，节度使由朝廷任命，还有禁军作为最后的手段，使大多数“忠顺”藩镇大部分时间都服从中央。然而，这些手段很大程度上不适用于河北、山东那些割据自立、高度军事化的藩镇。那些藩镇自命有权世袭节度使一职。与这些棘手的藩镇打交道，朝廷通常采取“纵容”政策，一般将节度使一职授予那些愿意维护唐帝国表面统一、名义上尊奉皇权的“土皇帝”。这些节度使主要关心维持自己对藩镇和军队的控制，很少有兴趣挑战现状。只有朝廷试图剥夺其习以为常的割据地位时，他们才会公然造反。第一次大规模叛乱发生于8世纪80年代初。励精图治的青年天子唐德宗于779年登基，决心让割据自立的藩镇重新服从中央朝廷。781年成德节度使李宝臣去世，唐德宗拒绝承认其继承人李唯岳为新任节度使。叛乱由此引发，成德镇得到了魏博镇和平卢镇的支持。但是，幽州镇站在朝廷一边。782年初短短的一段时间里，唐德宗的寸步不让眼见要收全功。成德军屡败于幽州军之手，成德节度使李唯岳被麾下将领、契丹人王武俊推翻。王武俊随即归降朝廷。然而，王武俊和幽州节度使朱滔却对朝廷的封赏深感不满，遂于782年春联手造反。唐德宗如今面对的是东北方向所有藩镇的结盟相抗。到了年底，局势进一步恶化。盘踞河南中南部的淮西节度使李希烈原本属于朝廷阵营，却倒戈起兵造反。李希烈截断汴河，朝廷立即在财政和军事上陷入了困境。[36]

783年11月2日，有军队自西北边镇泾原来，在开赴河南前线途中经过长安。泾原兵发现，通常应发给出征兵士的赏赐，朝廷竟只发了一小部分，随即爆发骚乱。泾原军与城中暴徒（朝廷为支撑战事而强征特别税令这些人愤恨不平）一起，攻进皇宫，大肆劫掠，并控制了京城。致仕闲居的前泾原节度使朱泚（幽州节度使朱滔之兄）被拥立为主。唐德宗逃往长安西北约80公里的奉天城，被叛军围困在那里一个多月，才被自河北前线匆忙召回的官军救出。[37]784年，唐德宗的运势大有起色。唐德宗下诏大赦，愿意承认和恢复原状，说服王武俊对朱滔倒戈相向。彼时朱滔正欲率大军西进关中，助兄长一臂之力。784年5月29日，王武俊与山西的忠唐之军合兵一处，在河北中部的贝州附近完败朱滔。[38]三周之后，长安克复。但最后一位叛军首领李希烈直到786年才被消灭。李希烈被自己的部下毒死，淮西镇恢复了名义上对唐廷的效忠。781—786年，所有曾经参与安史之乱的藩镇，除其中一个之外，都设法保住了割据自立的地位。各镇叛军首领皆再度被朝廷承认为节度使，以换取他们对朝廷权威名义上的服从。十多年过去了，唐德宗愿意再次冒险，出兵征讨一顽抗不从的藩镇。这便是799—800年相对克制（但并不成功）的淮西之战。

恢复原状颇为容易，因为割据自立的节度使多胸无大志，不过想保住自己的地盘、军队和习以为常的特权而已，最多向周边地区小幅扩张自己的地盘。像幽州朱滔这样有谋取天下野心的节度使相对罕见。而朱滔在兵败贝州后不久便去世了。当时有一种普遍的趋势，即各藩镇结盟，共同对抗对现有秩序构成最大威胁者。年轻的唐德宗决心清除藩镇割据的现象，遂成为现状的主要威胁，数家藩镇便结盟以对抗之。官军连战连捷，眼见恢复中央集权统治有望，向来支持朝廷的朱滔却改换门庭，转投了叛军一方。到784年泾原兵变之后，处境越发危险的不再是唐德宗，而是朱滔。紧要关头，朱滔被自己的盟友所抛弃。从前的盟友与忠唐的藩镇合兵一处，将朱滔打得惨败。中国学者长期以来一直认为，割据藩镇与唐廷之间存在着持久的平衡。据17世纪伟大的思想家顾炎武观察，河北诸藩镇节度使不敢威胁朝廷，因为这些节度使彼此之间互不信任；朝廷作为一种强大的外部压力存在，有助于维持各藩镇之间的平衡，防止任何一家藩镇因征服他镇而势力坐大。[39]

这种平衡的下一个巨大挑战，来自另一位胸怀壮志、欲实现中央集权的皇帝，即唐德宗的孙子唐宪宗（806—820年在位）。唐宪宗拥有唐德宗在8世纪80年代所不具备的数项优势，包括国库充足和禁军兵强马壮。据后见之明，唐宪宗行事更加谨慎，通常一次专注于平定一个顽抗不从的藩镇。即位之初，四川和长江下游地区的诸藩镇节度使欲谋取更大的割据之权，唐宪宗将他们轻松平定。809年，唐德宗大胆用兵河北中部成德镇，该藩镇的军事化程度较高。此战以失败告终，810年罢兵休战。但两年之后，邻镇魏博节度使田弘正却选择放弃割据自立，将藩镇交由朝廷处置。815—817年，唐宪宗用兵河南中南部的淮西镇。此战艰苦卓绝，最终竟得全功。官军总计九万，是淮西镇正规军的近三倍。但官军围攻该镇两年有余，进展甚微。官军的指挥架构四分五裂，来自各个藩镇的近二十支兵马被编入互不统属的五路大军，作战颇多阻碍。更兼淮西军依托城镇和密布成网的深壁固垒顽强据守。此战最终于817年底大获全胜。彼时五路官军之一的统帅李愬兵行险着，突破敌军外围防御，深入淮西镇中心地带。李愬率军趁夜前行，又偶遇暴风雪，得以完全实现出其不意，一举攻占毫无防备的淮西镇首府蔡州，生擒淮西节度使吴元济。淮西镇随即被邻近三个忠顺藩镇所瓜分。[40]

唐宪宗的下一个目标雄藩巨镇平卢也落得类似下场。819年官军重兵压境，平卢节度使李师道被自己的部下所杀。这些部下归降朝廷，平卢镇被一分为三，三镇实力皆相对较弱。到820年唐宪宗驾崩时，所有割据藩镇（连同成德镇）或已用兵平定，或已主动归降。自755年之后，唐廷权力至此到达顶峰，只是持续时间甚短。821年，受任来治理幽州镇的诸文官傲慢轻肆，很快惹怒了该镇武人。这些文官竟对幽州武人放言："今天下无事，汝辈挽得两石力弓，不如识一丁字！"[41]同年，朝廷自出昏招，命河北诸藩镇互换节度使，同样引发魏博镇和成德镇动乱。到822年中期，河北三镇都爆发了兵变，一心割据自立的当地武人重新掌权。新皇帝唐穆宗缺乏他父亲的才干和壮志，用兵欲使三镇听命失败后，便允许三镇各行其是。[42]河北藩镇在唐朝余下的时期以及随后的五代时期（907—960年）保持了割据自立的状态。其他藩镇也依然是晚唐政治版图的重要组成部分，中央朝廷不能一直将它们的忠顺视为理所当然。[43]875—884年，黄巢率农民起义军席卷中国，从根本上而言长安唐廷的势力受创最重。另一方面，各镇节度使却获得了更大的行动自由，藩镇成为政权组织的关键单位。这种局面在907年唐朝灭亡后持续了一段时间。正如我们所见，唐代藩镇体制对五代和北宋（960—1127年）的权力结构产生了重大而持久的影响。

唐朝后半期藩镇割据最明显的后果之一，即唐帝国的普遍军事化。安史之乱前夕，全国有兵近六十万，基本全部驻防边塞。805年唐宪宗即位之初，全国有兵近八十万。到唐宪宗的继任者时，这一数字已增至近百万。[44]百万将士大多不是驻防边塞，而是分布在内地互相警惕的藩镇军队之中。据现代研究估算，养兵每年花费两千万贯，相当于国家岁入的三分之二以上。[45]供养本镇军队，无疑是大部分节度使（尤其是中国北方的节度使）最大的支出项目。[46]与安史之乱爆发前几年一样，正规军主要由自愿应募组建。最庞大的潜在兵源，是无地而绝望的贫困人群，尤其是均田制崩溃、土地私有形成后，无法再从土地上谋生的农民。[47]一朝从军，这些人就成了全职的雇佣兵，基本完全依赖将领发给的军饷维持自己和家人的生计。军饷包括兵士的口粮、足量的制作冬春衣装的布绢，又有盐、酒、酱、醋之津贴。兵士还可能领取家属口粮。[48]除了常规的口粮，兵士还可获得各种加常例给赐。出征参战者有绢帛赏赐，立下战功者则另有赏赐。有的藩镇逢重大节庆和新节度使就任，兵士亦有赏赐。[49]精锐牙兵赏赐最为优厚，如守卫节度使衙署的徐州牙兵，日日宴饮不休。[50]

在晚唐的职业军队中，军饷是影响士兵忠诚的关键因素。怀有野心的将领欲代节度使自立，典型的做法就是贿赂本镇将士以获取支持。[51]相反，常例给赐稍有削减，便极易导致兵士哗乱。宣武军驻守大运河畔的汴州，尤以军乱而闻名。799年，文官陆长源接任宣武节度使后时犯了一个错误：不肯按惯例给兵士分赐布帛。由于军纪严苛，军中对陆长源怨恨不已，结果陆长源被愤怒的兵士杀害，脔而食之。[52]一位中国现代历史学家统计了晚唐藩镇军队爆发的九十九例兵变，其中引发兵士不满最常见的原因就是克扣军饷和赏赐不足。[53]

晚唐兵士的跋扈行径，“兵凌虐于吏，吏凌虐于将”，是中国社会史和政治史上的新发展。正如18世纪的历史学家赵翼所说：“秦汉六朝以来，有叛将无叛兵。至唐中叶以后，则方镇兵变比比而是。”[54]这种发展有诸多原因。兵士脱离农耕，聚居于军镇，完全靠从军服役维持生计。这些兵士地位优越，从而产生了强烈的集体认同感和集体利益感。一旦发现利益受到威胁，他们就会采取暴力行动。与魏晋南北朝时期的大批军人不同，他们并非半奴婢、身份世袭的群体，与自己的将领并无传统的人身依附关系。他们必然敏锐地意识到，将领们在多大程度上依赖他们生存。他们所处的社会，商业和市场交易的作用越发重要。下定决心为自己争取尽可能好的待遇，晚唐的职业军人变得像一个拥有特权和习惯寄生的社会阶层。有的部队具有世袭性质，儿子跟随父亲从军。一人战死沙场，其子嗣或兄弟可要求继承其军职和军饷。[55]即便年已老迈，无法上阵厮杀，士兵也不愿放弃饭碗。结果，在一些藩镇的军队中，大批士兵不适合服役。[56]裁撤军队的尝试往往会导致兵变。这时候退伍的军人就出现了一种令人忧虑的趋势——将落草为寇当作新的生计来源。[57]劫掠成性的雇佣兵本质上是晚唐新条件下的产物，是唐朝留给宋朝的部分遗产。在后来的中国历史上——包括20世纪上半叶——这个问题将反复出现。

安史之乱后的藩镇割据带来了许多其他的社会和经济影响，远远超出了军事范畴。和之前的众多王朝一样，唐朝试图保持政府对经济活动的高度控制。唐朝的创立者延续了“均田制”的土地分配法。这一制度最初是5世纪末北魏于中国北方所创。依照此法的规定，所有耕地都应归国家所有，并在公平的基础上定期重新分配给农户（每个成年男丁皆按标准分配，其家口和奴婢皆有补充分配)。相应地，农户有责任为国家承担徭役(或纳庸代役)，并为本户每个应纳税的男丁缴纳符合标准、数额固定的年赋。赋税通常是征收实物，即征收谷物和布绢。定额之外又有大量的苛捐杂税，实际情况并不总是遵循法令。但有充分的证据表明，“均田制”绝非仅存在于纸面上，唐朝前半期就曾真正实行过。[58]商业活动也受到官府法令的严格限制。从京师到县治，官府在所有城市中心的固定地点都设立了一个或多个官方市场，要求所有交易买卖都在这些市场内进行。这些市场受到官吏的密切监管。官吏强制市场使用标准的度量衡，确保交易只在每天的特定时间内进行，每隔十天确定(并公布)一次货物商品的公平市价。[59]并非所有的经济活动都受到官府监管。比如，当时有大量不属于官府管辖范围的小型非正规农村草市。官府也无法完全控制耕地占有和使用。豪富之家能够通过合法和非法的手段建立起大型庄园。纳税的农民(尤其是那些少地、无地者)逃亡浮浪，成为他们的佃客。早在安史之乱前几年，这一趋势已然全面展开。但在755年后出现的新政治格局中，中央朝廷对经济的控制力大幅减弱。

后安史之乱时代，新的各藩镇官署成为重要的经济主体。许多藩镇想方设法鼓励民众在藩内建立新的商业中心，作为新的税收来源，并将商业中心牢牢地掌控在自己手中。行政控制权下移促进了“经济活动的普遍增长”，大批非正规、不合法的农村草市最终发展成为重要的集镇。新的政治秩序对经济产生刺激作用的另一个原因，是当时地方所征税收中很大一部分用于藩镇，以供养节度使官署和军队。[60]安史之乱后，唐廷无力对中国大多数农户进行造籍、检括和直接征税。户籍人口从755年的近九百万户下降到760年的不足二百万户，从中可见这一发展变化何其明显。[61]趋势其实在安史之乱前便已出现。叛乱发生后，官府失去了依据“均田制”掌握和重新分配土地的能力，兼之私有土地交易的发展，趋势便更加明显。曾经使富户难以（但并非不可能）成为庄园主和地主的障碍，如今已基本消除。与此同时，后安史之乱时代的政治经济为人们创造了新的机会，使他们可以购地而蓄财。商人、武官、节度使僚属以及供职于专设新官署（如管理官府食盐专卖的盐铁监院）的官吏纷纷成为获益者。[62]

食盐专卖的产生，既是安史之乱所带来的结果（同样反映了当时的需求），也是唐帝国藩镇割据的后果。由于均田制基本上已衰败，直接税不再是一种选择，朝廷转而采用间接税。最早着手控制食盐的生产和分配是在756—758年，当时正值安史之乱的高峰，朝廷对财政收入的需求极为迫切。食盐专卖很快成为中央朝廷最重要的单一财政收入来源。到780年，食盐专卖占财政收入的50%以上（尽管后来变得不再如此重要）。食盐由官府盐工在沿海和内陆盐池的合适地点生产，然后以高出生产成本许多倍的价格卖给商人。盐铁监院主持这件事，其官员主要为商人而非传统士人出身，大有机会从中渔利。[63]各地藩镇同样为新人提供了机会，让他们升官发财。节度使通常有权任命自己的僚属和部下，这些任命自然为中央朝廷所照准。一般情况下，节度使选择任用武人和其他人等。这些人大多不曾读书，无门第阀阅，安史之乱前并无资格出仕任官。他们常将自己的俸禄（以及巧取豪夺所得）用来买地，从而促成了一个精英阶级的形成。这个精英阶级的基础更为广泛，人人读书受教，且拥有土地。宋朝即通过科举制度从这一精英阶级中选拔官员。[64]“规模扩大的士人地主阶级”后来一直是地方权力和官员选拔的来源，直到帝制中国日暮途穷之时。而更为活跃的商业经济和自由的土地买卖，后来也是从宋至清“帝制晚期中国”的重要特征。

不过，并非所有社会成员都能从晚唐的发展变化中平等受益。农民被课以重税，既要供养朝廷又要供养藩镇。负担最重者干脆被逼得落草为寇。到9世纪30年代和40年代，河南平原上小股盗匪横行，长江上则是江贼肆虐。859年，浙江沿海地区爆发了一场盗贼叛乱。这场叛乱虽规模更大，但范围仍局限于当地，直到次年才被官军镇压。868年夏，遥远的西南爆发了一场更为严重的起义。当初朝廷从河南藩镇调兵往西南戍边，守御强敌南诏。原定番期三年，这些兵士竟守边六年，超出一倍。于是，这些兵士在绿林出身的军吏影响下发生哗变。他们将一个名叫庞勋的粮料判官推为首领，沿汴河朝家乡旧镇北进，868年底成功拿下该镇首府徐州。虽然庞勋起义最终在869年秋失败，但这一事件对既定秩序来说绝非好兆头。乱兵在唐帝国内地长途转战，竟没有遭到官军的阻拦。而沙陀突厥（回鹘汗国灭亡后崛起成为蒙古草原上的重要力量）派来骑兵助战，为最终镇压庞勋起义发挥了重要作用。[65]

9世纪70年代初，干旱和饥荒导致河南农民起义频繁。绝望的农民壮大了义军的队伍。小股义军合成数百人的大股义军，开始攻城略地，与官军激战。虽然绝大多数义军来自农村社会的最底层，但首领多出身“地方豪强”之家，在乡里颇有资财和名望，有些人实际上读过诗书。[66]黄巢系科举落第，于878年崛起为义军领袖。他是曹州人，家中靠贩盐致富。“善击剑骑射，稍通书记，辩给，喜养亡命。”[67]到黄巢接掌义军之时，追随者已达数千人。875—878年，黄巢率义军在黄河和长江之间活动。后来在北方官军的镇压下，黄巢率部渡过长江一路向南，于879年夏洗劫了富甲一方的南海商港广州。黄巢又从广州再度北上，880年夏末，一位地方节度使让他畅通无阻地渡过了长江。官军将领和节度使开始将自己的利益置于朝廷利益之上，这并非首次如此。众多节度使避而不战，至少有一人放过了消灭黄巢的机会，原因是此人更怕朝廷而非义军得胜。[68]

由于各藩镇军队无意交战，880年底黄巢北上横扫河南，沿途招兵买马。他于12月22日攻占洛阳，然后立即西进，威胁长安。黄巢逼近京师，禁军核心神策军奉命前往潼关迎击。然而，此时的禁军已不再是唐德宗和唐宪宗时期令人生畏的强军。京城大批商人和富家子弟贿赂宦官，窜名神策军军籍，以获得诸如免除徭役之类的特权。如今临到上阵作战，他们居然雇人代替自己，雇来的多为老弱之人，根本不会操弄兵器。在1月的第一个星期，他们就被义军轻而易举地击溃。[69]唐僖宗循唐玄宗之旧例，逃往四川避难。1月8日黄巢进入长安，随即称帝，但天下并未归顺于他。部下的暴行，包括残杀大量精英士人，使黄巢失去了文人支持所赋予的合法性光环。黄巢在关中的军事地位也远未稳固。他盘踞京师一地，该地全被敌对的藩镇所包围。这些藩镇的军队使他无法控制农村。尽管粮草供给严重不足，黄巢的军队还是坚持到了883年。彼时朝廷召二十八岁的沙陀首领李克用率草原军队助战。良田坡一战，李克用和其他官军将领大败黄巢。黄巢于5月退出长安，向东撤退到河南。然而他却在河南碰壁。从前被黄巢任命为节度使的部下，如今早已见风使舵投靠了唐廷。黄巢又苦战了一年，但大军长围陈州而终不克，并在官军手中屡战屡败。最终，黄巢退到熟悉的家乡山东。884年夏，黄巢败死。[70]

885年，唐僖宗回銮长安。第一权宦田令孜在四川募得新军五万四千人，欲制服两名手握重兵的北方节度使，结果新军一战即被消灭。手中没有强大而能战的军队，唐僖宗及其继任者唐昭宗（888—904年在位）、唐哀帝（904—907年在位）都成了节度使手中的棋子。就所有的实际意图和目的而言，这些节度使都是独立的军阀。真正的权力掌握在约五十个不同的藩镇手中。[71]在军事化程度较低的南方，局势相对稳定。这里形成了数个享国时间较长、一心自守的政权，其地盘与现代省份对应如下——吴越（今浙江）、闽（今福建）和南汉（今广东）。其中“十国”之一的吴越，由乡兵团练的统帅所建。乡兵团练由地方精英组建而成，目的是在乱世中自保乡里。以自保为导向的地方军事化在四川也相当明显。[72]另一方面，北方的节度使为争权夺利而相互拼杀。到9世纪末，其中两个脱颖而出。一位是沙陀首领李克用，他迫使唐廷承认自己为河东节度使。另一位是黄巢的旧部朱全忠①，他镇守河南汴河的战略中心汴州。884年朱温背信弃义，欲谋害李克用而不成，两人遂成死敌。起初朱温占据上风，将势力扩展到华北平原大部，让唐朝的两位末代皇帝沦为自己的阶下囚。907年，朱温终于自立为帝，新朝国号为“梁”。然而，朱温于912年去世，其国祚并不长久。仅过了十一年，后梁就被李克用的继承人、后唐开国皇帝李存勖所灭。北方“五代”的其他三朝，即后晋（937—946年）、后汉（947—950年）和后周（951—960年），皆为短命的军事政权，都是通过一系列政变从后唐的遗体上产生的。宋朝则是以同样的方法从后周起家，但宋朝开国皇帝能够建立起一

① 原文如此，按照习惯下文皆以“朱温”相称。——译者注

套更为持久的帝国秩序，并于979年基本实现中国南北的重新大一统。[73]

何止是对于不稳定的五代政权，晚唐藩镇体制对于宋代的国家制度和政策也产生了重大影响。节度使一职是后梁和后唐开国皇帝取得皇权的跳板，他们的国家便成了一种大型的藩镇。朱温凭借强大的亲军维持对军队的掌控。他用主力军控制下属各藩镇，这与从前藩镇军队控制各州的手段大同小异。后唐的主要贡献是于926年置“侍卫亲军”。该军效仿唐朝节度使的精锐牙兵，但规模更大。后唐国主从而手握一支强大的军队，让下属节度使对自己矢忠不二。[74]这对于中央集权大业颇有裨益，但正如唐朝的藩镇一样，这样的做法也可能成为不稳定的根源。侍卫亲军统帅郭威发动兵变，结果后汉被后周取代。郭威创建了更为亲近的“殿前军”，使自己免遭“侍卫亲军”的类似算计，但无济于事。960年，郭威的继承人被殿前军统帅领导的政变推翻。[75]

这位殿前军统帅，便是宋朝开国皇帝赵匡胤。赵匡胤及其继任者最终通过一系列新的体制措施，成功将军队牢牢控制住。他们将中央禁军分为三个独立的部分（侍卫亲军、殿前军和精锐宿卫禁军），分属不同将领统辖，以制衡彼此。军队在京师和边塞之间轮换驻防，以破坏将领和部下的联系。作战部队由不同部分编成，既有中央禁军又有各州厢军。兵权被一分为二，一半归枢密院，负责调兵；一半归将领，负责领兵作战。

派亲信官员和宦官任监军更是理所当然。[76]从第二代皇帝宋太宗（976—997年在位）开始，宋朝就牢固确立了以文制武的原则。11世纪，任用文官掌握重兵变得十分普遍。宋朝君臣致力于严控军队，总体上大获成功。不过经常有人指出，这种成功是以军队战斗力下降为代价的。宋朝始终未能收复“燕云十六州”（即今北京、天津全境，以及山西、河北北部地区），10世纪上半叶这一地区被契丹所割占。1126年，来自中国东北地区的女真南侵，攻陷整个中国北方。1279年，整个中国被蒙古人统治。

晚唐军阀当道，凶险莫测的雇佣兵作为唐朝的部分遗产被五代和宋朝所继承，这显然是宋初统治者严控军队的原因之所在。[77]然而，除此之外，也有人指出，晚唐的混乱局面引发了“厌武情绪”（antimilitarist sentiment），并促成了“平民伦理”（civilian ethic）占据主导地位。这是一种对军人、军队以及所有与军事相关的事物的反感。从宋朝到20世纪，这一点被认为影响了中国人的态度和看法。[78]毕竟，我们在宋朝才有了一句名言：“好铁不打钉，好男不当兵。”[79]不过，厌武偏见是否真的盛行于帝制中国晚期，这是一个复杂的问题。即使我们将这一偏见抛开，“唐宋之交是人们对于武人态度发生变化的转折点”的说法似乎仍有些言过其实。唐初政治家魏徵拒绝观看舞者披甲持戟的表演，这种表演本是为了纪念唐太宗的武功。魏徵绝非同时代（或更早）唯一一位对军事表达不屑的士人。[80]安史之乱前后，都有读书人和文官统兵，但也有一

些人对统兵避之不及。 356

在其他方面，唐宋变革也并非明显的转折。军事技术中最重要的发展，即火药兵器的发明，似乎对战略和战争的基本模式影响甚微。[81]帝制中国早期的众多军事制度——如世袭军户和各种形式的乡兵组织——在唐宋之交后仍可见到。[82]士兵的数量确实增加了，到11世纪中叶增至一百二十五万人，到明朝（1368—1644年）后期增至四百万人。但这肯定与中国的人口增长有关，不能称之为“军事革命”。[83]几乎所有用来控制宋朝军队的各种制度性手段，无论是在汉、唐还是在南北朝时期，都有很好的先例。以“内”“外”军分割兵权早已老套，任命监军同样如此。府兵轮番制度让士兵和将领之间无法过于熟悉。唐代行军由不同部队编成，仅由一名将领统率出征一次。宋代以士人和文官掌兵权也并非全然创新。某些行为模式，如农村社会军事化以应对中央权力的崩溃，从上古直至20世纪初都可以看到。[84]重中之重或许在于，帝制中国晚期统治者所面临的基本问题，与汉唐所面临的问题没有本质区别：如何维持军事力量以守御边塞并镇压内部叛乱，而又不让这种力量对皇位构成威胁。

但是，军事面貌在宋朝和宋朝之后有所不同，朝廷做出的选择也不同。唐中期（即安史之乱前后）是这一变革的开始，宋朝的统一标志着变革完成。唐玄宗时期为最大限度提高边军战斗力，放松了原先的制度控制。但755年之后，通过这些手段获得的短暂成功付出了高昂的代价。割据和半割据的藩镇崛起，加之商业经济的兴起，让全职雇佣兵很快发展成为一个拥有自我意识和自我利益的政治集团。宋朝统治者的策略和宋朝精英的态度，便是对晚唐新军事形势的回应。策略搭配中基本没有全新的元素，不同之处便是整体搭配本身：如今严格系统地施加了一整套控制手法，以驾驭新型职业军人。从前对军事的鄙夷态度则被赋予了新的边界，在数量更为庞大的平民精英中流布得比从前更广。宋朝对唐朝危机的回应大体上是成功的。宋代文人对府兵制度的消亡甚感哀伤，并谴责彼时的雇佣兵：他们比之唐朝早期的兵农合一，战斗力低下且花费甚巨。这种哀悼和谴责一度蔚然成风。[85]不过，宋朝及其后继王朝没有再遭遇与安史之乱相提并论的军事叛乱，也没有再遭受像晚唐和五代时期那种武人政治的荼毒。宋朝和明朝虽未能再现唐太宗时期的赫赫武功，但它们能够在很长一段时间内与强大的草原对手相抗衡。朝代更替则必有军阀混战和天下裂变的中间期，但帝制中国再也没有经历类似从安史之乱到宋朝统一那样达两个世纪的长期分裂。

1 有关这些史实，见司马光：《资治通鉴》，第223卷，第7151—7157页。

2 司马光：《资治通鉴》，第223卷，第7157页。又见Michael T. Dalby, "Court Politics in Late T' ang Times," in Denis Twitchett(杜希德)(ed.), *The Cambridge History of China*, vol. 3: *Sui and T'ang China*, 589–906, Pt. 1 (Cambridge: Cambridge University Press, 1979), pp. 568–9。

3 《新唐书》，第50卷，第1338页；又见宋常廉：《唐代的马政》，《大陆杂志》第29卷1、2号（1964年7月15日，7月31日），第29—30页，第61页。

4 Dalby, "Court Politics in Late T' ang Times," p. 569.

5 已有大量文献论述了马匹对唐朝武运的影响。见陈寅恪：《论唐代之蕃将与府兵》，收入《陈寅恪先生文史论集》（香港：文文出版社，1972年），第2卷，第32页；李树桐：《唐代之军事与马》，第241页等；傅乐成：《回纥马与朔方兵》，见氏著《汉唐史论集》（台北：联经出版事业公司，1977年），第313—314页。

6 有关唐朝与回鹘关系，见Colin Mackerras(马克林), "The Uighurs," in Denis Sinor (ed.), *The Cambridge History of Early Inner Asia* (Cambridge: Cambridge University Press, 1990), pp. 317–42; Colin Mackerras(马克林), *The Uighur Empire According to the Tang Dynastic Histories* (Columbia, S.C.: University of South Carolina Press, 1973); 傅乐成：《回纥马与朔方兵》。

7 Edwin G. Pulleyblank(蒲立本), "The An Lu-shan Rebellion and the Origins of Chronic Militarism in Late T' ang China," in John Curtis Perry and Bardwell L. Smith (eds.), *Essays on T'ang Society* (Leiden: E. J. Brill, 1976), pp. 53–5; 司马光：《资治通鉴》，第218卷，第6983—6984页。

8 Hino Kaisaburo(日野开三郎), *Shina chūsei no gunbatsu* (Tokyo: Sanseido, 1942), p. 38; Kurihara Masuo(栗原益男), "An-Shi no ran to hanchin taisei no tenkai," in *Iwanami kōza: sekai rekishi*, vol. 6 (Tokyo: Iwanami shoten, 1970), p. 164。平卢镇是北方最大的藩镇，下辖十五州。南方也有数个较大的藩镇，但这些藩镇的军事化程度要低得多。

9 王寿南：《唐代藩镇与中央关系之研究》（台湾：嘉新水泥公司文化基金会，1968年），第115—116页；Hino(日野开三郎), *Shina chūsei no gunbatsu*, p. 37。

10 有关成德镇的史事，见《旧唐书》，第142卷，第3865—3892页。

11 《新唐书》，第212卷，第5983页；第213卷，第5989—5995页；吴廷燮：《唐方镇年表》（北京：中华书局，1980年），第4卷，第570页。

12 对这些地区差异的探讨，见Denis C. Twitchett(杜希德), "Varied Patterns of Provincial Autonomy in the T' ang Dynasty," in Perry and Smith, *Essays on T'ang Society*, pp. 98–102; 张国刚：《唐代藩镇研究》（长沙：湖南教育出版社，1987年），第23—25页。

13 司马光：《资治通鉴》，第222卷，第7144页；第225卷，第7250页；第226卷，第7277页；《旧唐书》，第141卷，第3838页。

14 Hori Toshikazu(堀敏一), "Hanchin shineigun no kenryoku kōzō," Tōyō bunka kenkyūjō kiyō, *No. 20 (March 1960)*, p. 90。

15 司马光：《资治通鉴》，第249卷，第8077页；第250卷，第8079页。

16 Hino(日野开三郎), *Shina chūsei no gunbatsu*, pp. 67–8。

17 严耕望：《唐代方镇使府僚佐考》，见氏著《唐史研究丛稿》（香港：新亚研究所，1969年），第219页；张国刚：《唐代政治制度研究论集》，第162页，第164—165页。

18 Hino(日野开三郎), *Shina chūsei no gunbatsu*, pp. 48–55; Charles A. Peterson(毕德森), "Regional Defense against the Central Power: The Huai-hsi Campaign, 815–817," in Frank A. Kierman, Jr. and John K. Fairbank (eds.), *Chinese Ways in Warfare* (Cambridge, Mass.: Harvard University Press, 1974), pp. 146–8。

19 Hino(日野开三郎), *Shina chūsei no gunbatsu*, pp. 36, 50, 55–6;《旧唐书》，第44卷，第1923

页；杜佑：《通典》，第33卷，第909页。在较为跋扈的河北藩镇，节度使用亲信军人同时兼任兵马使和刺史，这种情况并不鲜见。

20 Hori（堀敏一），"Hanchin shineigun no kenryoku kōzō," pp. 82–3。

21 Hino（日野开三郎），*Shina chūsei no gunbatsu*, pp. 140–1。

22 司马光：《资治通鉴》，第238卷，第7694页；第265卷，第8644页，第8656—8657页；《旧唐书》，第141卷，第3838页；第181卷，第4686—4688页，第4690页，第4692页。

23 见Hori（堀敏一），"Hanchin shineigun no kenryoku kōzō," pp. 103–20。

24 有关这一问题的进一步研究，见Kurihara Masuo（栗原益男），"Tō Godai no karifushi teki ketsugono seikaku," pp. 514–43; Yano Chikara（矢野亲良），"Tōdai ni okeru kashisei ni tsuite," in *Shigaku kenkyū kinen ronsō* (Kyoto: Ryūgen shoten, 1950), pp. 231–57。

25 Charles A. Peterson（毕德森），"The Autonomy of the Northeastern Provinces in the Period Following the An Lu-shan Rebellion" (Ph.D. dissertation, University of Washington, 1966), pp. 141–2.

26 严耕望：《唐代方镇使府僚佐考》，第220—225页；张国刚：《唐代藩镇研究》，第169—170页。

27 张国刚：《唐代藩镇研究》，第110页。

28 张国刚：《唐代监军制度考论》，第123—127页。

29 司马光：《资治通鉴》，第235卷，第7580页；《新唐书》，第50卷，第1334页；宋敏求等编：《唐大诏令集》，第2卷，第12页。

30 有关神策军最全面的现代研究，见何永成：《唐代神策军研究》（台北：台湾商务印书馆，1990年）。

31 对于唐廷与将领之间紧张关系的研究，见Pulleyblank（蒲立本），"The An Lu-shan Rebellion and the Origins of Chronic Militarism in Late T' ang China," pp. 54–8; Charles A. Peterson（毕德森），"P' u-ku Huai-en and the T' ang Court: The Limits of Loyalty," *Monumenta Serica*, 29 (1970–1), pp. 423–55; 王吉林：《唐代的朔方军与神策军》，收入《第一届国际唐代学术会议论文集》（台北："中华民国"唐代学者联谊会，1989年），第914—921页；章群：《仆固怀恩与李怀光的反叛》，收入许倬云等：《中国历史论文集》（台北：台湾商务印书馆，1986年，第87—119页）。

32 《旧唐书》，第170卷，第4413页等；《新唐书》，第173卷，第5209页等。

33 《旧唐书》，第118卷，第3417页。

34 《旧唐书》，第157卷，第4150—4151页。

35 《旧唐书》，第161卷，第4237页。从唐初到唐末，有关军事精英的变化和统兵作战空谈化的更详细研究，见David A. Graff, "The Sword and the Brush: Military Specialisation and Career Patterns in Tang China, 618–907," *War and Society, 18.2 (October 2000)*, pp. 9–21。

36 Dalby, "Court Politics in Late T' ang Times," pp. 582–3;《旧唐书》，第142卷，第3872—3873页。

37 有关这些史实，见司马光：《资治通鉴》，第228卷，第7351—7368页；第229卷，第7369—7375页。

38 司马光：《资治通鉴》，第231卷，第7432页；《旧唐书》，第143卷，第3898页。

39 顾炎武：《日知录集释》（台北：世界书局，1968年），第1卷，第220—221页。

40 有关这些史实，见Charles A. Peterson（毕德森），"Regional Defense against the Central Power: The Huai-hsi Campaign, 815–817," pp. 123–50。李愬雪夜取蔡州，见司马光：《资治通鉴》，第240卷，第7740—7743页。

41 《旧唐书》，第129卷，第3611页。

42 Dalby, "Court Politics in Late T' ang Times," pp. 637–8.

43 例如位于山西东南的“忠顺”藩镇泽潞镇，9世纪40年代初也反叛过朝廷。 360

44 Hino(日野开三郎), *Shina chūsei no gunbatsu*, pp. 209–10。

45 方积六:《关于唐代募兵制度的探讨》,《中国史研究》, 1988年, 第3期, 第110—120页。

46 张国刚:《唐代藩镇研究》, 第71—73页。

47 Kurihara(栗原益男), “An Shi no ran to hanchin taisei no tenkai,” pp. 165–6; Hino(日野开三郎), *Shina chūsei no gunbatsu*, pp. 59, 209。

48 张国刚:《唐代的健儿制》, 第106—107页; 司马光:《资治通鉴》, 第225卷, 第7245页。有史料表明, 安史之乱期间每个兵士的军饷标准是粟米7.2石 (432升)、绢六匹和布六匹。见李筌:《太白阴经》, 第5卷, 第558—559页, 第561页。

49 方积六:《关于唐代募兵制度的探讨》, 第114—115页。

50 《旧唐书》, 第19卷上, 第653页;Hori(堀敏一), “Hanchin shineigun no kenryoku kōzō,” pp. 91–3。

51 如见司马光:《资治通鉴》, 第230卷, 第7413页。

52 《旧唐书》, 第145卷, 第3937—3938页

53 张国刚:《唐代藩镇研究》, 第106页; 又见王寿南:《唐代藩镇与中央关系之研究》, 第228页。

54 赵翼:《廿二史札记》(台北: 鼎文书局, 1975年), 第20卷, 第267页。又见司马光:《资治通鉴》, 第220卷, 第7065—7066页。

55 方积六:《关于唐代募兵制度的探讨》, 第116页; 张国刚:《唐代的健儿制》, 第108页。

56 方积六:《关于唐代募兵制度的探讨》, 第115—116页。

57 张国刚:《唐代藩镇研究》, 第74页;Hino(日野开三郎), *Shina chūsei no gunbatsu*, p. 214。

58 Twitchett(杜希德), *Financial Administration under the T'ang Dynasty*, pp. 1–9, 24–34.

59 Denis Twitchett(杜希德), “The T' ang Market System,” *Asia Major* (new series), 12.2 (1966), pp. 221, 243–8.

60 Twitchett(杜希德), “The T' ang Market System,” pp. 240–1.

61 Twitchett(杜希德), *Financial Administration under the T'ang Dynasty*, p. 17.

62 Denis Twitchett(杜希德), *The Birth of the Chinese Meritocracy: Bureaucrats and Examinations in T'ang China. The China Society Occasional Papers*, No. 18 (London: The China Society, 1976), pp. 31–2.

63 Twitchett(杜希德), *Financial Administration under the T'ang Dynasty*, pp. 50–8.

64 Twitchett(杜希德), *The Birth of the Chinese Meritocracy*, pp. 31–2。有关从晚唐到宋朝精英阶层特点变化的概述, 见Peter K. Bol(包弼德), *“This Culture of Ours”: Intellectual Transitions in T'ang and Sung China* (Stanford, Ca.: Stanford University Press, 1992), pp. 36–75。

65 见Robert des Rotours(戴何都), “La Révolte de P' ang Hiun (868–69),” *T'oung Pao*(《通报》), 56(1970), pp. 229–40。

66 Robert M. Somers, “The End of the T' ang,” in Denis Twitchett(杜希德) (ed.), *The Cambridge History of China*, vol. 3, pp. 720–26.

67 见《新唐书・黄巢传》, 雷斐氏 (Howard S. Levy) 译 (Berkeley and Los Angeles: University of California Press, 1961), p. 8, and p. 46, n. 3。

68 Somers, "The End of the T'ang," p. 741.

69 司马光:《资治通鉴》, 第254卷, 第8237—8239页;Liu Yat-wing(廖日荣), "The Shen-ts' e Armies and the Palace Commissions in China, 755–875 A.D." (Ph.D. dissertation, University of London, 1970), pp. 394–5。

70 有关这些史实更详细的论述, 见Somers, "The End of the T' ang," pp. 745–62。

71 Somers, "The End of the T' ang," pp. 762–81.

72 Tanigawa Michio(谷川道雄), "Tōdai no hanchin ni tsuite: Sessai no ba' ai," Shirin, 35.3 (October 1952), pp. 87–8; Kurihara Masuo(栗原益男), "Tōmatsu no dogōteki zaichi seiryoku ni tsuite: Shisen no I Kunsei no ba' ai," *Rekishigaku kenkyū*, No. 243 (1960), pp. 1–14.

73 五代政治史研究的上佳之作, 见Wang Gungwu(王赓武), *The Structure of Power in North China during the Five Dynasties* (Stanford, Ca.: Stanford University Press, 1967)。

74 Wang(王赓武), *The Structure of Power*, pp. 3–6, 149, 158, 160–1.

75 John Richard Labadie(约翰・理查德・拉巴迪), "Rulers and Soldiers: Perception and Management of the Military in Northern Sung China (960–ca. 1060)" (Ph.D. dissertation, University of Washington, 1981), pp. 33–4; Edmund H. Worthy(埃德蒙・H.沃西), Jr., "The Founding of Sung China, 950–1000: Integrative Changes in Military and Political Institutions" (Ph.D. dissertation, Princeton University, 1975), pp. 106–7.

76 Worthy(沃西), "The Founding of Sung China," pp. 138–9, 173, 187–9, 195–7, 243–4; 王曾瑜:《宋朝兵制初探》(北京: 中华书局, 1983年), 第1页, 第3—4页, 第32—33页, 第61页。

77 比如, 可见Labadie(拉巴迪) 所引监察御史李京之论, "Rulers and Soldiers," pp. 111–112。

78 Pulleyblank(蒲立本), "The An Lu-shan Rebellion and the Origins of Chronic Militarism in Late T' ang China," pp. 35, 59–60.

79 Labadie, "Rulers and Soldiers," p. 5.

80 李昉编:《太平广记》, 第203卷, 第1534页。有关文人的态度, 又见McMullen(麦大维), "The Cult of Ch' i T' ai-kung and T' ang Attitudes to the Military," pp. 59–103。

81 Edward L. Dreyer, "Military Continuities: The PLA and Imperial China," in William W. Whitson (ed.), *The Military and Political Power in China in the 1970's* (New York: Praeger, 1972), pp. 3–24.

82 比如, 明朝有军户制度。见Romeyn Taylor, "Yüan Origins of the Ming Wei-so System," in Charles O. Hucker(贺凯)(ed.), *Chinese Government in Ming Times: Seven Studies* (New York: Columbia University Press, 1969), pp. 23–40。

83 有关11世纪的士兵数量, 见拉巴迪 (Labadie), "Rulers and Soldiers," p. 47; 有关明代的士兵数量, 见Hucker(贺凯), *A Dictionary of Official Titles in Imperial China*, p. 79。

84 见Philip A. Kuhn(孔飞力), *Rebellion and its Enemies in Late Imperial China: Militarization and Social Structure, 1796–1864* (Cambridge, Mass.: Harvard University Press, 1970); Perry (裴宜理), *Rebels and Revolutionaries in North China*。

85 例如可见欧阳修之论,《新唐书》, 第50卷, 尤见第1323—1324页, 第1328页; 章如愚:《群书考索续集》, 四库全书版 (台北: 台湾商务印书馆, 1983年), 第43卷, 第7页下; 马端临:《文献通考》, 四库全书版 (台北: 台湾商务印书馆, 1983年), 第154卷, 第28页下等。

Conclusion

结论

在本书所涵盖的六个世纪里，中国历经了从西晋统一天下，到北方游牧民族入据北方和随之而来的南北分裂，再到隋唐重新大一统的历史进程。755年安史之乱后，天下再度陷入分裂和内战，直到960年宋朝建立后才恢复统一。在这六百年的大部分时间里，中国并不太平，统治者和上层精英变动剧烈。这一时期，朝代和政权更替频繁，都是通过刀兵相见得以实现。无论举兵造反、发兵入侵还是政变夺权，概莫能外。天下统一时，强大的王朝向外扩张势力，征服邻近的政权和部族。天下分崩时，各地区政权之间相互攻伐。战争及备战工作对国家和王朝的命运、制度结构、社会秩序以及普通百姓的生活都产生了重大而多方面的影响。

军事决定了中国的百姓是生活在一个统一、繁荣与（相对）和平的帝国之中，还是生活在一系列混战不休、饱受劫掠和侵袭的地区性小国之中。西晋帝国开创了中古时代，其崩溃或应归咎于军事制度（宗室诸王掌军，世兵部曲父子相袭，并且严重依赖帝国内外草原民族的骑兵），更是由诸王内战所引发。西晋灭亡的后果影响深远。帝国四分五裂，北方沦陷于胡人之手，大量人口从北方平原迁往长江流域，以逃避遍地的战乱。天下重归于一统，则是从西魏/北周政权开始，由后继者隋唐完成的。统一也是用兵征伐和军事制度新发展的结果。尤其重要的是，西魏和北周创立了府兵制。府兵制最初是宇文泰领导的关西政权在兵力寡不敌众之下所采取的权宜之策。通过吸收汉人地方精英和农民，宇文泰的继任者得以建立起一支强大且性价比颇高的军队。同样，其结果影响深远。这支新军使北周得以于577年平定华北平原，使隋朝能够于589年平定南方，更促成了精悍刚健的汉人—鲜卑混血贵族的出现。隋朝和唐朝初年，他们统治着整个中国。统一进程的最终受益者并非隋朝，而是唐朝，这也是用兵征战的结果：612—614年，隋炀帝大举出兵征伐高句丽，结果付出了惨重代价，战事以失败告终。隋炀帝威望扫地，隋帝国土崩瓦解。

唐代中期的危机及其后果，则是战争及备战工作影响中国中古政治和社会结构以及百姓生活的又一例证。755年边将安禄山大举叛乱，便是由新的军事制度促成的。所谓新的军事制度，即为了满足8世纪上半叶边防的需要，建立起强大的常备军，全由长期服役的老兵组成。就这一点而言，结果也是影响深远的。安史之乱削弱了唐廷的权威，使唐帝国陷入严重的分裂。这种局面促使市场经济更加蓬勃地发展，促成了土地私有的出现，更推动了出身不同的新官僚地主精英的迅速崛起。事实上，直到20世纪，这些仍然是宋、明、清三代中国社会的重要特征。

在本书所探讨的六个世纪里，世界其他地方风云激荡。仅就欧亚大陆的西部边缘而言，本研究开始的公元300年前后，恰逢戴克里先和君士坦丁统治下的晚期罗马帝国复兴。随后的几个世纪，人们见证了西罗马帝国的衰亡，日耳曼诸侯统治下的诸多地区性小国继承罗马帝国的遗产纷纷建立，以及东罗马帝国皇帝查士丁尼从蛮族手中收复意大利和非洲的努力。7世纪则见证了阿拉伯人从沙漠故土惊人地崛起，攻灭萨珊波斯帝国，从东罗马帝国手中夺取埃及、叙利亚和北非，让穆斯林哈里发的帝国成为世界上的一大强国。8世纪更见证了法兰克人的加洛林王朝崛起，查理曼大帝开疆拓土和复兴西罗马帝国的功业达到顶峰。9世纪北欧人和马扎尔人劫掠而来。本书的结尾，大致与维京人围攻巴黎、查理三世(Charles the Fat)遭废黜从而导致查理曼帝国永久分裂相吻合。在东地中海，东罗马帝国(即拜占庭帝国)经历着武运的一度复兴，而阿拉伯帝国则开始了长期的衰落。

这一时期，中国人的战争经历究竟有多独特？中国人的战争经历与欧亚大陆另一端的人的战争经历有何共同之处，又有何不同之处？要回答这一问题，第一步是缩小比较范围。中国是否可以与戴克里先和君士坦丁的罗马帝国、墨洛温王朝的法兰克王国、查理曼帝国、撒克逊人的英格兰、伦巴第人的意大利、西哥特人或穆斯林的西班牙、阿拉伯帝国、查士丁尼及其继任者的东罗马帝国相提并论？最接近的对比，似乎是东罗马帝国，尽管其人口只是中国的一小部分，且疆域面积小得多。与中国中古时期的大多数政权一样，拜占庭帝国既专制又官僚，拥有一套复杂的行政管理体制，由文化水平极高的官员组成。正如中国中古诸政权是前代王朝和中国上古文明的继承者一样，拜占庭人（从未放弃自称“罗马人”）是希腊罗马文化传统和罗马帝国政治遗产的直接继承者。与拜占庭帝国和中国形成鲜明对比，中世纪早期“没有一个西欧君主”“掌握一支有组织、有文化的公务员队伍，能够在全国范围内处理财政事务”。[1]

在很大程度上，拜占庭人应该对中国中古时期的军事器具和技术很熟悉（反之亦然）。双方的军事技术水平基本相同。中国军队和拜占庭军队都依靠由骑射手和长枪甲骑组成的骑兵队作为主要打击力量，而以装备长枪、刀剑和弓箭的步兵作为支撑。隋唐帝国和拜占庭帝国有许多具体的军事实践，如军队行进时如何保护辎重，都非常相似。[2]两种文明都继承了大量关于战争艺术的文献。中古中国有战国时期的经典论著，最著名的即《孙子兵法》。而拜占庭继承了公元前4世纪希腊撰写兵法的传统，战术家埃涅阿斯（Aeneas）、阿斯克列庇欧多图斯（Asclepiodotus）、奥纳桑德（Onasander）和波利亚努斯（Polyaeus）等人的著作皆传世。[3]除此之外，拜占庭人也撰写了大量的军事论著，包括一般认为是由皇帝莫里斯和利奥六世所作的兵书。这些兵法论著自由地相互借鉴，并借鉴了希腊化时期和罗马时期的早期希腊传统。有现代权威人士称，所有希腊和拜占庭的军事著作都属于一个单一、完整的传统。[4]和中国一样，拜占庭帝国与古代没有彻底断裂，古人积累的智慧总是可供参考。

中国人和拜占庭人对战争也持有一些共同的态度。对两个帝国的军人来说，战争不仅仅是对力量和勇气的一场考验，而且是一种需要运用智慧、诡诈和计谋来获得一切可能优势的行为。战争本身不是目的，不是展示自己男子汉气概或证明自己在社会中享有特权地位的机会。战争被视为一项严肃而危险的事业，不可轻举妄动。古代道家经典《老子》中有一句名言："夫兵者，不祥之器。"这一说法得到了6世纪中叶一位拜占庭军事论著作者的回应。这位佚名作者写道："战争是一种巨大的邪恶，是万恶之首。"[5]在这两种文化中，将领都试图推迟交战时间直到时机成熟，通过奇谋妙计提高成功的可能性。战斗要在最有利的条件下进行。正如这位佚名的拜占庭作者所说："如果双方的条件平等，胜利花落谁家都是一样的。我们不应在敌人某些方面变得弱于我们之前投入战斗。"此人和同时代的唐朝将领李靖都列出了最有可能攻敌得手的情况。[6]

中国和拜占庭帝国都发现，防御来自邻近草原游牧民族的入侵，是最严重和最棘手的军事问题之一。无论这意味着借鉴游牧民族的军事技术，还是发展出新的手段以抵抗游牧民族，两大文明都深受这种接触的影响。[7]中国兵士和拜占庭军人最喜欢的草原战术是佯装逃跑，将敌人引入埋伏，或者杀敌人一个回马枪。[8]

拜占庭帝国和中古中国之间也存在着显著差异。这些不是体现在战争的语用学中，而是体现在国家的文武权力关系中。中古中国当然也有军队违命不从。南北分裂时期，南朝大多是被将领叛乱或政变推翻的。安史之乱后，各藩镇的职业军队频繁逐杀本镇节度使，有时甚至为了保住自己习以为常的特权而反叛朝廷。直到唐朝末期，节度使才变得强大到足以废黜皇帝。但随后的五代时期，藩镇的军人政治转移到权力中心，彼时中国北方一个又一个短命的王朝都是被军事政变推翻的。然而，与拜占庭帝国的情况相比，中国的军队及其将帅算是相对温和的。正如沃伦·特里德戈尔德（Warren Treadgold）指出："一个人成为皇帝靠的是军队的欢呼，而不是加冕或继承。军队推翻了二十几位统治者，还试图推翻更多。"[9]相较之下，唐朝皇帝基本上都是通过和平继承而即位，很少有人（如果真有）受到军队（而非恰好手握些许甲兵的宦官、节度使和宗室诸王）

的挑战。

近三分之二的拜占庭皇帝即位前曾是带兵的将领，在位的皇帝亲自率军出征作战是常事。[10]这在中古中国并非常态。皇帝身为武士，亲自统率三军，这是南北分裂时期的常见模式，尤其是在受胡人影响的北方。但是，值得注意的是，汉代真正领兵作战的皇帝只有刘邦和刘秀，分别是西汉和东汉的缔造者。两人的继任者不是将领。他们通过礼制仪轨、祥瑞天兆和朝廷官僚制度从都城进行统治。即使在南北分裂时期，南朝的统治者通常也遵循此种模式。6世纪末天下重归于一统后，隋炀帝和唐太宗李世民派重兵征伐高句丽，大大超出汉代模式。这代表了北亚统治思想在中国北方混血精英中的持久影响。唐太宗时期，草原的影响并没有持续下去。后来的唐朝皇帝偶有谈及御驾亲征，但实际上无人付诸实践。皇帝再度通过礼制仪轨、祥瑞天兆和朝廷官僚制度，在宫中行使统治权。这一结果表明，承自古代的神圣王权传统具有巨大的持久影响力，儒家通过道德榜样和适当的礼制仪轨来实现治国理想。就连中国历史上最伟大的战士之一唐太宗，也认为应在朝廷中适当平衡文武。[11]

我们可以大致称之为“儒家价值观”的影响远远超出了宫廷范畴。一个运转有效、实行文治的国家行政体系的存在，便消除了以封建形式授予地方精英土地和权力的必要性。这有助于确保中古中国不会发展出真正的军事贵族。精英家族觉得有必要使用武力时，自会出手。但这并未成为其阶级身份的核心要素，也无法让其获取更高的地位。即使在西魏和北周的统治下，西北地区出现了强大的混血贵族，他们精于骑射、热衷于谋取权力和极具军事领导才能，但也只维持了数代而已。在唐朝统一的变局之下，这些混血贵族的家族子弟中很快开始出现文官和饱学之士，而不再是武士。尽管中国中古时期战乱不断，但古代的文化遗产使得战争的军事意义与拜占庭帝国或拉丁化的西欧截然不同。 370

1 Beeler, *Warfare in Feudal Europe*, p. 11.

2 *Three Byzantine Military Treatises trans.* by George T. Dennis (Washington, D.C.: Dumbarton Oaks, 1985), p. 279; 司马光:《资治通鉴》, 第181卷, 第5660页。

3 对这些构成希腊—拜占庭军事传统的兵书进行完整列表，见Alphonse Dain(阿尔方索·戴恩), “Les Stratégistes byzantins,” *Travaux et Mémoires*, 2 (1967), pp. 317–92。

4 Dain, “Les Stratégistes byzantins,” p. 319; 又见Dain, “La Tradition des strategists byzantins,” *Byzantion*, 20 (1950), p. 315。

5 *Tao Te Ching* (《道德经》), trans. by D. C. Lau (Harmondsworth: Penguin, 1985), p. 89; *Three Byzantine Military Treatises*, p. 21.

6 *Three Byzantine Military Treatises*, pp. 103–5;《通典》, 第150卷, 第3839页, 第3842页。

7 有关草原民族对拜占庭军事的影响，见Eugène Darkó, “Influences touraniennes sur l’ évolution de l’ art militaire des Grecs, des Romains, et des Byzantins,” *Byzantion*, 10 (1935), pp. 443–69。

8 *Maurice’s Strategikon*, pp. 52–3。中国历史上的例子不胜枚举。

9 Treadgold, *Byzantium and its Army*, p. 1.

10 Treadgold, *Byzantium and its Army*, p. 1.

11 《唐太宗集》(西安: 陕西人民出版社, 1986年), 第122页。

Bibliography

参考书目

卷二　南朝　三

原始资料和传统史籍

班固:《汉书》，北京：中华书局，1962年。

Biography of Huang Ch'ao. Translated by Howard S. Levy. Berkeley and Los Angeles: University of California Press, 1961.

Chan-Kuo Ts'e. Translated by J. I. Crump, Jr. Oxford: Clarendon Press, 1970.

邓泽宗:《李靖兵法辑本注译》，北京：解放军出版社，1990年。

杜佑:《通典》，北京：中华书局，1988年。

范晔:《后汉书》，北京：中华书局，1965年。

房玄龄等:《晋书》，北京：中华书局，1974年。

顾炎武:《日知录集释》，台北：世界书局，1968年。

顾祖禹:《读史方舆纪要》，光绪五年（1879年）四川桐华书屋版，台北：新兴书局翻印，1967年。

李百药:《北齐书》，北京：中华书局，1972年。

李昉:《太平广记》，北京：人民文学出版社，1959年。

李昉等:《太平御览》，收入《国学基本丛书》，台北：新兴书局，1959年。

李昉等编:《文苑英华》，台北：华文书局，1965年。

李吉甫编:《元和郡县图志》，北京：中华书局，1983年。

李林甫等:《唐六典》，东京：广池学园出版部，1973年。

李筌:《太白阴经》,《中国兵书集成》第2卷，北京：解放军出版社；沈阳：辽沈书社，1988年。

李延寿:《北史》，北京：中华书局，1974年。

李延寿:《南史》，北京：中华书局，1975年。

令狐德棻:《周书》，北京：中华书局，1971年。

刘仲平:《尉缭子今注今译》，台北：台湾商务印书馆，1975年。

Liu I-ch' ing. *Shih-shuo hsin-yü: A New Account of the Tales of the World.* Translated by Richard B. Mather. Minneapolis: University of Minnesota Press, 1976.

刘昫等:《旧唐书》，北京：中华书局，1975年。

Loewe, Michael. *Records of Han Administration.* Cambridge: Cambridge University Press, 1967.

马端临:《文献通考》，四库全书版，台北：台湾商务印书馆，1983年。

Maurice's Strategikon: Handbook of Byzantine Military Strategy. Translated by George T. Dennis. Philadelphia: University of Pennsylvania Press, 1984.

欧阳修:《新唐书》，北京：中华书局，1975年。

董诰编:《全唐文》，台北：经纬书局，1965年。

沈约:《宋书》，北京：中华书局，1974年。

司马光:《资治通鉴》，北京：古籍出版社，1956年。

司马迁:《史记》，北京：中华书局，1959年。

——*Records of the Grand Historian.* Translated by Burton Watson. Hong Kong: Columbia University Press, 1993.

Sun Tzu. *The Art of War*. Translated by Samuel B. Griffith. New York: Oxford University Press, 1971.

《孙子校释》，吴九龙等，北京：军事科学出版社，1990年。

宋敏求等编：《唐大诏令集》，北京：商务印书馆，1959年。

王溥编：《唐会要》，北京：中华书局，1990年。

《唐律疏议》，上海：商务印书馆，1933年。

《唐太宗集》，西安：陕西人民出版社，1986年。

毛汉光等：《唐代墓志铭汇编附考》，台北："中研院"史语所，1984—1994年。

Tao Te Ching. Translated by D. C. Lau. Harmondsworth: Penguin, 1985.

The Seven Military Classics of Ancient China. Translated by Ralph D. Sawyer. Boulder, Colo.: Westview Press, 1993.

Three Byzantine Military Treatises. Translated by George T. Dennis. Washington, D.C.: Dumbarton Oaks, 1985.

Traité des examens. Translated by Robert des Rotours. Paris: Librairie Ernest Leroux, 1932.

Traité des fonctionnaires et Traité de l'armée. Translated by Robert des Rotours. Leiden: J. Brill, 1947.

王钦若等：《册府元龟》，台北：台湾中华书局，1967年。

王应麟：《玉海》，至元三年（1337年）版翻印；台北：华文书局，1964年。

魏收：《魏书》，北京：中华书局，1974年。

魏徵等：《隋书》，北京：中华书局，1973年。

温大雅：《大唐创业起居注》，上海：上海古籍出版社，1983年。

吴兢：《贞观政要》，上海：上海古籍出版社，1978年。

萧子显：《南齐书》，北京：中华书局，1972年。

Xu Song. *Tang liang jing chengfang kao* (A study of the walls and wards of the two Tang capitals). In Tōdai no Chōan to Rakuyō (Tang dynasty Chang'an and Luoyang), edited by Hiraoka Takeo. Kyoto: Jimbunkagaku kenkyūsho, Kyoto University, 1956.

姚思廉：《陈书》，北京：中华书局，1972年。

姚思廉：《梁书》，北京：中华书局，1973年。

Yen Chih-t'ui. *Family Instructions for the Yen Clan* (*Yen-shih chia-hsün*). Translated by Teng Ssu-yü. *T'oung Pao* Monographs, vol. 4. Leiden: E. J. Brill, 1968.

曾公亮：《武经总要》，《中国兵书集成》第3卷，北京：解放军出版社；沈阳：辽沈书社，1988年。

章如愚：《群书考索续集》，四库全书版，台北：台湾商务印书馆，1983年。

赵翼：《廿二史札记》，台北：鼎文书局，1975年。

参考文献

Andreski, Stanislav. *Military Organization and Society*. Berkeley and Los Angeles: University of California Press, 1971.

Asami Naoichirō. "Yōdai no dai ichi ji Kōkuri enseigun: sono kibo to heishu" (Yangdi's first Koguryŏ expedition: its scale and troop types). *Tōyōshi kenkyū,* 44.1 (June 1985), pp. 23–44.

Bachrach, Bernard S. "Charlemagne's Cavalry: Myth and Reality." *Military Affairs*, 47.4 (December 1983), pp. 181–7.

Barfield, Thomas J. *The Perilous Frontier: Nomadic Empires and China, 221 BC to AD 1757*. Oxford: Basil Blackwell, 1989.

Barnes, Gina L. *The Rise of Civilization in East Asia: The Archaeology of China, Korea and Japan*. London: Thames and Hudson, 1999.

Beckwith, Christopher I. *The Tibetan Empire in Central Asia*. Princeton, N.J.: Princeton University Press, 1987.

Beeler, John. *Warfare in Feudal Europe, 730–1200*. Ithaca and London: Cornell University Press, 1971.

Bielenstein, Hans. "The Census of China during the Period 2–742 A.D." *Bulletin of the Museum of Far Eastern Antiquities* (Stockholm), 19 (1947), pp. 125–63.

——*The Restoration of the Han Dynasty*, vol. 2: *The Civil War*. In *Bulletin of the Museum of Far Eastern Antiquities* (Stockholm), 31 (1959), pp. 1–287.

——*The Bureaucracy of Han Times*. Cambridge: Cambridge University Press, 1980.

Bingham, Woodbridge. *The Founding of the T'ang Dynasty: The Fall of Sui and Rise of T'ang*. Baltimore: The Waverly Press, 1941. Reprint, New York: Octagon Books, 1970.

Black, Jeremy. "Global Military History: The Chinese Dimension." In *Warfare in Chinese History*, edited by Hans van de Ven, pp. 428–42. Leiden: E. J. Brill, 2000.

Bol, Peter K. *"This Culture of Ours": Intellectual Transitions in T'ang and Sung China*. Stanford, Ca.: Stanford University Press, 1992.

Boodberg, Peter A. "The Art of War in Ancient China." Ph.D. dissertation, University of California, 1930.

—— "Marginalia to the Histories of the Northern Dynasties." In *Selected Works of Peter A. Boodberg*, compiled by Alvin P. Cohen, pp. 265–349. Berkeley and Los Angeles: University of California Press, 1979.

岑仲勉:《府兵制度研究》, 上海: 上海人民出版社, 1957年。

岑仲勉:《通鉴隋唐纪比事质疑》, 北京: 中华书局, 1964年。

Chang, Chun-shu(张春树). "Military Aspects of Han Wu-ti's Northern and Northwestern Campaigns." *Harvard Journal of Asiatic Studies*, 26 (1966), pp. 148–73.

陈宝秋:《中国历代兵役制度》, 台北: 华世出版社, 1981年。

陈寅恪:《唐代政治史述论稿》, 北京: 生活·读书·新知三联书店, 1956年。

陈寅恪:《论唐代之蕃将与府兵》, 收入《陈寅恪先生文史论集》(香港: 文文出版社, 1972年, 第2卷, 第27—40页。

陈寅恪:《魏晋南北朝史讲演录》, 万绳楠整理, 合肥: 黄山书社, 1987年。

Clark, Colin, and Margaret Haswell. *The Economics of Subsistence Agriculture*. 4th edn. London: St Martin's Press, 1970.

Contamine, Philippe. *War in the Middle Ages*. Translated by Michael Jones. Oxford: Basil Blackwell, 1984.

Crowell, William G. "Northern Émigrés and the Problems of Census Registration under the Eastern Jin and Southern Dynasties." In *State and Society in Early Medieval China*, edited by Albert E. Dien, pp. 171–209. Stanford, Ca.: Stanford University Press, 1990.

Dain, Alphonse. "La Tradition des stratégistes byzantins." *Byzantion*, 20 (1950), pp. 315–16.

—— "Les Stratégistes byzantins." *Travaux et Mémoires*, 2 (1967), pp. 317–92.

Dalby, Michael T. "Court Politics in Late T' ang Times." In *The Cambridge History of China*, vol. 3: *Sui and T'ang China, 589–906*, Pt. 1, edited by Denis Twitchett, pp.561–681. Cambridge: Cambridge University Press, 1979.

Darkó, Eugène. "Influences touraniennes sur l' évolution de l' art militaire des Grecs, des Romains, et des Byzantins." *Byzantion*, 10 (1935), pp. 443–69.

de Crespigny, Rafe. *Northern Frontier: The Policies and Strategy of the Later Han Empire.* Canberra: Faculty of Asian Studies, Australian National University, 1984.

——*Generals of the South: The Foundation and Early History of the Three Kingdoms State of Wu.* Canberra: Faculty of Asian Studies, Australian National University, 1990.

DeFrancis, John. "Biography of the Marquis of Huai-yin." *Harvard Journal of Asiatic Studies*, 10.2 (September 1947), pp. 179–215.

Delbrück, Hans. *Numbers in History.* London: University of London Press, 1913.

Demiéville, Paul. "Le Bouddhisme et la guerre." In *Choix d'études bouddhiques (1929–1970)*, pp. 261–99. Leiden: E. J. Brill, 1973.

des Rotours, Robert. "Les Grandes fonctionnaires des provinces en Chine sous la dynastie des T' ang." *T'oung Pao*, 25 (1927), pp. 219–332.

—— "La Révolte de P' ang Hiun (868–69)." *T'oung Pao*, 56 (1970), pp. 229–40.

Di Cosmo, Nicola. "The Northern Frontier in Pre-Imperial China." In *The Cambridge History of Ancient China*, edited by Michael Loewe and Edward Shaughnessy, pp. 885–966. Cambridge: Cambridge University Press, 1999.

Dien, Albert E. "The Use of the Yeh-hou chia-chuan as a Historical Source." *Harvard Journal of Asiatic Studies*, 34 (1974), pp. 221–47.

—— "The Bestowal of Surnames under the Western Wei–Northern Chou: A Case of Counter-Acculturation." *T'oung Pao*, 63 (1977), pp. 137–77.

—— "A Study of Early Chinese Armor." *Artibus Asiae*, 43 (1982), pp. 5–66.

—— "The Stirrup and its Effect on Chinese Military History." *Ars Orientalis*, 16 (1986), pp. 33–56.

—— "The Role of the Military in the Western Wei/Northern Chou State." In *State and Society in Early Medieval China*, edited by Albert E. Dien, pp. 331–67. Stanford, Ca.: Stanford University Press, 1990.

Dreyer, Edward L. "Military Continuities: The PLA and Imperial China." In *The Military and Political Power in China in the 1970's*, edited by William W. Whitson, pp. 3–24. New York: Praeger, 1972.

Drompp, Michael R. "Supernumerary Sovereigns: Superfluity and Mutability in the Elite Power Structure of the Early Türks." In *Rulers from the Steppe: State Formation on the Eurasian Periphery*, edited by Gary Seaman and Daniel Marks, pp. 92–115. Los Angeles: Ethnographics Press, 1991.

Dunlop, D. M. "A New Source of Information on the Battle of Talas or Atlakh." *Ural–Altaische Jahrbücher*, 36 (1964), pp. 326–30.

Eberhard, Wolfram. *Conquerors and Rulers: Social Forces in Medieval China.* 2nd edn, rev. Leiden: E. J. Brill, 1965.

Eisenberg, Andrew. "Warfare and Political Stability in Medieval North Asian Regimes." *T'oung Pao,* 83 (1997), pp. 300–28.

Engels, Donald W. *Alexander the Great and the Logistics of the Macedonian Army.* Berkeley and Los Angeles: University of California Press, 1978.

方积六:《关于唐代募兵制度的探讨》,《中国史研究》, 1988年, 第3期, 第110—120页。

Fitzgerald, C. P. *Son of Heaven: A Biography of Li Shih-min, Founder of the T'ang Dynasty.* Cambridge: Cambridge University Press, 1933.

Franke, Herbert. *Studien und Texte zur Kriegsgeschichte der südlichen Sungzeit.* Wiesbaden: Otto Harrassowitz, 1987.

—— "Warfare in Medieval China: Some Research Problems." 收入《"中央研究院"第二届国际汉学论文集》(台北: "中研院", 1989年), 第5卷, 第806页。

傅乐成:《回纥马与朔方兵》, 见氏著《汉唐史论集》, 台北: 联经出版事业公司, 1977年。

傅乐成:《魏晋南北朝战史》, 收入张其昀等:《中国战事论集》, 台北: 中国文化学院出版社, 1954年; 1980年第3版。

Fuller, J. F. C. *A Military History of the Western World.* New York: Funk and Wagnalls, 1954–6.

高敏:《曹魏士家制度的形成与演变》,《历史研究》, 1989年, 第5期, 第62页, 第64—65页。

Goodrich, Chauncey S. "Riding Astride and the Saddle in Ancient China." *Harvard Journal of Asiatic Studies,* 44.2 (December 1984), pp. 279–306.

Graff, David A. "The Battle of Huo-i." *Asia Major,* 3rd ser., 5.1 (1992), pp. 33–55.

—— "Early T' ang Generalship and the Textual Tradition." Ph.D. dissertation, Princeton University, 1995.

—— "Meritorious Cannibal: Chang Hsün' s Defense of Sui-yang and the Exaltation of Loyalty in an Age of Rebellion." *Asia Major,* 3rd ser., 8.1 (1995), pp. 1–15.

—— "The Sword and the Brush: Military Specialisation and Career Patterns in Tang China, 618–907." *War and Society,* 18.2 (October 2000), pp. 9–21.

—— "Strategy and Contingency in the Tang Defeat of the Eastern Turks, 629–630." Forthcoming.

Grafflin, Dennis. "The Great Family in Medieval South China." *Harvard Journal of Asiatic Studies,* 41.1 (June 1981), pp. 65–74.

谷霁光:《府兵制度考释》, 上海: 上海人民出版社, 1962年; 台北: 弘文书局, 1985年重印。

Haldon, John. *Warfare, State and Society in the Byzantine World, 565–1204.* London: UCL Press, 1999.

Hamaguchi Shigekuni. "Fuhei seido yori shin heisei e" (From the *fubing* system toward a new military system). *Shigaku zasshi,* 41 (1930), pp. 1255–95, 1439–1507.

——*Shin Kan Zui Tō shi no kenkyū* (Researches on Qin-Han and Sui-Tang history). Tokyo: Tokyo University Press, 1966.

何永成:《唐代神策军研究》, 台北: 台湾商务印书馆, 1990年。

何兹全:《魏晋南朝的兵制》,《中央研究院历史语言研究所集刊》, 第16期(1948年), 第229—271页。

何兹全:《魏晋南北朝史略》, 上海: 上海人民出版社, 1958年。

Hino Kaisaburō. *Shina chūsei no gunbatsu* (Medieval Chinese warlords). Tokyo: Sanseido, 1942.

—— "Dai Tō fuheisei jidai no danketsu hei ni tsuite" (Concerning the *tuanjie* troops in the time of the Tang *fubing* system). *Hōseishi kenkyū*, 5 (1954), pp. 79–133.

Holcombe, Charles. *In the Shadow of the Han: Literati Thought and Society at the Beginning of the Southern Dynasties.* Honolulu: University of Hawaii Press, 1994.

Holmgren, Jennifer. *Annals of Tai: Early T'o-pa History According to the First Chapter of the Wei-shu.* Canberra: Australian National University Press, 1982.

—— "The Making of an Élite: Local Politics and Social Relations in Northeastern China during the Fifth Century A.D." *Papers on Far Eastern History*, 30 (September 1984), pp. 1–79.

Honey, David B. *The Rise of the Medieval Hsiung-nu: The Biography of Liu Yüan.* Papers on Inner Asia, No. 15. Bloomington, Ind.: Research Institute for Inner Asian Studies, 1990.

—— "Lineage as Legitimation in the Rise of Liu Yüan and Shih Le." *Journal of the American Oriental Society*, 110.4 (October–December 1990), pp. 616–21.

Hoplites: The Classical Greek Battle Experience. Edited by Victor Davis Hanson. London and New York: Routledge, 1991.

Hori Toshikazu. "Hanchin shineigun no kenryoku kōzō" (The power structure of the military governor' s bodyguard corps). *Tōyō bunka kenkyūjō kiyō*, No. 20 (March 1960), pp. 75–147.

Hsu, Cho-yun. *Ancient China in Transition: An Analysis of Social Mobility, 722–222 B.C.* Stanford, Ca.: Stanford University Press, 1965.

—— "The Roles of the Literati and of Regionalism in the Fall of the Han Dynasty." In *The Collapse of Ancient States and Civilizations*, edited by Norman Yoffee and George L. Cowgill, pp. 176–95. Tucson: University of Arizona Press, 1988.

胡如雷:《略论李密》，收入《中国农民战争史研究》，第2辑，上海：上海人民出版社，1982年，第55—62页。

黄惠贤:《隋末农民起义武装浅析》，收入《唐史研究会论文集》，西安：陕西人民出版社，1983年，第170—197页。

黄惠贤:《论隋末唐初的“山东豪杰”》，收入《中国农民战争史论丛》，第5辑，北京：中国社会科学出版社，1987年，第61—116页。

黄烈:《拓跋鲜卑早期国家的形成》，收入《魏晋隋唐史论集》，第2辑，北京：中国社会科学出版社，1983年版，第60—94页。

Huang, Ray. *1587, A Year of No Significance: The Ming Dynasty in Decline.* New Haven: Yale University Press, 1981.

黄永年:《唐太宗李世民》，上海：上海人民出版社，1987年。

Hucker, Charles O. *A Dictionary of Official Titles in Imperial China.* Stanford, Ca.: Stanford University Press, 1985.

Jamieson, John Charles. "The Samguk Sagi and the Unification Wars." Ph.D. dissertation, University of California at Berkeley, 1969.

Jenner, W. J. F. *Memories of Loyang: Yang Hsüan-chih and the Lost Capital (493–534).* Oxford: Clarendon Press, 1981.

蒋福亚:《前秦史》，北京：北京师范学院出版社，1993年。

金发根:《永嘉乱后北方的豪族》，台北：商务印书馆，1964年。

Jones, Archer. *The Art of War in the Western World.* London and New York: Oxford University Press, 1989.

Kaegi, Walter Emil, Jr. *Some Thoughts on Byzantine Military Strategy*. Brookline, Mass.: Hellenic College Press, 1983.

康乐:《唐代前期的边防》, 台北: 台湾大学, 1979年。

高明士:《唐代的武举与武庙》, 收入《第一届国际唐代学术会议论文集》, 台北: "中华民国" 唐代学者联谊会, 1989年, 第1016—1069页。

Kawakatsu Yoshio. "Tō Shin shizokusei no kakuritsu katei – gunjiryoku to no kanren no moto ni" (The process of establishing the aristocratic system of Eastern Jin: on the basis of the connection to military power). *Tōhō gakuhō*, 52 (1980), pp. 317–40.

Keegan, John. *The Mask of Command*. New York: Viking, 1987.

——*A History of Warfare*. New York: Alfred A. Knopf, 1993.

Kegasawa Yasunori. "Gyōkasei kō" (A study of the xiaoguo system). *Ōryō shigaku*, 11 (1986), pp. 59–84.

—— "Zui Yodai ki no fuheisei o meguru ichi kōsatsu" (A study revolving around the *fubing* system of Sui Yangdi' s time). In *Ritsuryōsei: Chūgoku, Chōsen no hō to kokka* (The *ritsuryō* system: law and the state in China and Korea), pp. 445–81. Tokyo: Kyuko shoin, 1986.

—— "Zenki fuheisei kenkyu josetsu – sono seika to ronten o megutte" (Introductory remarks on researches dealing with the *fubing* system of the early period: revolving around their conclusions and disputed points). *Hōseishi kenkyū*, 42 (1992), pp. 123–51.

Kierman, Frank A., Jr. "Phases and Modes of Combat in Early China." In *Chinese Ways in Warfare*, edited by Frank A. Kierman, Jr., and John K. Fairbank, pp. 27–66. Cambridge, Mass.: Harvard University Press, 1974.

Kikuchi Hideo. "Tōdai heibo no seikaku to meishō to ni tsuite" (Concerning the character and appellation of the conscript-recruits of the Tang dynasty). *Shien*, 68 (May 1956), pp. 75–98.

—— "Hokuchō gunsei ni okeru iwayuru kyōhei ni tsuite" (Concerning the so-called local troops in the military system of the Northern Dynasties). In *Shigematsu sensei koki kinen Kyūshū Daigaku tōyōshi ronsō* (Collected essays in oriental history published by Kyushu University on the occasion of the seventieth birthday of Professor Shigematsu), pp. 95–139. Fukuoka: Kyushu University, 1957.

—— "Setsudoshisei kakuritsu izen ni okeru 'gun' seido no tenkai" (The development of the "army" system before the establishment of the system of military governors). *Tōyō gakuho*, 44 (1961), pp. 54–88.

—— "To setsushofu no bunpu mondai ni kansuru ichi kaishaku" (An explanation concerning the problem of the distribution of the Tang regiments). *Tōyōshi kenkyū*, 27 (1968), pp. 121–57.

—— "Fuhei seido no tenkai" (The development of the fubing system). In *Iwanami kōza: sekai rekishi* (Iwanami lectures: world history), vol. 5, pp. 407–39. Tokyo: Iwanami shoten, 1970.

Klein, Kenneth Douglas. "The Contributions of the Fourth Century Xianbei States to the Reunification of the Chinese Empire." Ph.D. dissertation, University of California Los Angeles, 1980.

Kuhn, Philip A. *Rebellion and its Enemies in Late Imperial China: Militarization and Social Structure, 1796–1864*. Cambridge, Mass.: Harvard University Press, 1970.

Kurihara Masuo. "Tō Godai no karifushi teki ketsugo no seikaku" (The character of the fictive kinship bond in Tang and the Five Dynasties). *Shigaku zasshi*, 62 (1953), pp. 514–43.

—— "Tōmatsu dogōteki zaichi seiryoku ni tsuite: Shisen no I Kunsei no ba' ai" (Concerning the local power-holders at the end of the Tang: the case of Wei Junjing in Sichuan). *Rekishigaku kenkyū,* No. 243 (1960), pp. 1–14.

—— "Fuheisei no hōkai to shin heishu" (The collapse of the fubing system and the new troop types). *Shigaku zasshi,* 73 (1964), pp. 121–46, 269–91.

—— "An-Shi no ran to hanchin taikei no tenkai" (The An Lushan rebellion and the development of the military garrison system). In *Iwanami kōza: sekai rekishi* (Iwanami lectures: world history), vol. 6, pp. 161–96. Tokyo: Iwanami shoten, 1970.

Labadie, John Richard. "Rulers and Soldiers: Perception and Management of the Military in Northern Sung China (960–ca. 1060)." Ph.D. dissertation, University of Washington, 1981.

Lai, Swee Fo. "The Military and Defense System under the T' ang Dynasty." Ph.D. dissertation, Princeton University, 1986.

劳榦:《汉代兵制及汉简中的兵制》,《中央研究院历史语言研究所集刊》，第10期（1943年），第23—55页。

劳榦,《战国时代的战争方法》，收入《劳榦学术论文集》第1版第2卷，板桥，台湾：艺文印书馆，1976年，第1167—1183页。

Ledyard, Gari. "Galloping Along with the Horseriders: Looking for the Founders of Japan." *Journal of Japanese Studies,* 1.2 (Spring 1975), pp. 217–54.

雷海宗:《中国文化与中国的兵》，长沙：商务印书馆，1940年。

雷家骥:《从战略发展看唐朝节度体制的创建》,《简牍学报》，第8期（1979年11月），第215—259页。

Lewis, Mark Edward. *Sanctioned Violence in Early China.* Albany: State University of New York Press, 1990.

—— "The Han Abolition of Universal Military Service." In *Warfare in Chinese History,* edited by Hans van de Ven, pp. 33–76. Leiden: E. J. Brill, 2000.

李季平:《论淝水之战》，上海：上海人民出版社，1955年。

李树桐:《唐代的马与交通》，见氏著《唐史研究》，台北：台湾商务印书馆，1979年，第277—334页。

李树桐:《唐代之军事与马》，见氏著《唐史研究》，台北：台湾商务印书馆，1979年，第231—276页。

李则芬:《两晋南北朝历史论文集》，台北：台湾商务印书馆，1987年。

李泽芬:《隋唐五代历史论文集》，台北：台湾商务印书馆，1989年。

Littauer, Mary Aiken. "Early Stirrups." *Antiquity,* 55 (1981), pp. 99–105.

Liu, Yat-wing. "The Shen-ts' e Armies and the Palace Commissions in China, 755–875 A.D." Ph.D. dissertation, University of London, 1970.

Loewe, Michael. *Military Operations in the Han Period.* London: The China Society, 1961.

—— "The Campaigns of Han Wu-ti." In *Chinese Ways in Warfare,* edited by Frank A. Kierman, Jr., and John K. Fairbank, pp. 67–122. Cambridge, Mass.: Harvard University Press, 1974.

—— "The Heritage Left to the Empires." In *The Cambridge History of Ancient China,* edited by Michael Loewe and Edward Shaughnessy, pp. 967–1032. Cambridge: Cambridge University Press, 1999.

吕思勉:《两晋南北朝史》，上海：上海古籍出版社，1983年。

Lynn, John A. (ed.). *Feeding Mars: Logistics in Western Warfare from the Middle Ages to the Present.* Boulder, Colo.: Westview Press, 1993.

Mackerras, Colin. *The Uighur Empire According to the T'ang Dynastic Histories.* Columbia, S.C.:

University of South Carolina Press, 1973.

—— "The Uighurs." In *The Cambridge History of Early Inner Asia,* edited by Denis Sinor, pp. 317–42. Cambridge: Cambridge University Press, 1990.

毛汉光:《北魏东魏北齐之核心集团与核心区》，见氏著《中国中古政治史论》，台北：联经出版事业公司，1990年，第29—98页。

毛汉光:《北朝东西政权之河东争夺战》，见氏著《中国中古政治史论》，台北：联经出版事业公司，1990年，第131—166页。

毛汉光:《西魏府兵史论》，见氏著《中国中古政治史论》，台北：联经出版事业公司，1990年，第169—194页。

Mather, Richard B. *Biography of Lü Kuang.* Berkeley and Los Angeles: University of California Press, 1959.

McMullen, D. L. *State and Scholars in T'ang China.* Cambridge: Cambridge University Press, 1988.

—— "The Cult of Ch' i T' ai-kung and T' ang Attitudes to the Military." *T'ang Studies,* 7 (1989), pp. 59–103.

Miyakawa, Hisayuki. "An Outline of the Naito Hypothesis and its Effects on Japanese Studies of China." *Far Eastern Quarterly,* 14.4 (August 1955), pp. 533–52.

Miyazaki Ichisada. "Tokushi satsuki" (Critical notes from the reading of history). *Shirin,* 21.1 (1936), pp. 124–58.

Morohashi Tetsuji. *Dai Kan Wa jiten* (Great Chinese–Japanese dictionary). Tokyo: Taishukan, 1966.

Needham, Joseph. *Science and Civilisation in China,* vol. 3: *Mathematics and the Sciences of the Heavens and the Earth.* Cambridge: Cambridge University Press, 1959.

——*Science and Civilisation in China,* vol. 4: *Physics and Physical Technology,* Pt. 2: *Mechanical Engineering.* Cambridge: Cambridge University Press, 1965.

——*Science and Civilisation in China,* vol. 4: *Physics and Physical Technology,* Pt. 3: *Civil Engineering and Nautics.* Cambridge: Cambridge University Press, 1971.

Needham, Joseph, and Robin D. S. Yates. *Science and Civilisation in China,* vol. 5: *Chemistry and Chemical Technology,* Pt. 6: *Military Technology: Missiles and Sieges.* Cambridge: Cambridge University Press, 1994.

倪今生:《五胡乱华前夜的中国经济》，《食货（半月刊）》，第1卷第7期（1935年3月1日），第38—49页。

倪今生:《五胡乱华明日的中国经济》，《食货（半月刊）》，第1卷第8期（1935年3月16日），第18—24页。

Nunome Chofu. "Ri En no kigi" (The uprising of Li Yuan). In *Zui Tō shi kenkyū*(Researches on Sui and Tang history), pp. 101–49. Kyoto: Tōyōshi kenkyūkai, Kyoto University, 1968.

O' Byrne, Terrence Douglas. "Civil–Military Relations During the Middle T' ang: The Career of Kuo Tzu-i." Ph.D. dissertation, University of Illinois at Urbana Champaign, 1982.

Ochi Shigeaki. "Tō-Shin chō chūgen kaifuku no ichi kōsatsu" (An examination of the recovery of the central plain by the Eastern Jin court). *Tōyō gakuhō,* 38.1 (June 1955), pp. 73–88.

Otagi Hajime. "Tōdai shū ken jōkaku no kibo to kōzō" (The scale and construction of the walls of prefectural and county seats during the Tang dynasty). 收入《第一届国际唐代学术会议论文集》，台北："中华民国"唐代学者联谊会，1989年，第647—695页。

Pan, Yihong. *Son of Heaven and Heavenly Qaghan.* Bellingham, Wash.: Western Washington

University, 1997.

Pearce, Scott A. "The Yü-wen Regime in Sixth-Century China." Ph.D. dissertation, Princeton University, 1987.

People's Republic of China Atlas. N.p.: U.S. Central Intelligence Agency, 1971.

Perry, Elizabeth. *Rebels and Revolutionaries in North China, 1845–1945.* Stanford, Ca.: Stanford University Press, 1980.

Peterson, Charles A. "The Autonomy of the Northeastern Provinces in the Period Following the An Lu-shan Rebellion." Ph.D. dissertation, University of Washington, 1966.

—— "P' u-ku Huai-en and the T' ang Court: The Limits of Loyalty." *Monumenta Serica,* 29 (1970–1), pp. 423–55.

—— "Regional Defense against the Central Power: The Huai-hsi Campaign, 815–817." In *Chinese Ways in Warfare,* edited by Frank A. Kierman, Jr., and John K. Fairbank, pp. 123–50. Cambridge, Mass.: Harvard University Press, 1974.

—— "Court and Province in Mid- and Late T' ang." In *The Cambridge History of China,* vol. 3: *Sui and T'ang China, 589–906,* Pt. 1, edited by Denis Twitchett, pp. 464– 560. Cambridge: Cambridge University Press, 1979.

Pulleyblank, Edwin G. *The Background of the Rebellion of An Lu-shan.* London: Oxford University Press, 1955.

—— "Registration of Population in China in the Sui and T' ang Periods." *Journal of the Economic and Social History of the Orient,* 4 (1961), pp. 289–301.

—— "The An Lu-shan Rebellion and the Origins of Chronic Militarism in Late T' ang China." In *Essays on T'ang Society,* edited by John Curtis Perry and Bardwell L. Smith, pp. 33–60. Leiden: E. J. Brill, 1976.

漆侠:《有关隋末农民起义的几个问题》, 收入李光璧等编:《中国农民起义论集》(北京: 生活·读书·新知三联书店, 1958年), 第97—118页。

漆泽邦:《论东魏北齐的倒退》, 收入《魏晋南北朝史研究》, 成都: 四川省社会科学院出版社, 1986年, 第383—403页。

孙言诚:《秦汉的徭役和兵役》,《中国史研究》, 1987年, 第3期, 第77—85页。

钱剑夫:《试论秦汉的"正卒"徭役》,《中国史研究》, 1982年, 第3期, 第3—11页。

Ramsay, J. H. "The Strength of English Armies in the Middle Ages." *English Historical Review,* 29 (1914), pp. 221–7.

Rogers, Michael C. *The Chronicle of Fu Chien: A Case of Exemplar History.* Berkeley and Los Angeles: University of California Press, 1968.

—— "The Myth of the Battle of the Fei River." *T'oung Pao,* 54 (1968), pp. 50–72.

Schafer, Edward H. *The Golden Peaches of Samarkand: A Study of T'ang Exotics.* Berkeley and Los Angeles: University of California Press, 1963.

Schreiber, Gerhard. "The History of the Former Yen Dynasty." *Monumenta Serica,* 15 (1956), pp. 1–141.

Senger, Harro von. *The Book of Stratagems.* New York: Viking Penguin, 1991.

史苏苑:《从三大战役看杰出军事家李世民》,《人文杂志》, 1982年, 第3期, 第95—99页。

Sinor, Denis. "The Establishment and Dissolution of the Türk Empire." In *The Cambridge History of Early Inner Asia,* edited by Denis Sinor, pp. 285–316. Cambridge: Cambridge University Press, 1990.

Skaff, Jonathan Karam. "Barbarians at the Gates? The Tang Frontier Military and the An Lushan Rebellion." *War and Society,* 18.2 (October 2000), pp. 23–35.

Smith, John Masson, Jr. "Ayn Jālūt: Mamlūk Success or Mongol Failure?" *Harvard Journal of Asiatic Studies,* 44.2 (December 1984), pp. 307–45.

Somers, Robert M. "The End of the T' ang." In *The Cambridge History of China,* vol. 3: *Sui and T'ang China, 589–906,* Pt. 1, edited by Denis Twitchett, pp. 682–789. Cambridge: Cambridge University Press, 1979.

—— "Time, Space, and Structure in the Consolidation of the T' ang Dynasty (A.D. 617–700)." *Journal of Asian Studies,* 45.5 (1986), pp. 971–94.

宋常廉:《唐代的马政》,《大陆杂志》第29卷1、2号（1964年7月15日, 7月31日），第29—33页，第61—66页。

Southern, Pat, and Karen Ramsey Dixon. *The Late Roman Army.* New Haven and London: Yale University Press, 1996.

孙机:《唐代的马具与马饰》,《文物》, 1981年, 第10期, 第82—88页。

孙继民:《唐代行军制度研究》, 台北: 文津出版社, 1995年。

孙言诚:《秦汉的徭役和兵役》,《中国史研究》, 1987年, 第3期, 第77—85页。

孙毓棠:《西汉的兵制》,《中国社会经济史集刊》, 第5卷第1期, 1937年3月, 第1—74页。

孙毓棠:《东汉兵制的演变》,《中国社会经济史集刊》, 第6卷第1期（1939年6月）, 第1—34页。

Tamura Jitsuzo. *Chūgoku shijō no minzoku idō ki* (The age of ethnic migration in Chinese history). Tokyo: Sobunsha, 1985.

谭其骧:《中国历史地图集》, 上海: 中国地图出版社, 1982年。

唐长孺:《晋代北境各族"变乱"的性质及五胡政权在中国的统治》, 见氏著《魏晋南北朝史论丛》(北京: 生活·读书·新知三联书店, 1955年), 第127—192页。

唐长孺:《魏周府兵制度辨疑》, 同上,《魏晋南北朝史论丛》, 北京: 生活·读书·新知三联书店, 1955年, 第255—288页。

唐长孺:《唐书兵志笺正》, 北京: 科学出版社, 1957年。

唐长孺:《西晋分封与宗王出镇》, 见氏著《魏晋隋唐史论集》, 第1辑, 北京: 中国社会科学出版社, 1981年, 第1—12页。

唐长孺:《魏晋南北朝时期的客和部曲》, 见氏著《魏晋南北朝史论拾遗》, 北京: 中华书局, 1983年, 第1—24页。

唐长孺:《魏晋州郡兵的设置和废罢》, 收入氏著《魏晋南北朝史论拾遗》, 北京: 中华书局, 1983年, 第141—150页。

唐长孺:《魏晋南北朝隋唐史三论》, 武汉: 武汉大学出版社, 1993年。

唐耕耦:《唐代前期的兵募》,《历史研究》, 1981年, 第4期, 第159—172页。

Tanigawa Michio. "Tōdai no hanchin ni tsuite: Sessai no ba' ai" (Concerning the Tang military provinces: the case of Zhexi). *Shirin,* 35.3 (October 1952), pp. 70–89.

—— "Fuheisei kokka ron" (On the *fubing*-system state). *Ryūkoku daigaku ronshū,* No. 443 (December 1993), pp. 1–26.

—— "Zui matsu no nairan to minshu: hyoraku to jiei" (Internal disorder and the populace at the end of Sui: robbery and self-defense). *Tōyōshi kenkyū,* 53.4 (1995), pp. 173–92.

Taylor, Romeyn. "Yüan Origins of the Ming Wei-so System." In *Chinese Government in Ming Times:*

Seven Studies, edited by Charles O. Hucker, pp. 23–40. New York: Columbia University Press, 1969.

Treadgold, Warren. *Byzantium and its Army, 284–1081*. Stanford, Ca.: Stanford University Press, 1995.

杜正胜:《编户齐民的出现及其历史意义》,《中央研究院历史语言研究所集刊》, 第54本第3分 (1982年9月), 第77—111页。

Twitchett, Denis. "Lands under State Cultivation under the T' ang." *Journal of the Economic and Social History of the Orient*, 2 (1959), pp. 152–203.

—— "The T' ang Market System." *Asia Major*, n.s., 12.2 (1966), pp. 202–48.

——*Financial Administration under the T'ang Dynasty*. 2nd edn. Cambridge: Cambridge University Press, 1971.

——*The Birth of the Chinese Meritocracy: Bureaucrats and Examinations in T'ang China*. The China Society Occasional Papers, No. 18. London: The China Society, 1976.

—— "Varied Patterns of Provincial Autonomy in the T' ang Dynasty." In *Essays on T'ang Society*, edited by John Curtis Perry and Bardwell L. Smith, pp. 90–109. Leiden: E. J. Brill, 1976.

—— "Hsüan-tsung (reign 712–56)." In *The Cambridge History of China*, vol. 3: *Sui and T'ang China, 589–906*, Pt. 1, edited by Denis Twitchett, pp. 333–463. Cambridge: Cambridge University Press, 1979.

——*The Writing of Official History Under the T'ang*. Cambridge: Cambridge University Press, 1992.

van Creveld, Martin. *Command in War*. Cambridge, Mass.: Harvard University Press, 1985.

Verbruggen, J. F. *The Art of Warfare in Western Europe during the Middle Ages*. Translated by Sumner Willard and S. C. M. Southern. Amsterdam and New York: North Holland Publishing Company, 1977.

Waldron, Arthur. *The Great Wall of China: From History to Myth*. Cambridge: Cambridge University Press, 1990.

Waley, Arthur. "The Fall of Lo-yang." *History Today*, 1 (1951), pp. 7–10.

Wallacker, Benjamin E. "Studies in Medieval Chinese Siegecraft: The Siege of Yü-pi, A.D. 546." *Journal of Asian Studies*, 28.4 (August 1969), pp. 789–802.

—— "Studies in Medieval Chinese Siegecraft: The Siege of Chien-k' ang, A.D. 548–549." *Journal of Asian History*, 5.1 (1971), pp. 35–54.

Wang, C. H.(王靖献) "Towards Defining a Chinese Heroism." *Journal of the American Oriental Society*, 95.1 (1975), pp. 25–35.

Wang, Gungwu(王赓武). *The Structure of Power in North China during the Five Dynasties*. Stanford, Ca.: Stanford University Press, 1967.

王吉林:《唐代的朔方军与神策军》, 收入《第一届国际唐代学术会议论文集》, 台北: "中华民国" 唐代学者联谊会, 1989年, 第914—921页。

万钧:《唐太宗》, 上海: 学习生活出版社, 1955年。

汪篯:《汪篯隋唐史论稿》(唐长孺等编), 北京: 中国社会科学出版社, 1983年。

王寿南:《唐代藩镇与中央关系之研究》, 台湾: 嘉新水泥公司文化基金会, 1968年。

王曾瑜:《宋朝兵制初探》, 北京: 中华书局, 1983年。

王仲荦:《魏晋南北朝史》, 上海: 上海人民出版社, 1979年。

Warfare in Chinese History. Edited by Hans van de Ven. Leiden: E. J. Brill, 2000.

Wechsler, Howard J. *Mirror to the Son of Heaven: Wei Cheng at the Court of T'ang T'aitsung.* New Haven: Yale University Press, 1974.

—— "T' ai-tsung (reign 626–49) the Consolidator." In *The Cambridge History of China,* vol. 3: *Sui and T'ang China, 589–906,* Pt. 1, edited by Denis Twitchett, pp. 188– 241. Cambridge: Cambridge University Press, 1979.

——*Offerings of Jade and Silk: Ritual and Symbol in the Legitimation of the T'ang Dynasty.* New Haven: Yale University Press, 1985.

Weinstein, Stanley. *Buddhism under the T'ang. Cambridge:* Cambridge University Press, 1987.

Worthy, Edmund H., Jr. "The Founding of Sung China, 950–1000: Integrative Changes in Military and Political Institutions." Ph.D. dissertation, Princeton University, 1975.

Wright, Arthur F. "The Formation of Sui Ideology, 581–604." In *Chinese Thought and Institutions,* edited by John K. Fairbank, pp. 71–104. Chicago: University of Chicago Press, 1957.

—— "Sui Yang-Ti: Personality and Stereotype." In *The Confucian Persuasion,* edited by Arthur F. Wright, pp. 47–76. Stanford, Ca.: Stanford University Press, 1960.

——*The Sui Dynasty.* New York: Alfred A. Knopf, 1978.

—— "The Sui Dynasty." In *The Cambridge History of China,* vol. 3: *Sui and T'ang China, 589–906,* Pt. 1, edited by Denis Twitchett, pp. 48–149. Cambridge: Cambridge University Press, 1979.

吴枫:《隋唐五代史》，北京：人民出版社，1958年。

吴廷燮:《唐方镇年表》，北京：中华书局，1980年。

许辉:《南北朝战争特点探析》,《江海学刊》，1991年，第3期，第118—123页。

Yang, Chung-i. "Evolution of the Status of 'Dependents.' " In *Chinese Social History,* edited by E-tu Zen Sun and John DeFrancis, pp. 142–56. Washington, D.C.: American Council of Learned Societies, 1956.

杨泓:《中国古兵器论丛》，台北：明文书局再版，1983年。

杨泓:《古代兵器史话》，上海：上海科学技术出版社，1988年。

Yang, Lien-sheng. "Notes on the Economic History of the Chin Dynasty." In *Studies in Chinese Institutional History,* pp. 119–97. Cambridge, Mass.: Harvard University Press, 1961.

—— "Numbers and Units in Chinese Economic History." In *Studies in Chinese Institutional History,* pp. 75–84. Cambridge, Mass.: Harvard University Press, 1961.

Yano Chikara. "Tōdai ni okeru kashisei ni tsuite" (Concerning the institution of adopted sons in the Tang dynasty). In *Shigaku kenkyū kinen ronsō,* pp. 231–57. Kyoto: Ryūgen shoten, 1950.

Yasuda Jirō. "Shinan Ō Shi Kun no hanran ni tsuite – Nanchō monbatsu kizoku taisei to gōzoku dogō" (Concerning the rebellion of Zixun, prince of Jin' an: the aristocratic system of the Southern dynasties and the local powerholders). *Tōyōshi kenkyū,* 25.4 (1967), pp. 414–38.

—— "Shin-Sō kakumei to Yōshū (Joyo) no kyōmin – gunsei shihai kara minsei shihai e" (The Jin-Song revolution and the émigrés of Yongzhou: from military government to civil government). *Tōyōshi kenkyū,* 42.1 (June 1983), pp. 110–35.

Yates, Robin D. S. "New Light on Ancient Chinese Military Texts: Notes on their Nature and Evolution, and the Development of Military Specialization in Warring States China." *T'oung Pao,* 74 (1988), pp. 211–48.

严耕望:《唐代方镇使府僚佐考》，见氏著《唐史研究丛稿》，香港：新亚研究所，1969年，第177—236页。

Yoshimori Kensuke. “Shin-So kakumei to Konan shakai” (The Jin-Song revolution and Jiangnan society). *Shirin,* 63.2 (1980), pp. 208–34.

臧嵘:《论窦建德的成功与失败》, 收入《中国农民战争史研究集刊》, 第3辑, 上海: 上海人民出版社, 1983年, 第69—76页。

臧知非:《秦汉“正卒”辨析》,《中国史研究》, 1988年, 第1期, 第95—98页。

张国刚:《唐代监军制度考论》,《中国史研究》, 1981年, 第2期, 第122—132页。

张国刚:《唐代藩镇研究》, 长沙: 湖南教育出版社, 1987年。

张国刚:《唐代府兵渊源与番役》,《历史研究》, 1989年, 第6期, 第145—158页。

张国刚:《唐代的健儿制》,《中国史研究》, 1990年, 第4期, 第100—109页。

张国刚:《唐代政治制度研究论集》, 台北: 文津出版社, 1994年。

章群:《仆固怀恩与李怀光的反叛》, 收入许倬云等:《中国历史论文集》, 台北: 台湾商务印书馆, 1986年, 第87—119页。

章群:《唐代蕃将研究》, 台北: 联经出版事业公司, 1986年。

张铁牛、高晓星:《中国古代海军史》, 北京: 八一出版社, 1993年。

赵英祚等修:《汜水县志》, 台北: 崇文出版社翻印, 1968年。

赵克尧、许道勋:《唐太宗传》, 北京: 人民出版社, 1984年。

赵文润:《论西魏与东魏之间的几次战役》,《北朝研究》, 1996年, 第2期, 第11—12页。

《中国军事史》，第3卷《兵制》，北京：解放军出版社，1987年。

《中国军事史》，第6卷《兵垒》，北京：解放军出版社，1991年。

周年昌：《东晋北府兵的建立及其特点》，收入《魏晋隋唐史论集》，第2辑，北京：中国社会科学出版社，1983年，第149—167页。

周伟洲：《汉赵国史》，太原：山西人民出版社，1986年。

周一良：《魏晋兵制上的一个问题》，收入《魏晋南北朝史论集》，北京：中华书局，1963年，第1—11页。

周一良：《北朝的民族问题与民族政策》，收入《魏晋南北朝史论集》，北京：中华书局，1963年，第117—176页。

周一良：《北魏镇戍制度考及续考》，收入《魏晋南北朝史论集》，北京：中华书局，1963年。

朱大渭：《魏晋南北朝农民战争的几个问题》，收入《魏晋隋唐史论集》，第2辑，北京：中国社会科学出版社，1983年，第10—59页。

朱大渭：《魏晋南北朝农民战争的社会后果》，收入《中国农民战争史论丛》，第5辑，北京：中国社会科学出版社，1987年，第1—60页。

邹本涛：《西汉南北军考辨》，中国史研究，1988年，第1期，第85—94页。

邹云涛：《试论三国时期南北均势的形成及其破坏》，收入《魏晋南北朝史研究》，成都：四川省社会科学院出版社，1986年，第128—145页。

《最新实用中国地图册》，西安：中国地图出版社，1992。